똑·딱·똑·딱 배우는
윈도우 10
Fall Creators Update

# 이 책의 구성

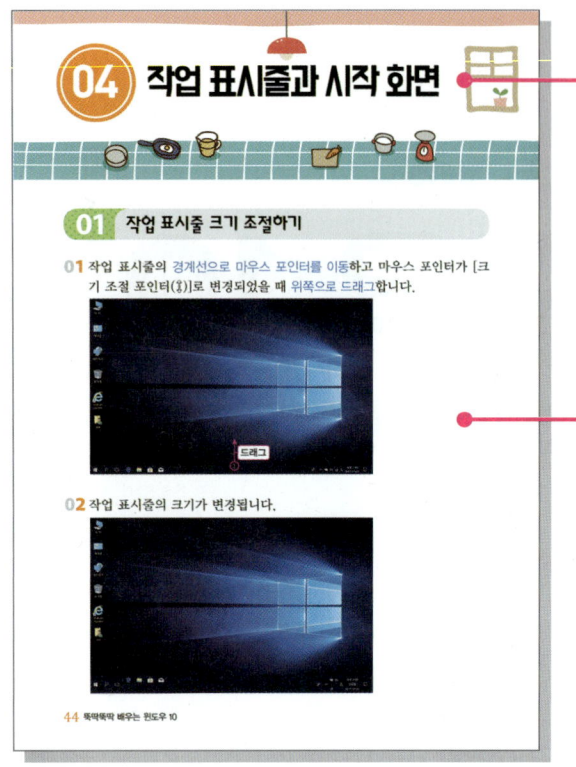

마당 : 알아두어야 할 주요 기능을 선정하여 제시합니다. 쉽고 빠르게 익힐 수 있도록 필수 기능들만 뽑아서 구성하였습니다.

필수 내용 : 용어나 기능에 대한 기초적인 내용을 중심으로 쉽게 구성하였습니다.

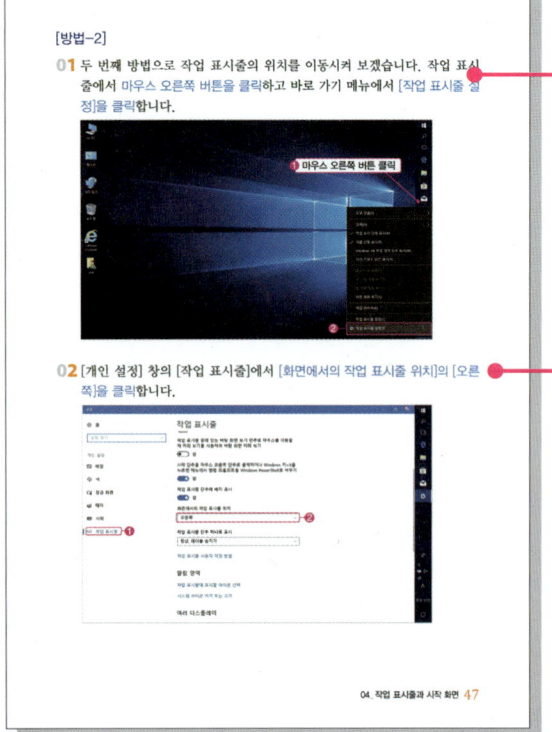

큰 글씨와 큰 그림 : 초보자들을 위해 눈이 '탁' 트이는 큰 글씨와 큰 그림으로 구성하였습니다.

핵심어 강조 : 중요한 핵심어를 강조함으로써 빠르게 파악할 수 있습니다.

따라하기 : 단순히 이론만으로 설명하지 않고 따라하기 방식을 조합하여 쉽게 배울 수 있습니다.

알아두기 : 본문에서 다루지 못한 내용을 추가적으로 설명하였습니다.

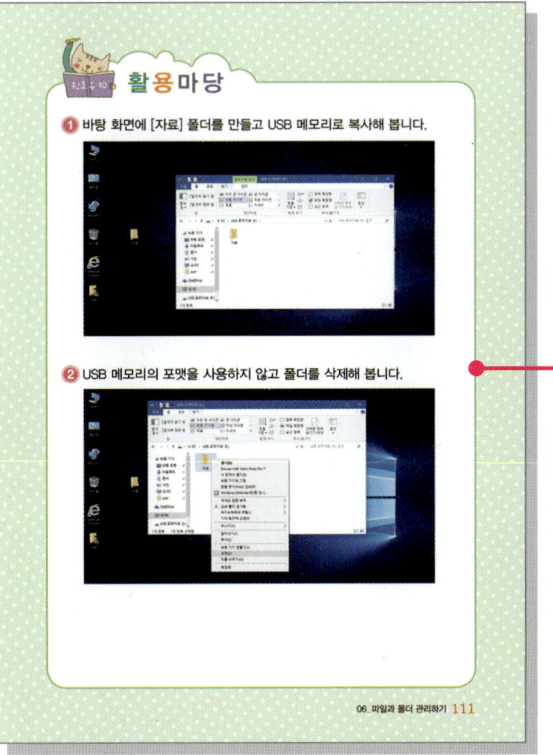

활용마당 : 각 마당에서 배운 내용을 복습할 수 있도록 응용 문제를 제공합니다.

이 책의 구성 **3**

목차(Contents)

01 컴퓨터 알아보기

01 컴퓨터 기본 구성 장치 ········· 8
02 컴퓨터 켜기 ············ 10
03 윈도우 10의 화면 구성 ········· 11
04 컴퓨터 종료하기 ··········· 12
★ 활용마당 ············· 13

02 키보드와 마우스 사용하기

01 키보드 살펴보기 ··········· 14
02 마우스 익히기 ············ 15
03 타자연습 ············· 17
★ 활용마당 ············· 22

03 윈도우10 시작하기

01 새로운 계정 만들기 ·········· 23
02 정보 확인하기 ············ 25
03 개인 설정하기 ············ 27
★ 활용마당 ············· 43

04 작업 표시줄과 시작 화면

01 작업 표시줄 크기 조절하기 ·················· 44
02 작업 표시줄 위치 이동하기 ·················· 46
03 작업 표시줄 활용하기 ························ 48
04 작업 표시줄 설정하기 ························ 55
05 시작 메뉴의 구성 살펴보기 ·················· 59
06 시작 화면 크기 조절하기 ···················· 60
07 시작 화면 앱 설정하기 ······················ 61
★ **활용마당** ······································ 66

05 창 조작하기

01 창 이동하기 ·································· 67
02 창 크기 조정하기 ···························· 68
03 스냅기능 사용하기 ·························· 75
04 새 데스크톱 사용하기 ······················ 79
★ **활용마당** ······································ 84

06 파일과 폴더 관리하기

01 파일과 폴더 · 85
02 파일 탐색기 실행하기 · 86
03 파일 탐색기 화면 구성 살펴보기 · · · · · · · · · · · · 88
04 파일 탐색기 설정하기 · 89
05 파일 탐색기 활용하기 · 93
06 파일 압축 및 압축 풀기 · · · · · · · · · · · · · · · · · · · 104
07 USB 메모리 연결 및 포맷하기 · · · · · · · · · · · · · 107
★ 활용마당 · 111

07 엣지 사용하기

01 마이크로소프트 엣지 구성 살펴보기 · · · · · · · · · · 112
02 마이크로소프트 엣지 시작하기 · · · · · · · · · · · · · 113
03 웹 페이지 이동하기 · 114
04 정보 검색하기 · 116
05 새로운 탭 열기 · 120
06 탭 보관하고 사용하기 · 121
07 웹 메모 작성하기 · 124
★ 활용마당 · 127

08 앱 사용하기

01 앱 설치하기 · 128
02 앱 제거하기 · 134
03 날씨 앱 사용하기 · 137
04 뉴스 앱 사용하기 · 141
★ 활용마당 · 144

09 보조프로그램 사용하기

01 그림판 · 145
02 워드패드 · 149
03 Sticky Notes · 153
★ 활용마당 · 155

10 윈도우 10 관리하기

01 Windows 10 업데이트하기 · · · · · · · · · · · · · · · · · 156
02 Windows Defender 보안 센터 사용하기 · · · · · · · · · 158
03 백업과 복구하기 · 161
04 디스크 정리하기 · 165
05 드라이브 최적화 및 조각 모음 · · · · · · · · · · · · · · · 166
★ 활용마당 · 168

 # 컴퓨터 알아보기

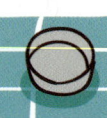 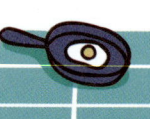    

01 컴퓨터 기본 구성 장치

컴퓨터가 올바르게 작동하기 위한 구성 요소들을 알아봅니다.

💬 본체

본체 내부에는 컴퓨터가 작동하기 위한 하드웨어 장치들이 장착되어 있습니다.

💬 모니터

디스플레이 장치로서 컴퓨터에서 처리한 결과를 보여줍니다.

💬 키보드

PC의 입력장치 중 하나입니다. 특정키를 눌러 컴퓨터가 동작하도록 지시를 내리거나 글자를 입력하여 문서를 작성합니다.

💬 마우스

컴퓨터 화면 위에서 커서를 이동시킬 때 사용하는 입력장치입니다.

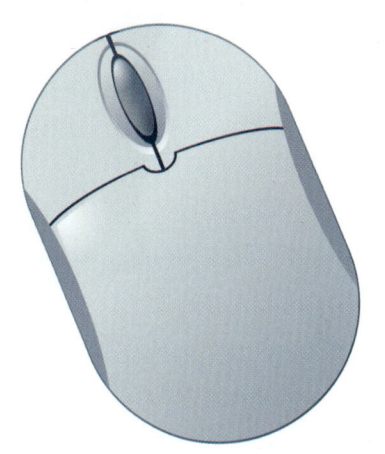

💬 스피커

컴퓨터에서 나오는 소리를 들을 수 있게 해주는 출력장치입니다. 각종 신호음이나 음악을 들을 수 있습니다.

💬 그 외

프린터, 스캐너, 화상 카메라, USB 등이 있습니다.

알아두기
- 하드웨어(Hardware) : 딱딱하고 실체가 있는 손으로 만질 수 있는 기계를 의미
- 소프트웨어(Software) : 실체가 없는 프로그램을 의미

02 컴퓨터 켜기

01 본체와 모니터의 전원 버튼을 각각 누릅니다. 스피커가 있다면 스피커 전원도 켜줍니다.

> 알아두기 　모니터와 본체의 전원 버튼은 기종에 따라 위치가 다를 수 있습니다.

02 잠금 화면이 나타나면 마우스를 사용하여 아무 곳이나 클릭합니다.

03 로그인 화면이 나타나면 [로그인]을 클릭하거나 암호를 입력하여 로그인합니다.

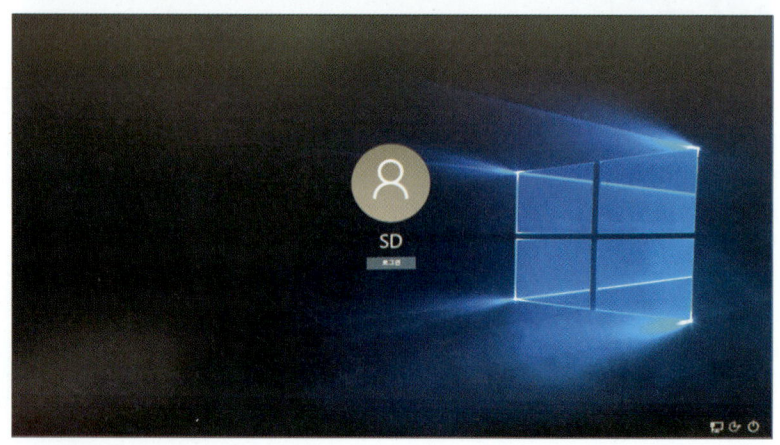

03 윈도우 10의 화면 구성

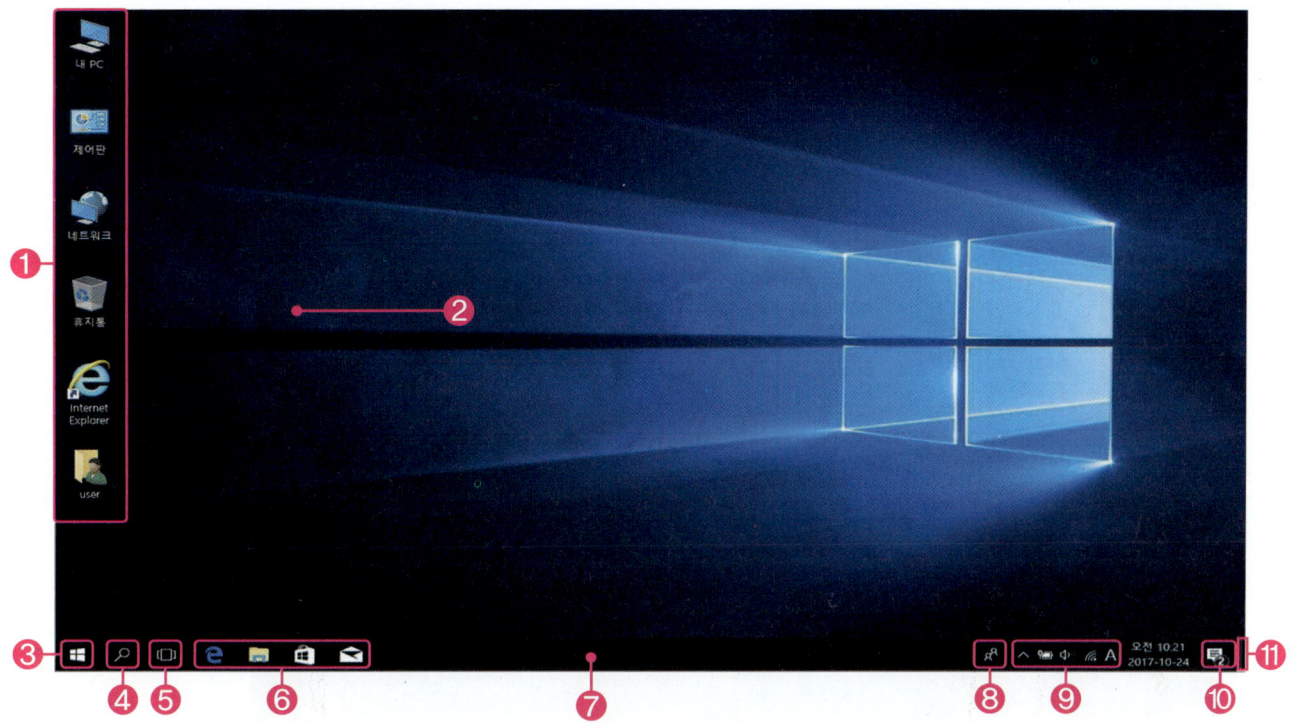

❶ 아이콘 : 직관적인 기능을 표시해주는 그림이나 기호입니다.
❷ 배경 화면 : 컴퓨터를 켜고 로그인을 하면 가장 먼저 보이는 화면입니다.
❸ 시작 : 각종 프로그램을 볼 수 있으며 시작 메뉴와 라이브 스타일 화면으로 구성되어 있습니다.
❹ Windows 검색 : 앱, 파일, 설정 등을 검색 할 수 있습니다.
❺ 작업 보기 : 현재 사용하고 있는 창을 한눈에 보여주며 전환할 수 있고 새 데스크톱을 실행할 수 있습니다.
❻ 빠른 실행 도구 : 작업 표시줄에 고정된 아이콘입니다. 사용자가 클릭하여 빠르게 프로그램을 실행 할 수 있으며 원하는 아이콘을 추가, 삭제할 수 있습니다.
❼ 작업 표시줄 : 실행 중인 프로그램이 아이콘 형식으로 표시됩니다.
❽ 인물 : 앱을 연동하거나 추가하여 메시지를 보내거나 연락을 할 수 있습니다.
❾ 입력 도구/알림 영역 : 스피커, 인터넷 연결 상태, 한글과 영문 전환 등을 확인할 수 있으며, 각종 외부기기의 연결상태도 확인할 수 있습니다.
❿ 알림 센터 : 각종 아이콘을 제어할 수 있으며 새로운 알림은 숫자로 표시됩니다.
⓫ 바탕 화면 보기 : 모든 창을 최소화하고 바탕 화면을 볼 수 있습니다.

04 컴퓨터 종료하기

01 컴퓨터를 비정상적으로 종료하면 시스템 파일을 손상시켜 오류가 발생할 수 있습니다. [시작(■)] 버튼을 클릭합니다.

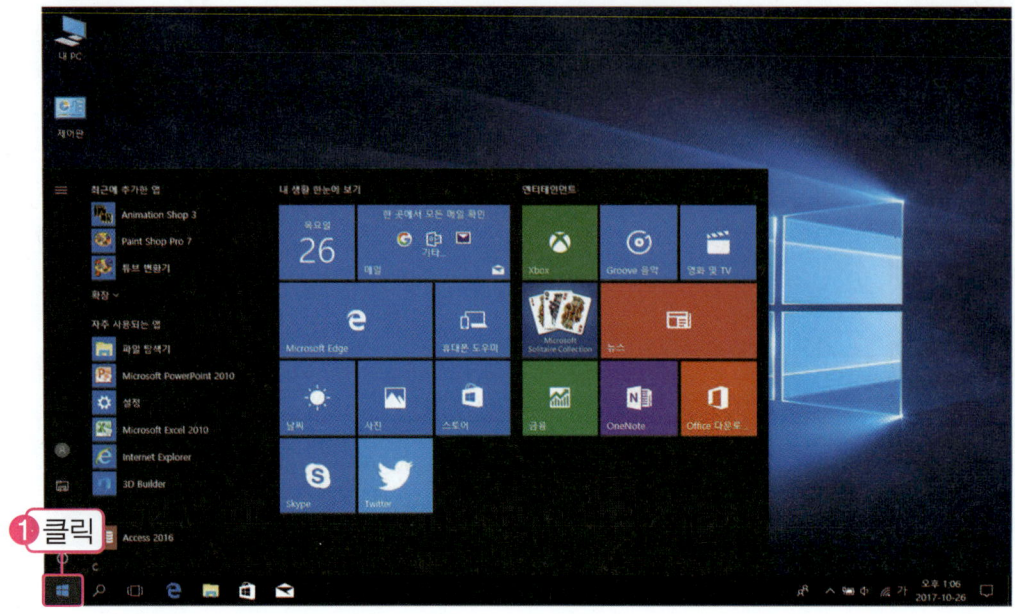

02 [전원(⏻)]-[시스템 종료]를 클릭합니다.

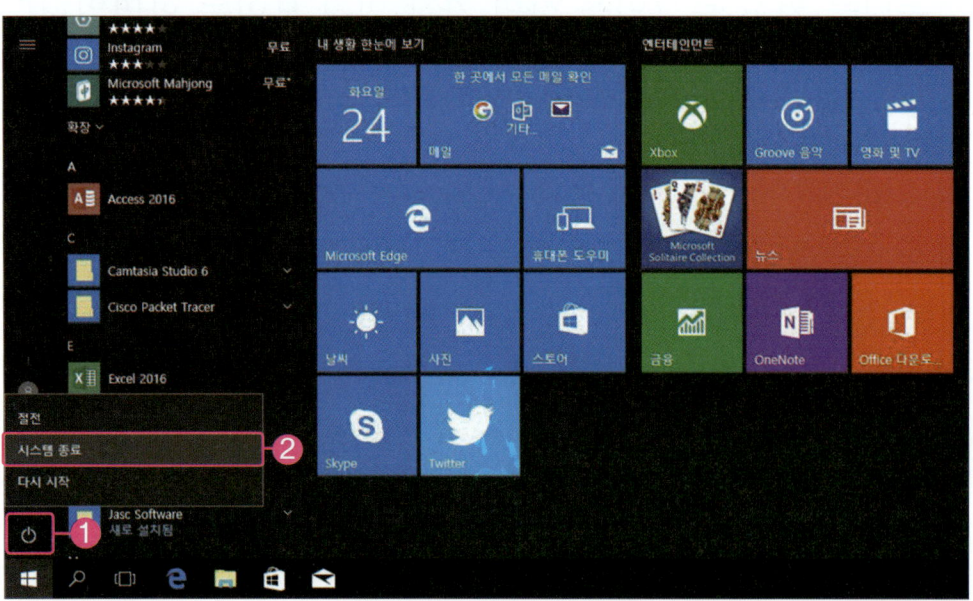

알아두기 [Alt] + [F4] : 시스템 종료 바로 가기 키

활용마당

1 컴퓨터 구성 장치 종류를 3가지 이상 적어봅니다.

2 바탕 화면의 구성요소의 이름과 설명을 적어 봅니다.

02 키보드와 마우스 사용하기

01 키보드 살펴보기

❶ `Esc` (이에스씨) : 명령이나 선택을 취소합니다.

❷ `Tab` (탭) : 문서에서 일정한 간격으로 이동하거나 대화상자에서 다른 항목으로 이동합니다.

❸ `Caps Lock` (캡스 락) : 영어 대소문자를 전환합니다.

❹ `Shift` (쉬프트) : 키보드의 윗글쇠를 입력합니다.

❺ `Ctrl` (컨트롤)/`Alt` (알트) : 다른 키와 조합해서 사용합니다.

❻ `한자` : 입력한 한글을 한자로 변환합니다.

❼ `Space Bar` (스페이스 바) : 글자 사이를 띄어쓰기할 때 사용합니다.

❽ `한/영` : 한글과 영어로 입력 상태를 변경합니다.

❾ `←` (백스페이스) : 커서의 왼쪽 글자를 삭제합니다, 일반 폴더 창에서는 이전 폴더로 이동합니다.

❿ `Enter` (엔터) : 명령을 실행하거나, 문서에서는 커서를 다음 줄로 이동합니다.

⓫ `Print Screen` (프린트 스크린) : 컴퓨터 전체 화면을 이미지 형태로 만듭니다.

⓬ `Delete` (딜리트) : 선택된 대상을 삭제하거나 커서 뒤(오른쪽)에 있는 글자를 지웁니다.

02 마우스 익히기

💬 마우스 살펴보기

컴퓨터 입력장치의 일종인 마우스는 커서를 움직이고 명령을 실행하는 기능을 갖추고 있습니다. 모습이 마치 쥐와 닮았다고 해서 마우스라는 이름을 가지게 되었습니다.

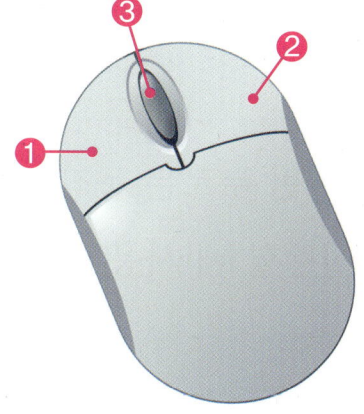

① **왼쪽 버튼** : 집게손가락을 이용해 왼쪽 버튼을 한 번 누르거나 두 번 빠르게 눌러 사용합니다. 또는 왼쪽 버튼을 누른 상태에서 마우스를 끌어 사용하기도 합니다.

② **오른쪽 버튼** : 가운뎃손가락을 이용해 오른쪽 버튼을 한 번 눌러 사용합니다.

③ **휠** : 왼쪽 버튼과 오른쪽 버튼 사이에 있는 둥근 모양의 바퀴를 집게손가락을 이용해 위쪽 방향이나 아래쪽 방향으로 돌려 사용합니다.

알아두기 — 마우스 포인터

일반 선택	▷	도움말 선택	▷?
백그라운드 작업	▷○	사용 중	○
정밀도 선택	+	텍스트 선택	I
사용할 수 없음	🚫	연결 선택	☝

마우스 사용법

■ 클릭

- 마우스 왼쪽 버튼을 한 번 누르는 동작
- 아이콘이나 메뉴를 선택할 때 사용

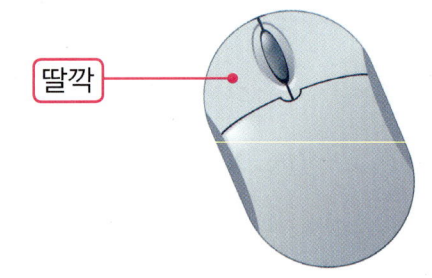

■ 더블 클릭

- 마우스 왼쪽 버튼을 빠르게 두 번 누르는 동작
- 아이콘이나 폴더 등을 열어 실행할 때 사용

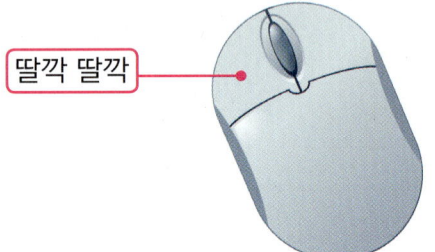

■ 드래그

- 마우스 왼쪽 버튼을 누른 채 움직이는 동작
- 이동을 하거나 크기를 변경할 때 사용

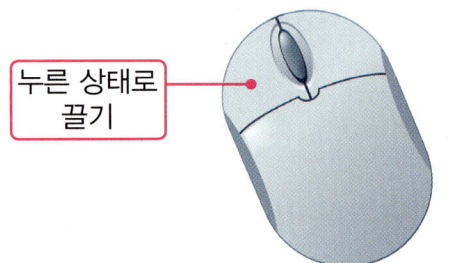

■ 오른쪽 버튼 클릭

- 마우스 오른쪽 버튼을 한 번 누르는 동작
- 바로 가기 메뉴를 불러올 때 사용

■ 휠 스크롤

- 위쪽 방향이나 아래쪽 방향으로 돌리는 동작
- 스크롤을 이동시킬 때 사용

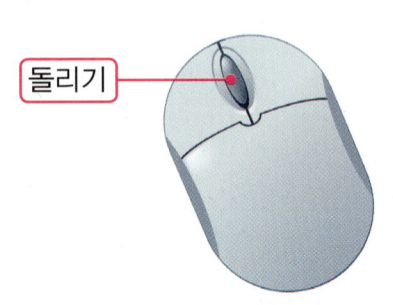

03 타자연습

01 [시작(⊞)]-[한글과 컴퓨터]의 [한컴 타자연습]을 클릭합니다.

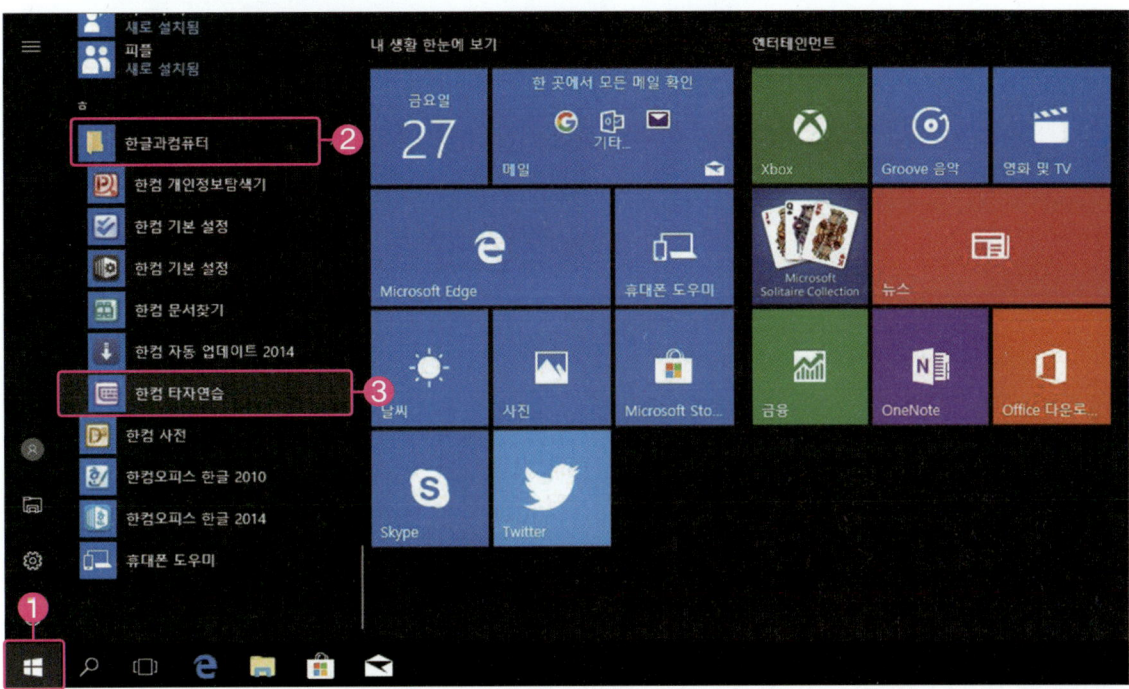

02 한컴 타자연습 프로그램이 시작됩니다. [혼자하기]를 클릭합니다.

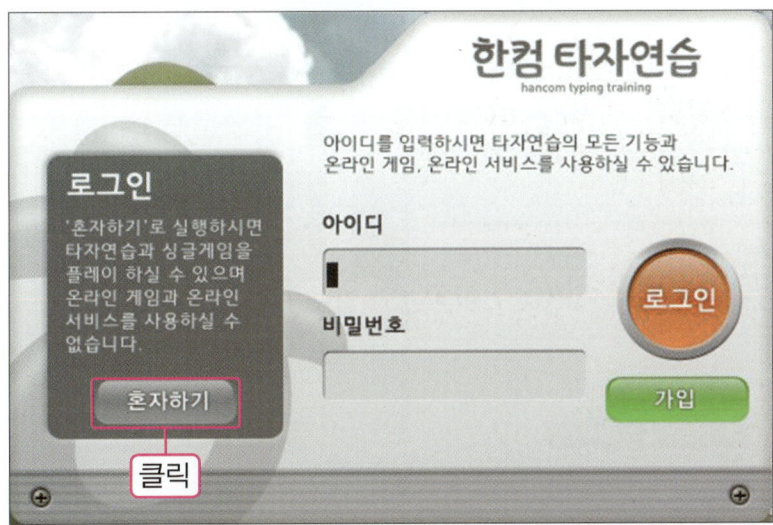

> **알아두기** 한컴 타자연습 프로그램은 한컴오피스 프로그램에 포함되어 있습니다. 윈도우 10에서 기본적으로 제공하는 프로그램이 아닙니다. 한글과 컴퓨터 홈페이지에서 한컴 타자연습만 다운 받을 수도 있습니다.

03 [등록] 버튼을 클릭합니다.

04 [정보 등록]창에서 자신의 정보를 등록하고 [확인] 버튼을 클릭합니다.

05 등록한 사용자를 확인하고 [시작] 버튼을 클릭합니다.

06 자리연습 화면에서 **단계를 선택**하고 [시작] 버튼을 클릭합니다.

07 표시된 위치에 손가락을 올려놓은 후 해당하는 키를 눌러 연습합니다.

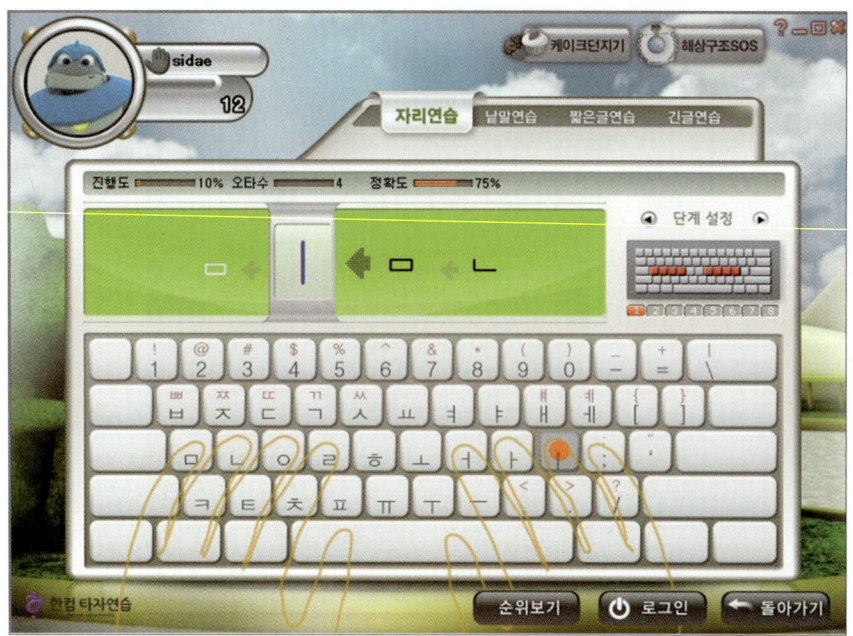

08 진행도가 100%가 되면 연습 결과를 확인할 수 있습니다. 목표치에 도달하면 [계속] 버튼을 클릭하여 다음 단계로 넘어갑니다.

알아두기 목표 정확도에 미달하면 다음과 같은 알림창이 나타납니다.

09 자리연습에 익숙해지면 낱말연습을 시작해 봅니다. [낱말연습]의 단계를 지정하고 [시작] 버튼을 클릭합니다.

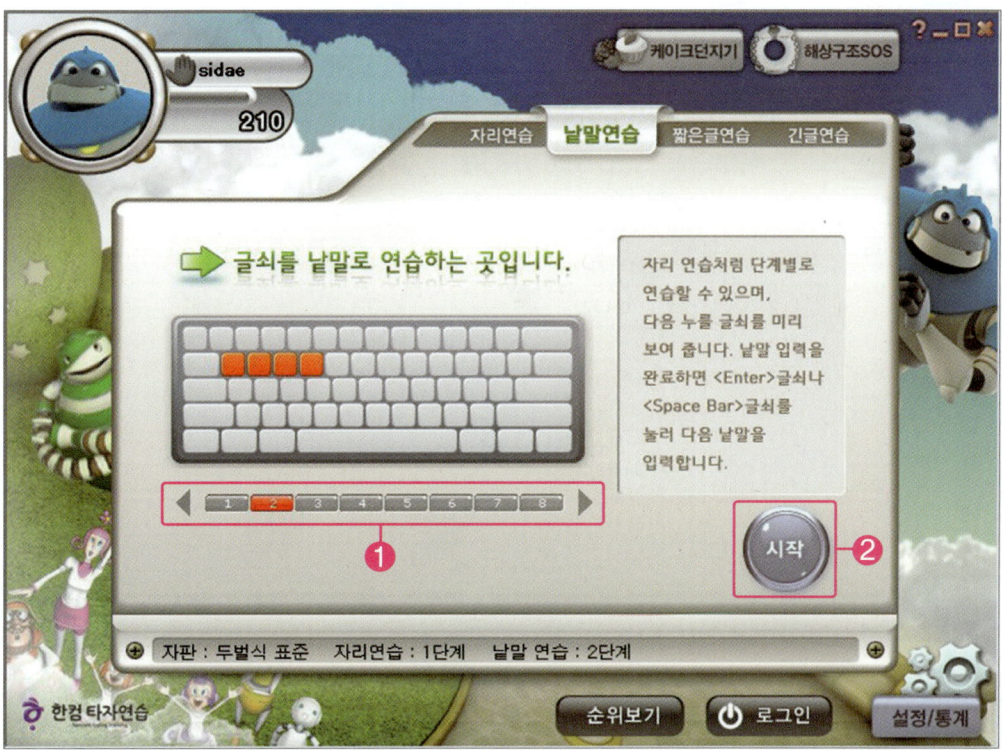

10 낱말을 입력하고 Enter 키를 눌러 다음 낱말을 입력합니다. 낱말 연습이 익숙해지면 짧은글과 긴글을 연습해 봅니다.

활용마당

① 한컴 타자연습의 케이크 던지기 게임을 통해 타자연습을 해 봅니다.

② 한컴 타자연습의 해상구조SOS 게임을 통해 타자연습을 해 봅니다.

03 윈도우10 시작하기

01 새로운 계정 만들기

01 [시작()]–[설정(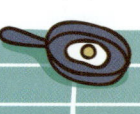)]을 클릭합니다.

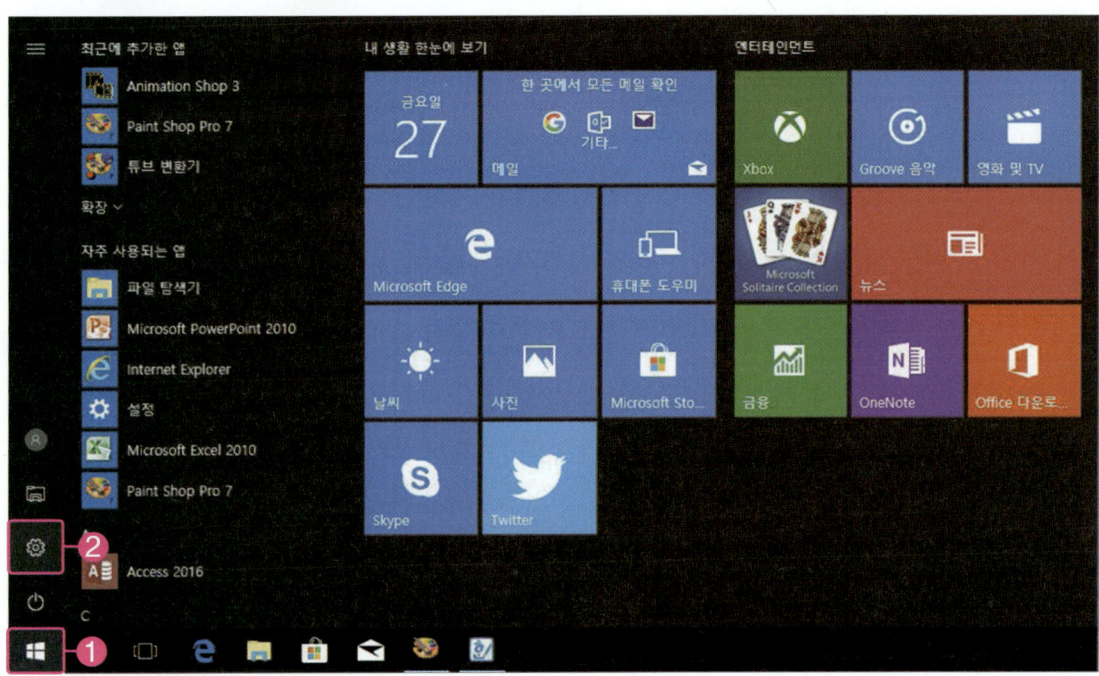

02 [설정] 화면에서 [계정]을 클릭합니다.

03 [계정] 화면의 [사용자 정보]에서 [대신 Microsoft 계정으로 로그인합니다]를 클릭합니다.

04 [사용자 기본 계정 설정] 화면에서 [계정을 하나 만들어 보세요]를 클릭합니다. 이어서 개인정보를 입력한 후 [다음] 버튼을 클릭합니다. 요구 사항에 따라 순차적으로 진행하면 계정을 새롭게 만들 수 있습니다.

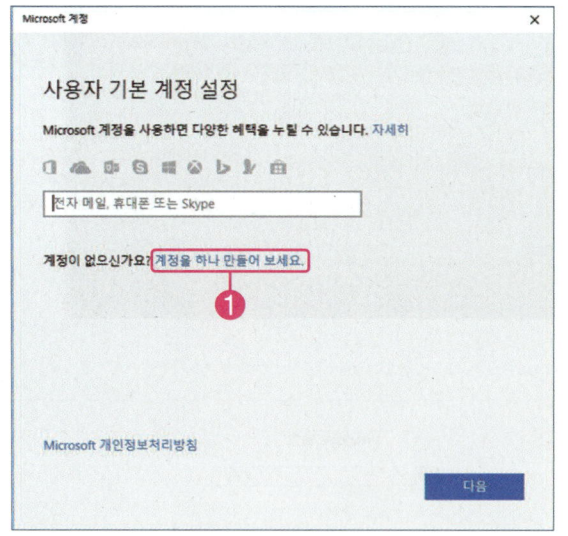 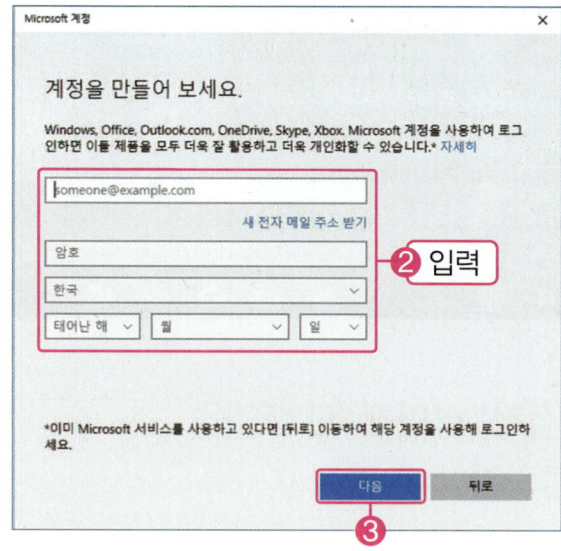

02 정보 확인하기

01 사용하고 있는 컴퓨터의 기본적인 사양이나 정보를 알아보도록 하겠습니다. [시작(⊞)]-[설정(⚙)]을 클릭합니다.

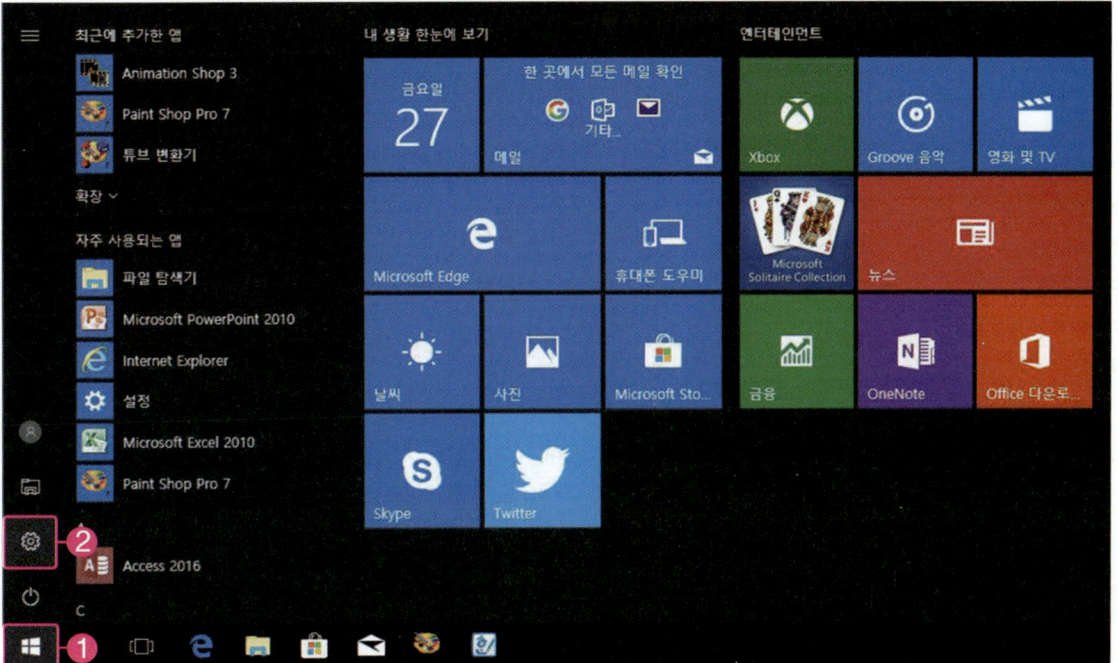

02 [설정] 화면에서 [시스템]을 클릭합니다.

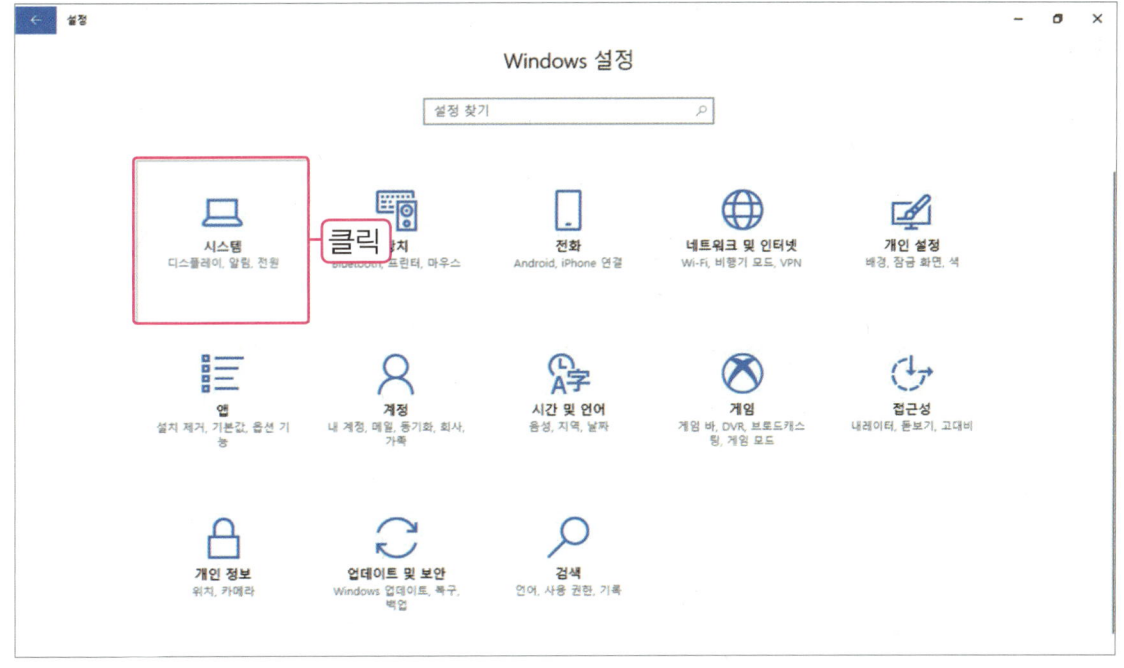

03 [시스템] 화면에서 [정보]를 클릭합니다. 현재 사용 중인 컴퓨터의 정보가 나타나며 디바이스 사양도 알 수 있습니다.

알아두기 배경 화면의 [내 PC]를 마우스 오른쪽 버튼으로 클릭하고 [속성]을 선택해도 컴퓨터의 정보를 볼 수 있습니다.

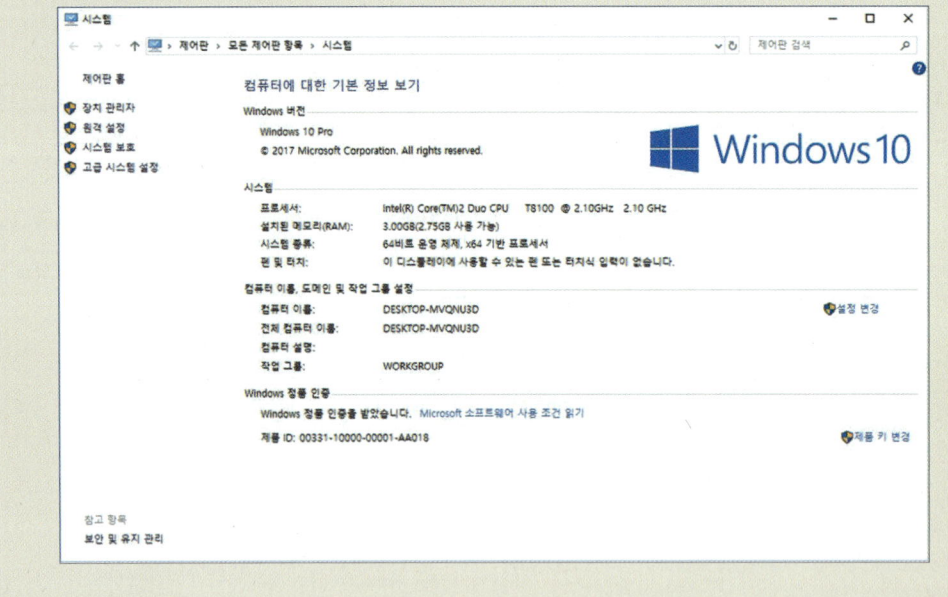

03 개인 설정하기

윈도우10을 개인의 편의와 취향에 맞게 설정하는 방법을 알아보도록 하겠습니다.

💬 배경 화면 변경하기

01 [시작(■)]-[설정(⚙)]을 클릭합니다.

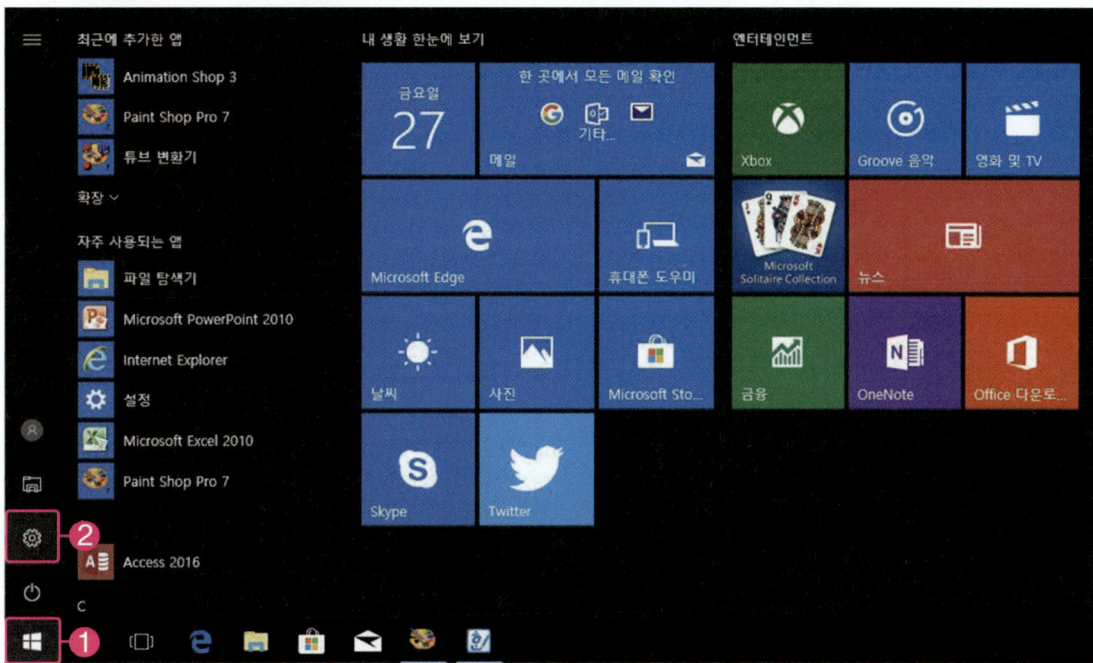

02 [설정] 화면에서 [개인 설정]을 클릭합니다.

03 [개인 설정] 화면의 [배경]을 클릭합니다. 이어서 [사용자 사진 선택]에서 원하는 사진을 클릭합니다. [배경]에서 적용된 모습을 미리 볼 수 있습니다.

알아두기 [사용자 사진 선택]의 [찾아보기]를 클릭하면 사용자가 원하는 사진으로 배경 화면을 지정할 수 있습니다. 원하는 사진이 있는 경로로 들어가 파일을 선택하고 [사진 선택] 버튼을 클릭하면 적용됩니다.

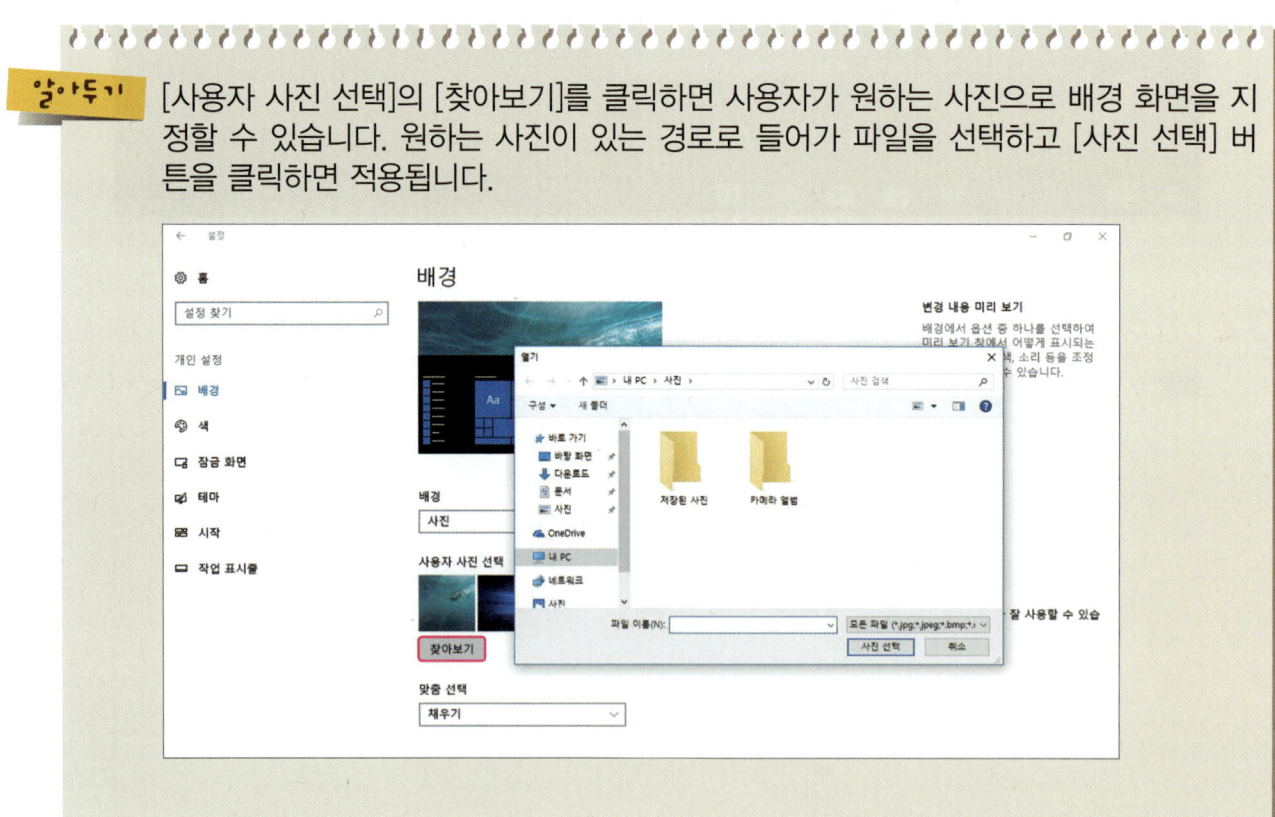

색 변경하기

01 [개인 설정]의 [색]을 클릭합니다. 색은 작업 표시줄과 시작 화면에서 일부분의 색을 변경할 수 있습니다.

02 [Windows 색상표]에서 원하는 색을 클릭합니다.

03 마우스 휠을 아래로 돌리면 기타 옵션이 나타납니다. [시작, 작업 표시줄 및 알림 센터]와 [제목 표시줄]을 체크합니다.

04 변화된 색상을 바로 확인할 수 있습니다. [최소화(-)] 버튼을 클릭합니다.

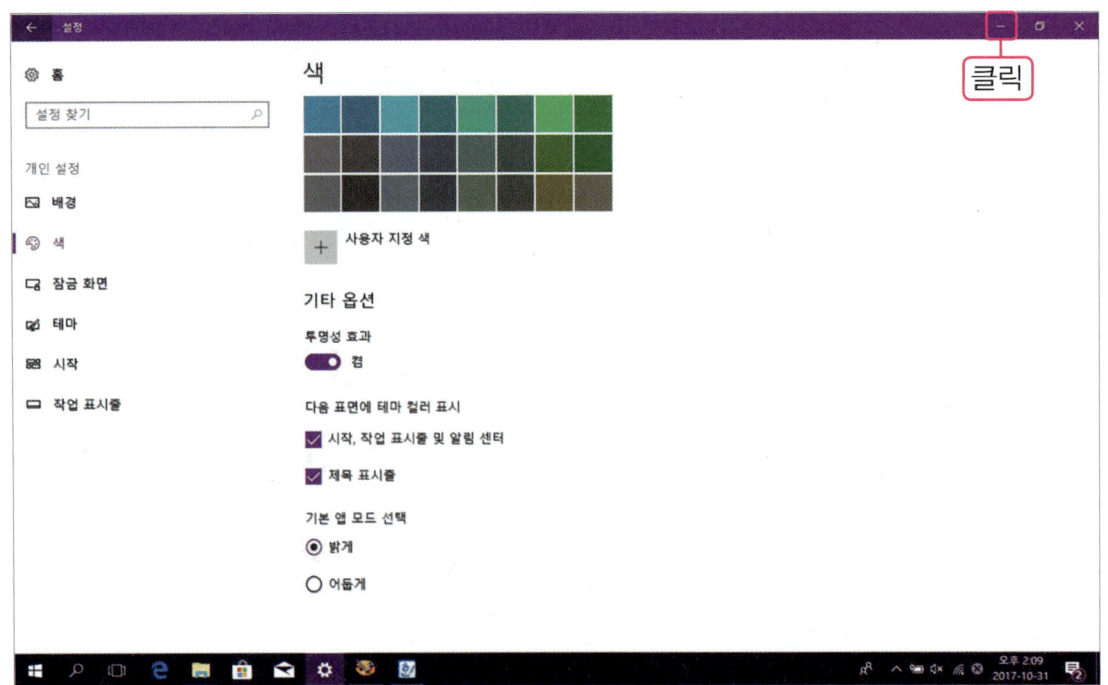

05 변경된 배경 화면을 확인할 수 있고 시작(⊞) 버튼을 클릭하면 변경된 색을 확인할 수 있습니다.

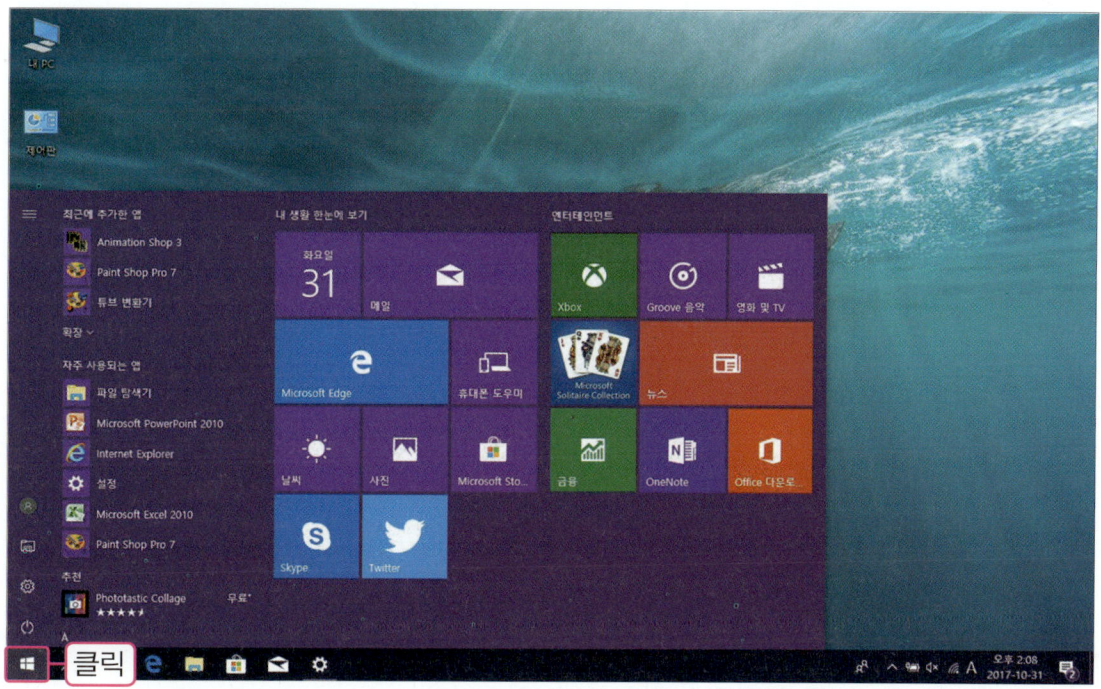

잠금 화면 설정하기

01 [설정]-[개인 설정]에서 [잠금 화면]을 클릭합니다.

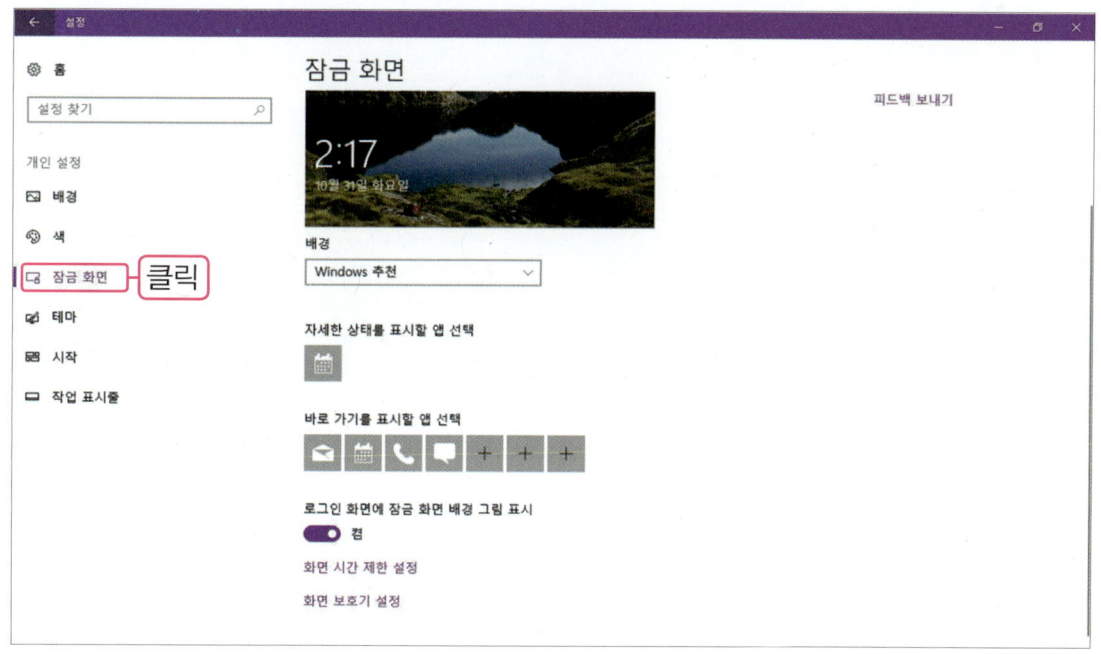

02 [자세한 상태를 표시할 앱 선택]을 클릭하고 [날씨]를 선택합니다.

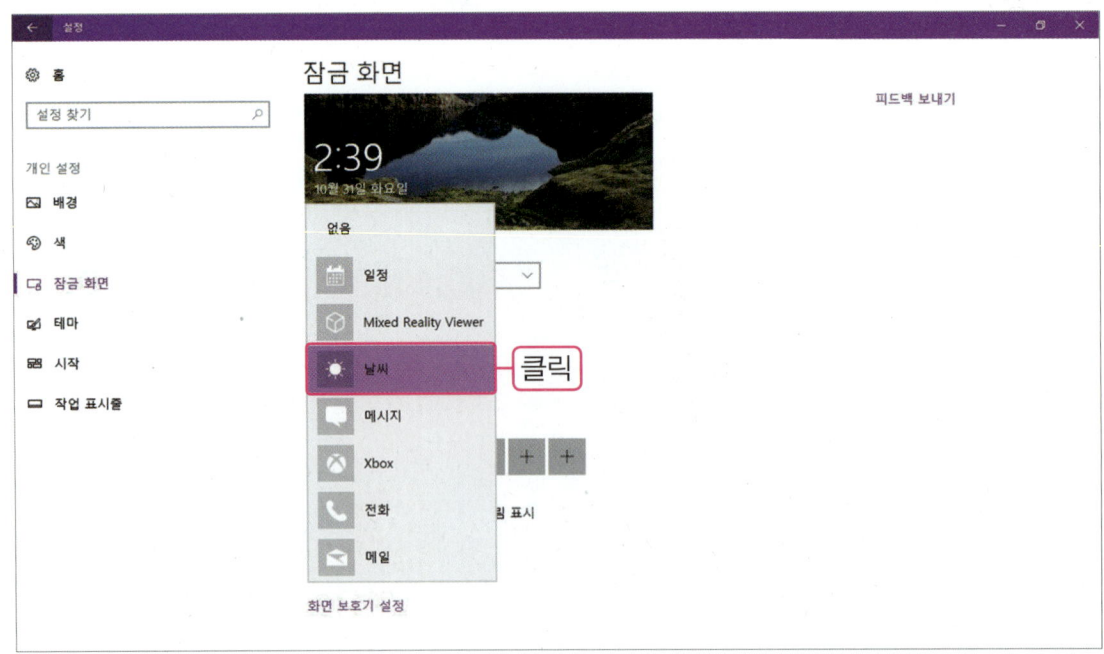

알아두기 설정한 날씨는 잠금 화면에서 확인할 수 있습니다.

03 [잠금 화면]에서 [화면 보호기 설정]을 클릭합니다.

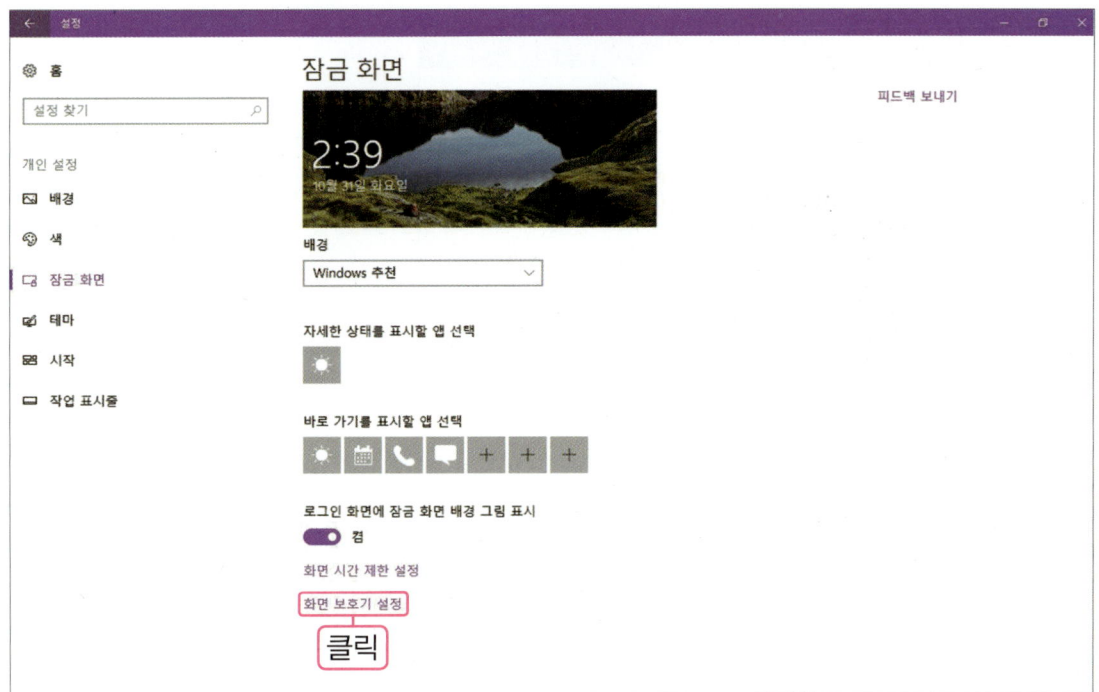

04 [화면 보호기 설정] 창에서 화면 보호기를 [리본]으로 선택합니다.

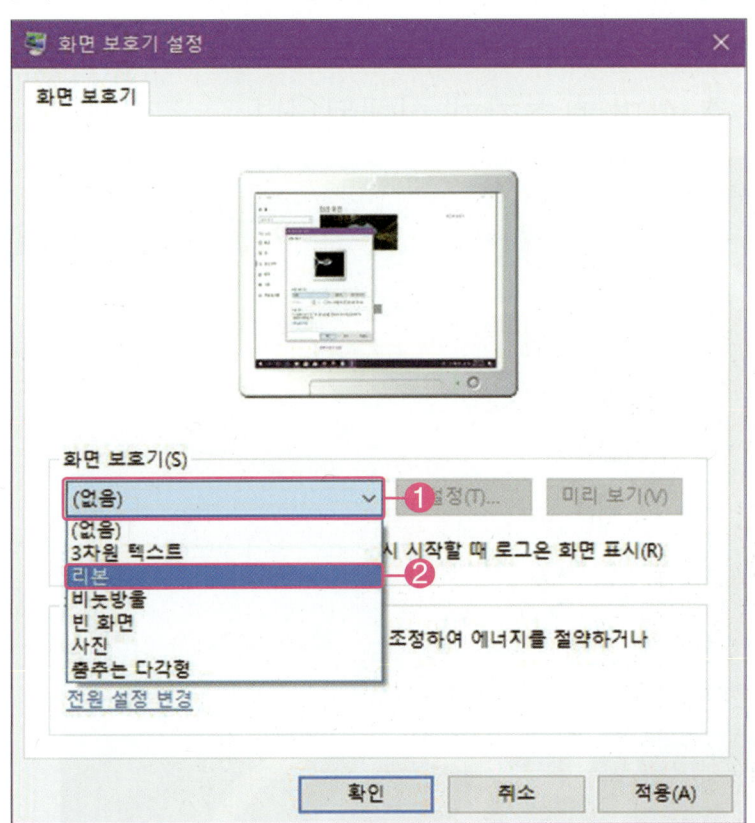

05 [대기]에서 시간을 설정하고 [확인] 버튼을 클릭합니다.

06 설정한 대기 시간이 지난 후 화면 보호기가 실행됩니다.

테마 설정하기

01 [설정]-[개인 설정]에서 [테마]를 클릭합니다. 현재 사용하고 있는 테마가 있으며 배경, 색, 소리, 마우스 커서를 클릭하여 바로 변경할 수 있습니다.

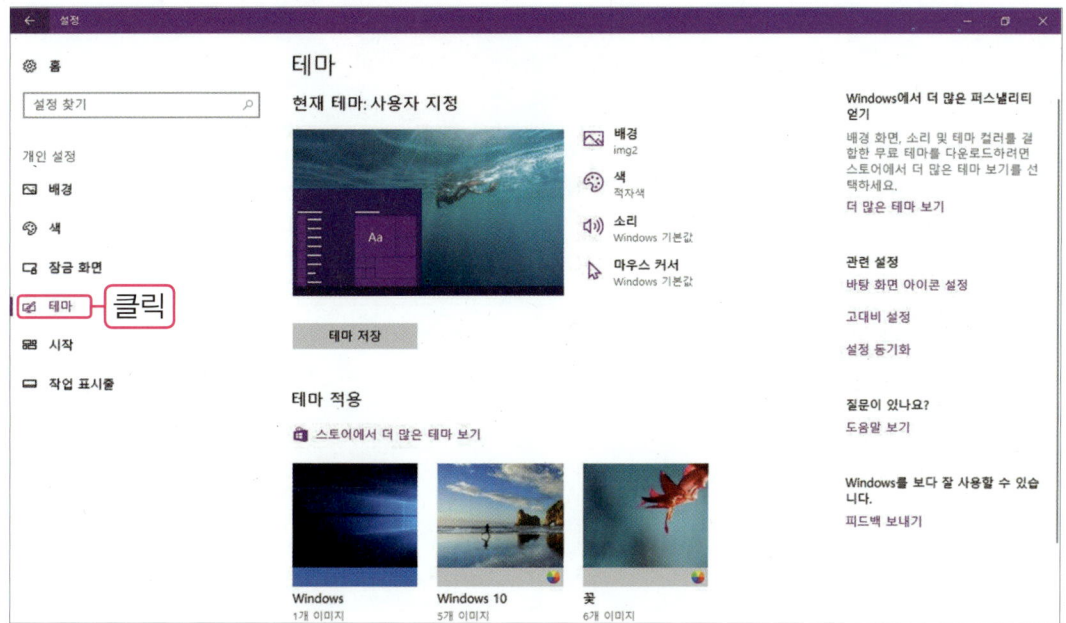

02 [테마 적용]에서 [꽃]을 클릭합니다. 꽃 테마가 적용됩니다.

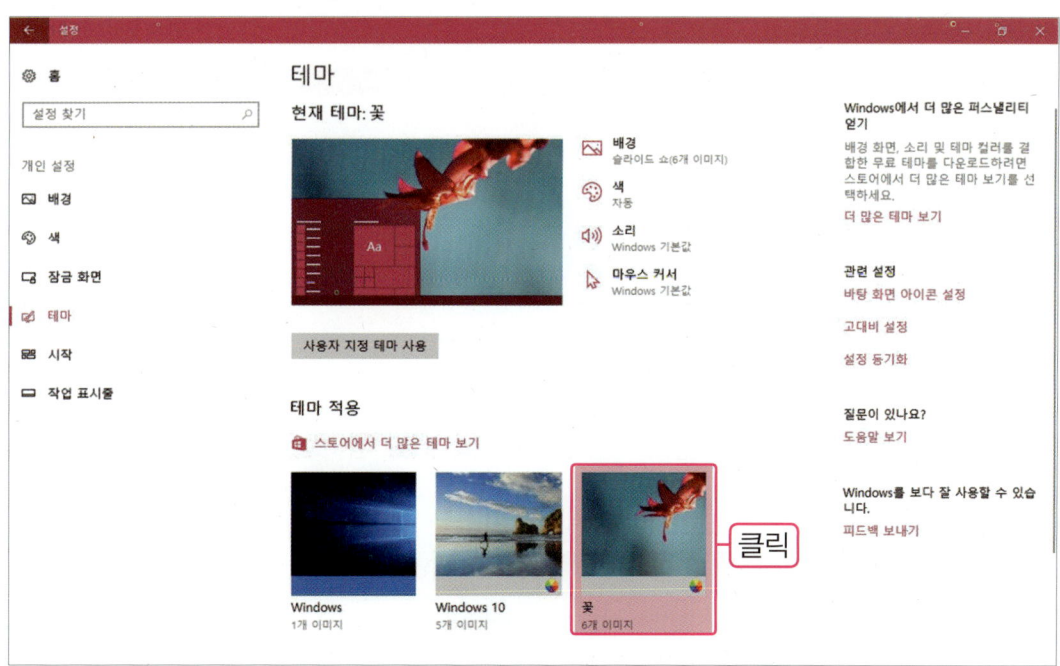

> **알아두기** [사용자 지정 테마 사용] 버튼을 클릭하면 이전 테마로 다시 적용됩니다.

03 [바탕 화면 보기(|)]를 클릭합니다. 배경 화면과 색이 테마에 맞게 변화된 모습을 확인할 수 있습니다.

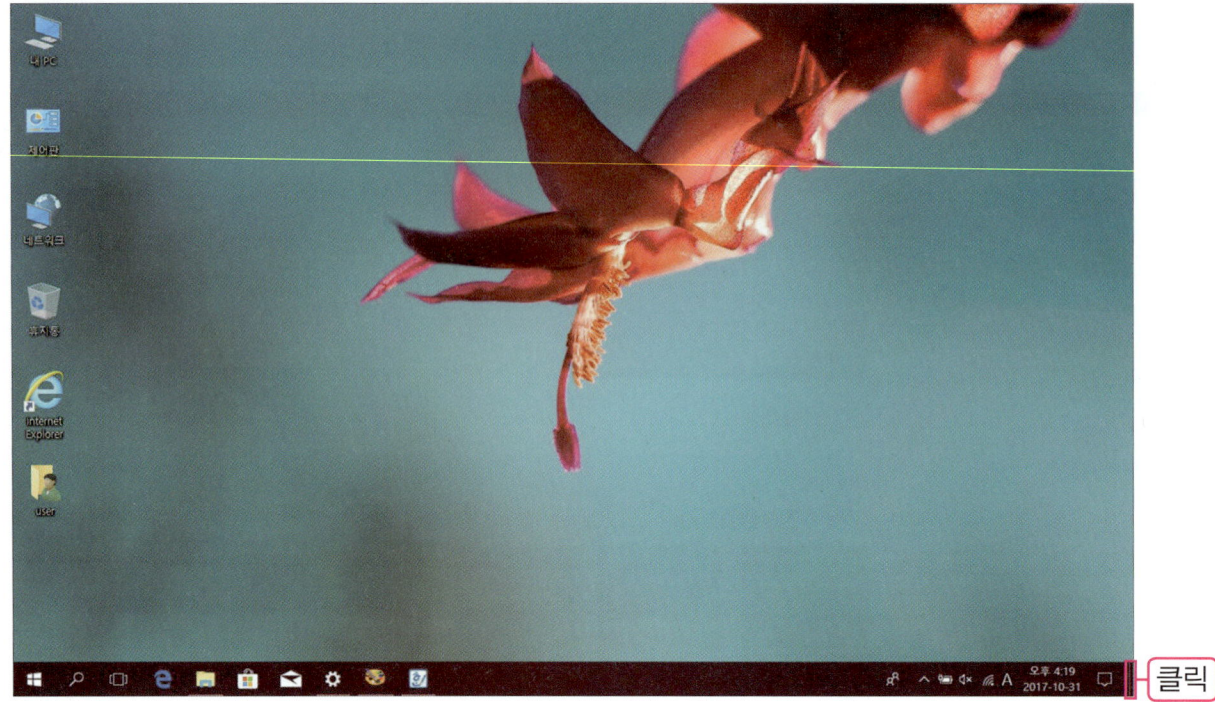

04 다시 [설정]으로 돌아옵니다. [개인 설정]-[테마]에서 [스토어에서 더 많은 테마 보기]를 클릭합니다.

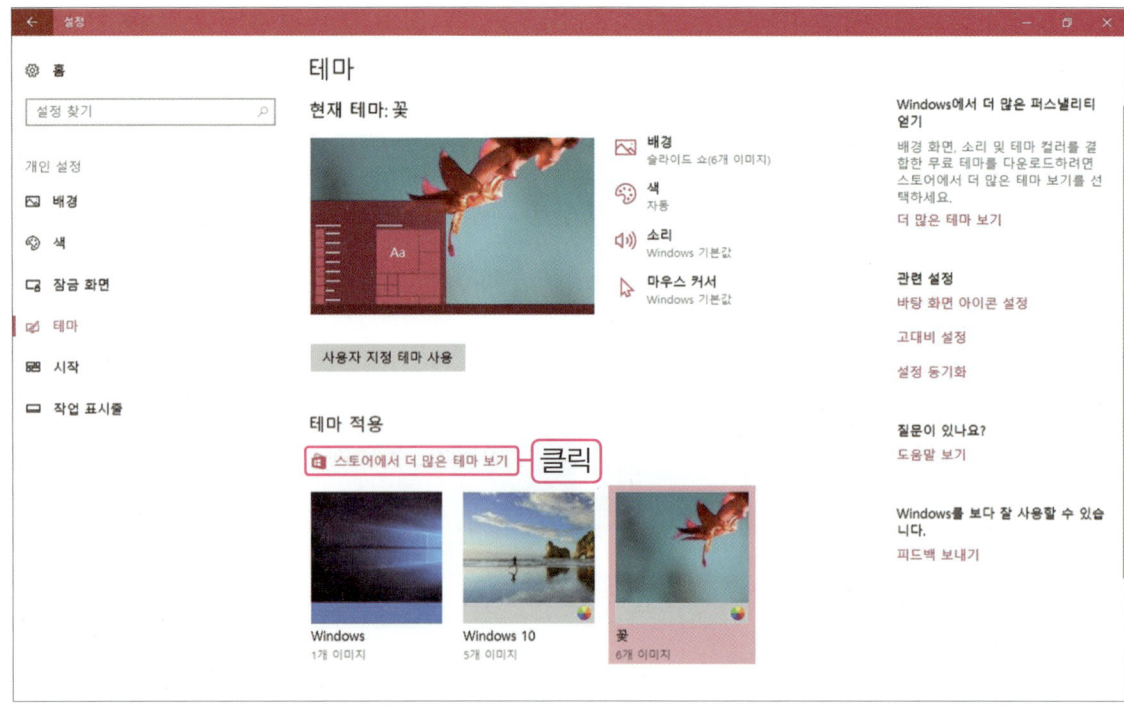

05 [Microsoft Store] 창이 나타나고 다양한 무료 테마들을 볼 수 있습니다. 다운로드 할 테마를 선택합니다.

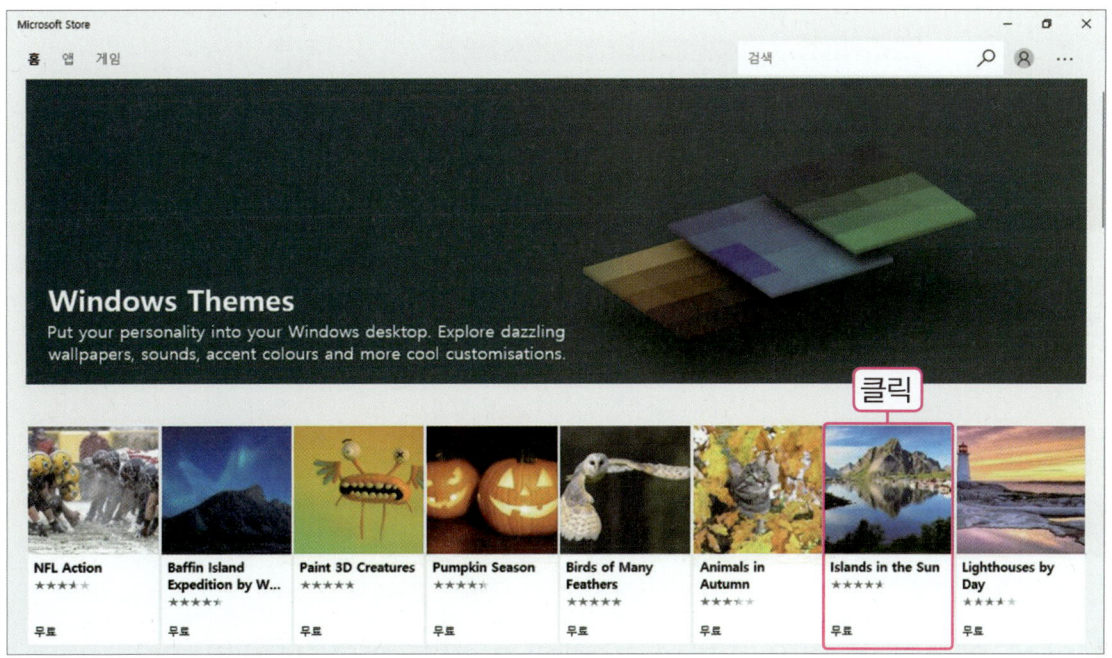

06 아래의 스크린샷에서 미리 확인할 수 있습니다. [다운로드]를 클릭합니다.

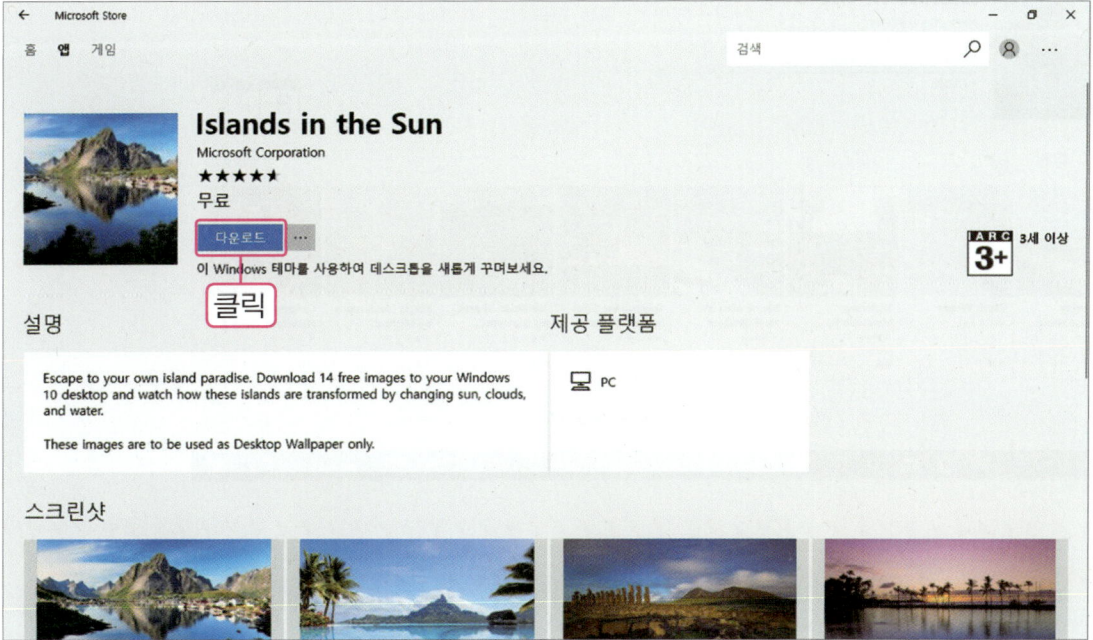

07 [암호 입력] 창이 나타나면 암호를 입력하고 [로그인]을 클릭합니다. 사용자의 환경에 따라서 암호 입력 창은 생략될 수 있습니다.

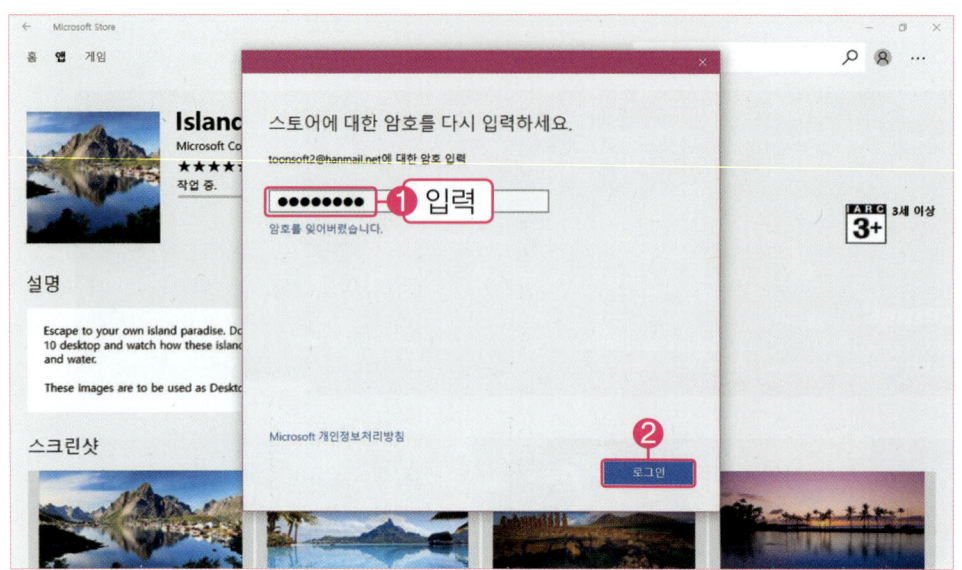

08 로그인이 완료되면 다운로드가 진행되고 자동으로 설치됩니다.

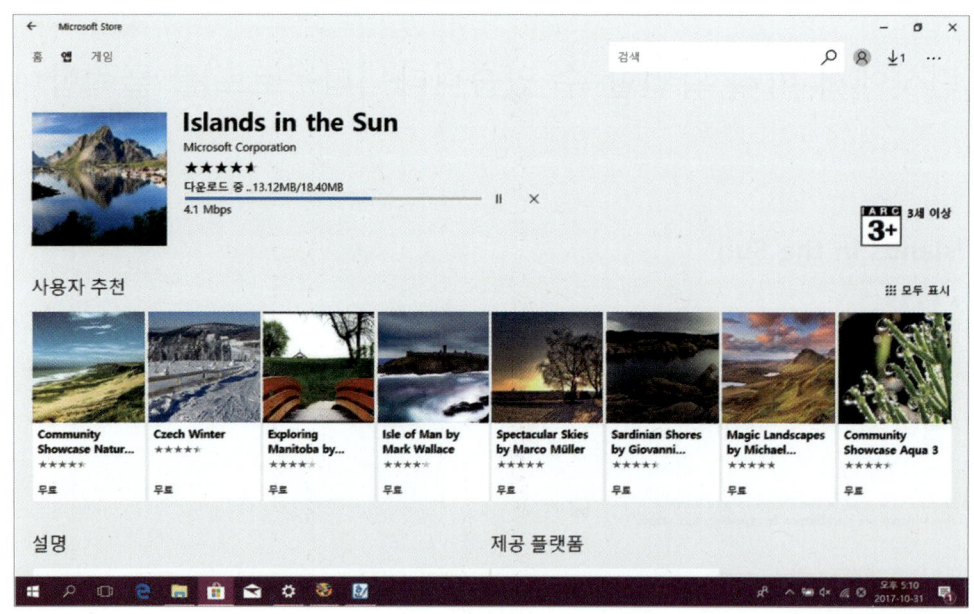

> **알아두기** 다운로드가 완료되면 설치되어 있다는 문구를 볼 수 있습니다.
>
>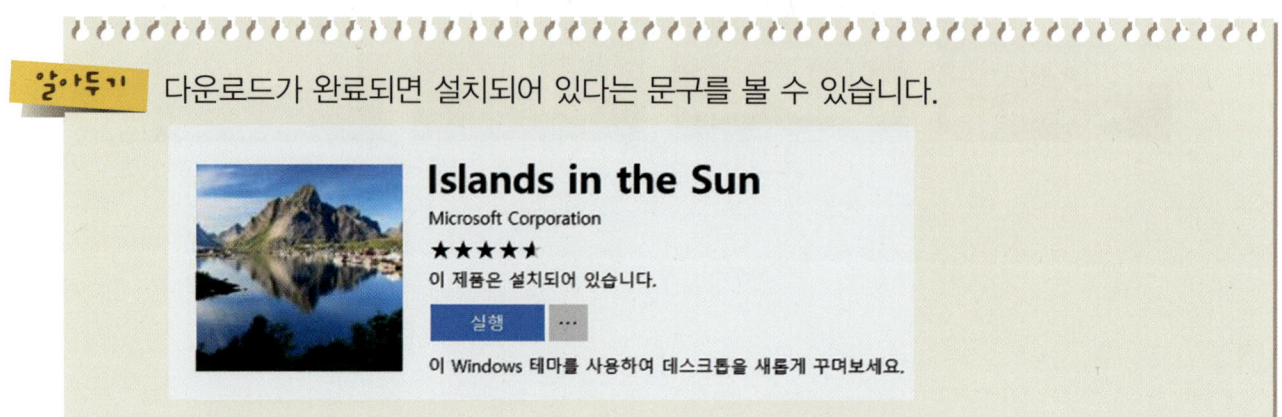

09 [설정]을 실행합니다. [개인 설정]-[테마]에 다운받은 테마가 생성되었습니다. 테마를 클릭하여 적용합니다.

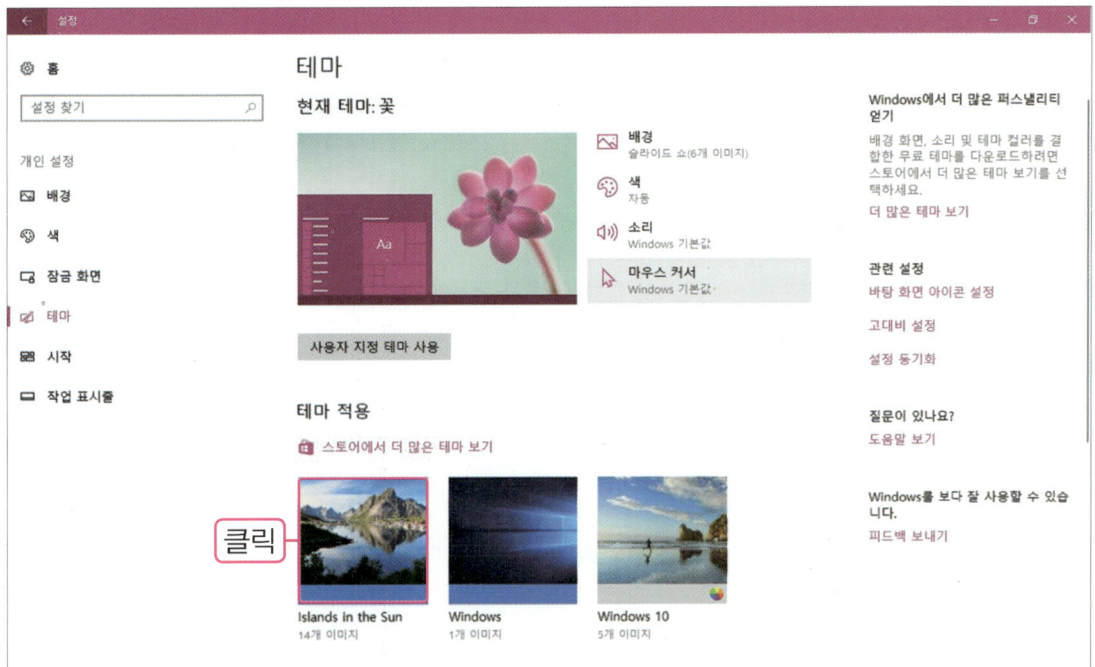

10 [바탕 화면 보기(|)]를 클릭하면 적용된 테마를 확인할 수 있습니다.

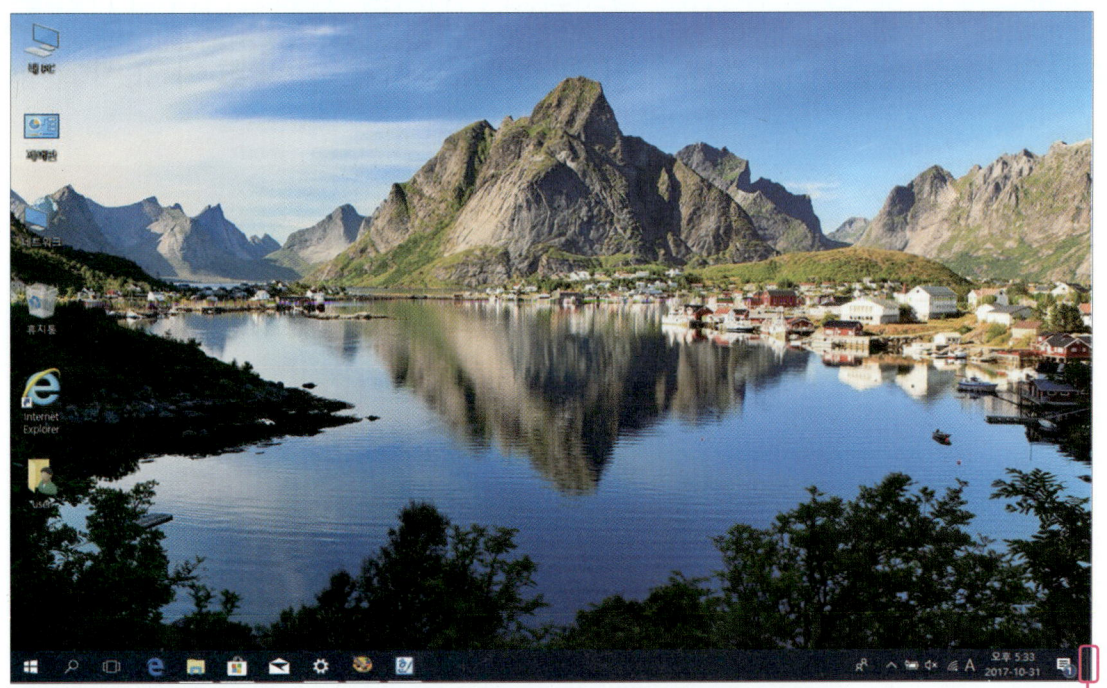

시작 설정하기

01 [설정]-[개인 설정]에서 [시작]을 클릭합니다. 시작 화면을 사용자에 맞게 편집할 수 있습니다.

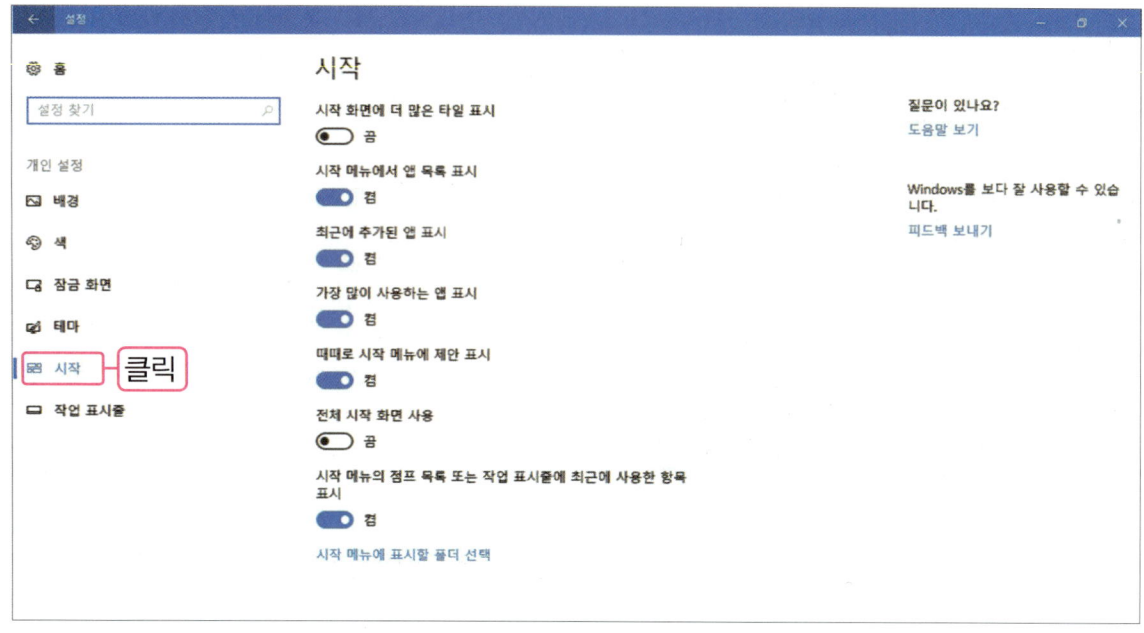

02 [시작 메뉴에서 앱 목록 표시]를 클릭하여 [끔]으로 설정합니다. [시작(⊞)]을 클릭하면 바로 적용된 설정을 확인할 수 있습니다. 앱 목록이 표시되지 않습니다.

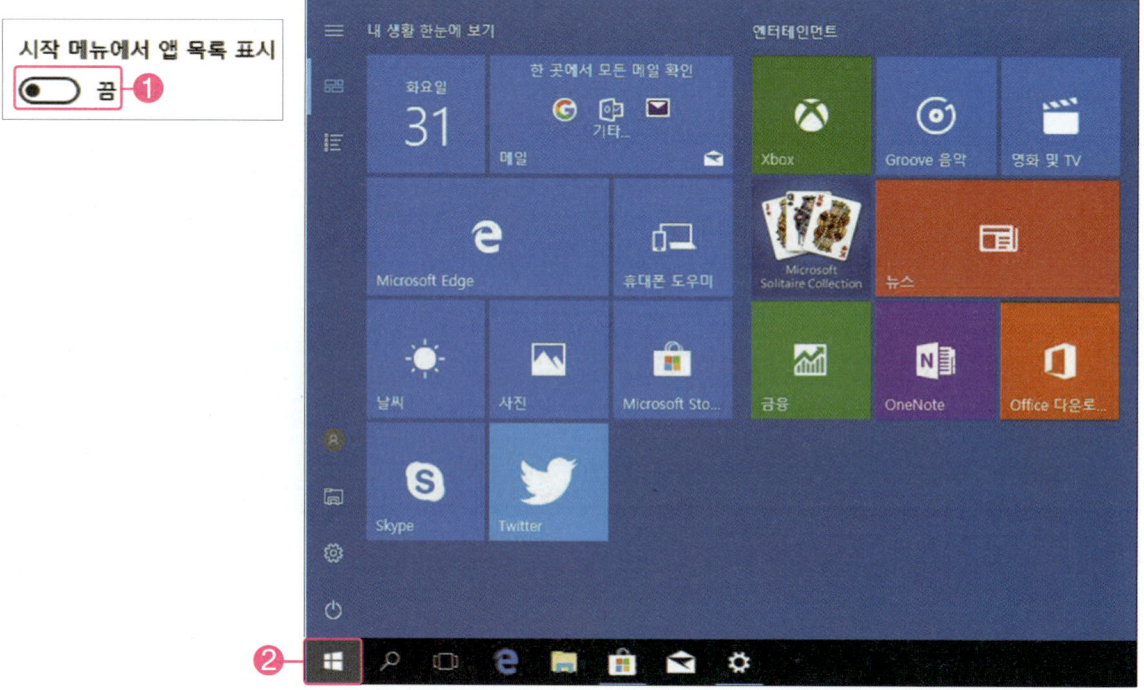

03 [모든 앱(≡)]을 클릭하면 라이브 타일이 사라지고 앱이 표시됩니다. 다시 [시작 메뉴에서 앱 목록 표시]를 클릭하여 [켬]으로 설정합니다.

알아두기 시작 화면의 자세한 구성은 4강에서 알아보도록 하겠습니다.

04 이번에는 [개인 설정]-[시작]에서 [가장 많이 사용하는 앱 표시]를 [끔]으로 설정합니다. 그림과 같이 차이를 알 수 있습니다.

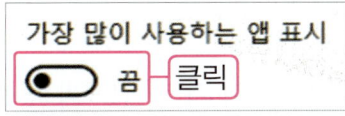

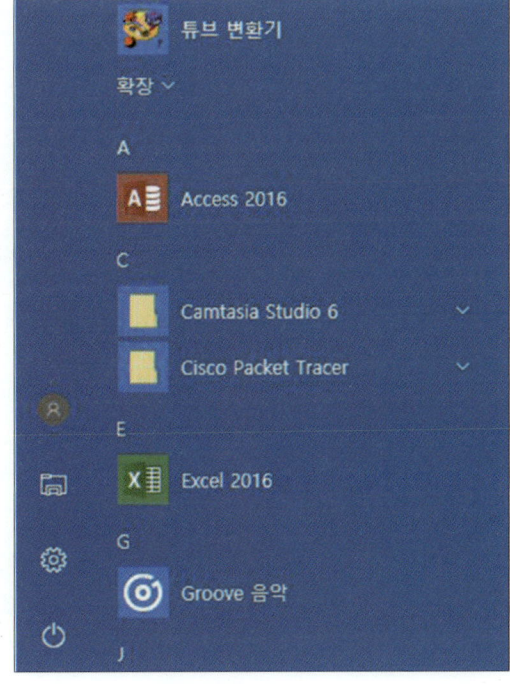
▲ '끔'으로 설정된 상태

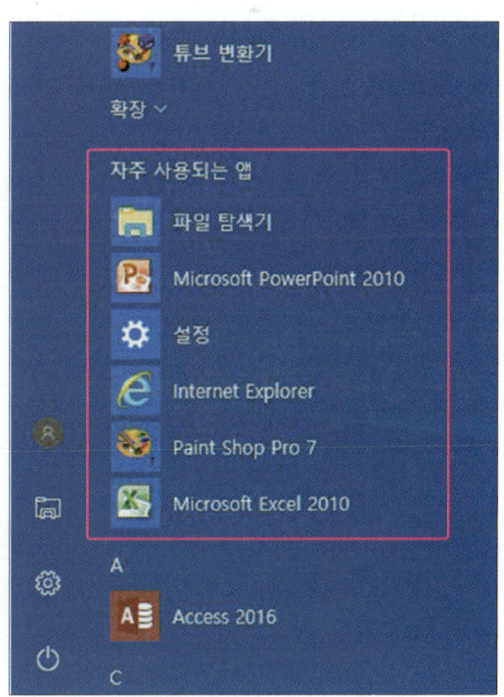
▲ '켬'으로 설정된 상태

05 [개인 설정]의 [시작]에서 [전체 시작 화면 사용]을 [켬]으로 설정합니다. [시작()]을 클릭합니다.

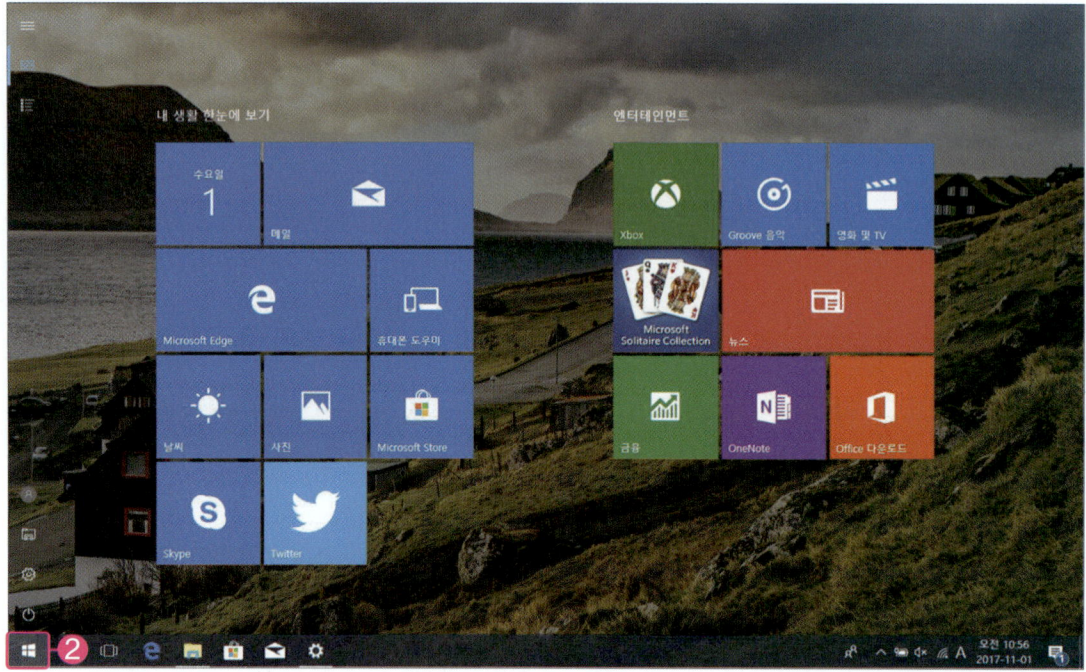

06 [모든 앱()]을 클릭합니다. 라이브 타일이 사라지고 앱들이 나타납니다.

① 화면을 그림과 같은 설정으로 변경해 봅니다.

② [개인 설정]의 [시작]에서 [시작 메뉴에 표시할 폴더 선택]을 클릭하여 사진과 동영상을 [켬]으로 설정합니다.

04 작업 표시줄과 시작 화면

01 작업 표시줄 크기 조절하기

01 작업 표시줄의 경계선으로 마우스 포인터를 이동하고 마우스 포인터가 [크기 조절 포인터(↕)]로 변경되었을 때 위쪽으로 드래그합니다.

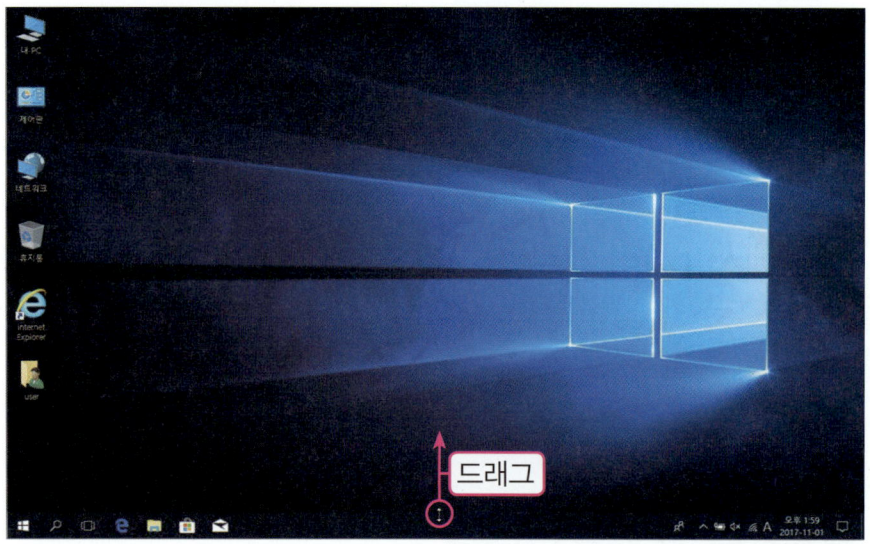

02 작업 표시줄의 크기가 변경됩니다.

03 작업 표시줄의 경계선을 아래쪽으로 드래그하여 작업 표시줄을 다시 원래 상태의 크기로 변경해 봅니다.

알아두기 작업 표시줄의 크기를 변경할 수 없는 경우

작업 표시줄에서 마우스 오른쪽 버튼을 클릭합니다. 바로 가기 메뉴에서 [작업 표시줄 잠금]을 클릭하여 체크 해제 합니다. [작업 표시줄 잠금]이 체크되어 있으면 크기를 변경할 수 없습니다.

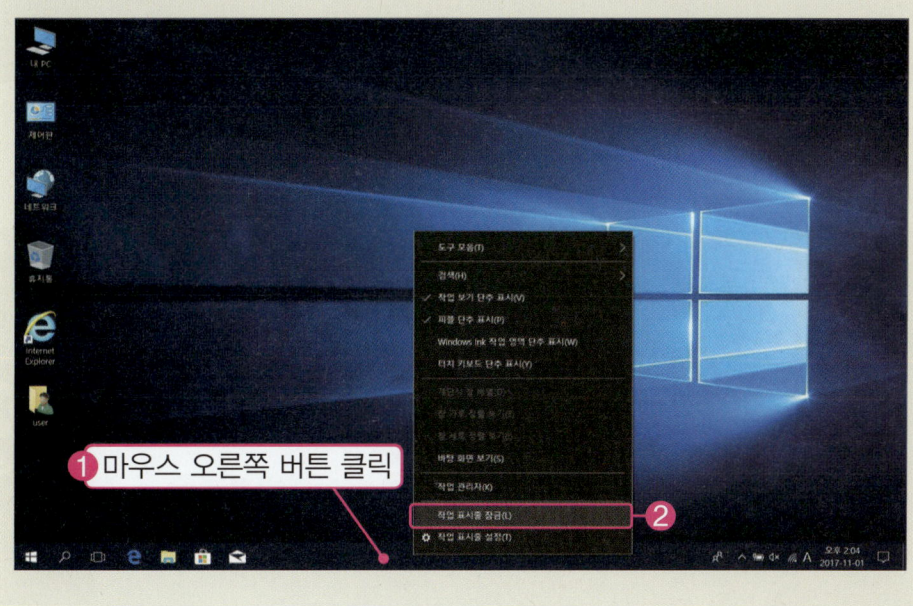

02 작업 표시줄 위치 이동하기

[방법-1]

01 작업 표시줄의 위치를 변경하기 위해서 작업 표시줄을 오른쪽으로 드래그합니다.

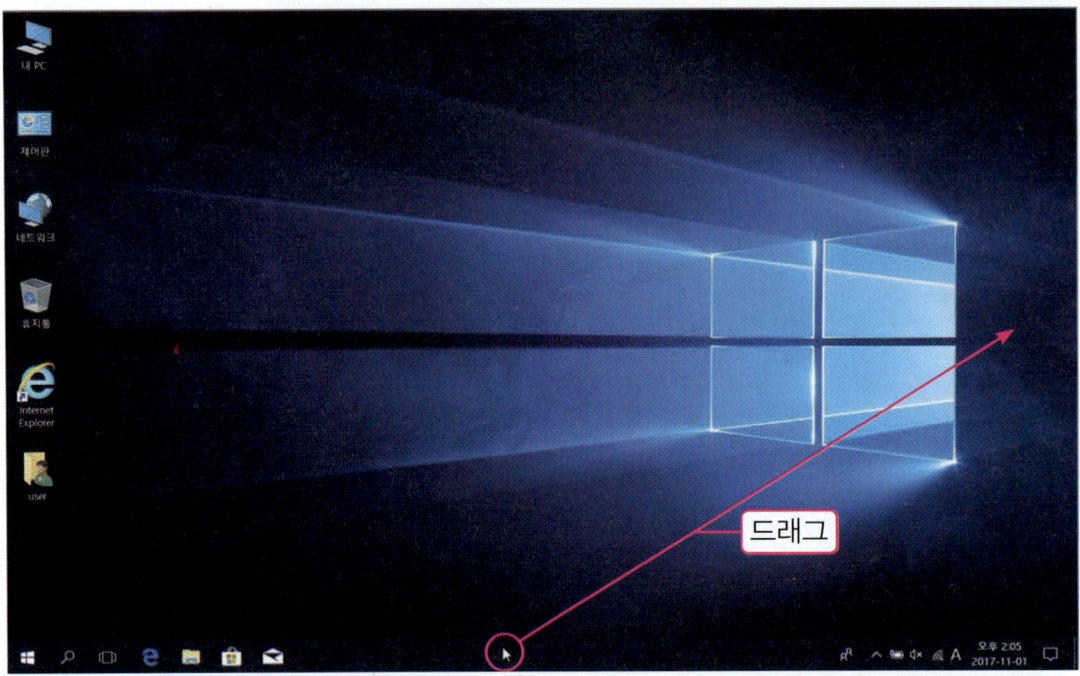

02 마우스에서 손가락을 떼면 그림과 같이 위치가 이동됩니다.

[방법-2]

01 두 번째 방법으로 작업 표시줄의 위치를 이동시켜 보겠습니다. 작업 표시줄에서 **마우스 오른쪽 버튼을 클릭**하고 바로 가기 메뉴에서 **[작업 표시줄 설정]**을 클릭합니다.

02 [개인 설정] 창의 [작업 표시줄]에서 **[화면에서의 작업 표시줄 위치]의 [오른쪽]**을 설정합니다.

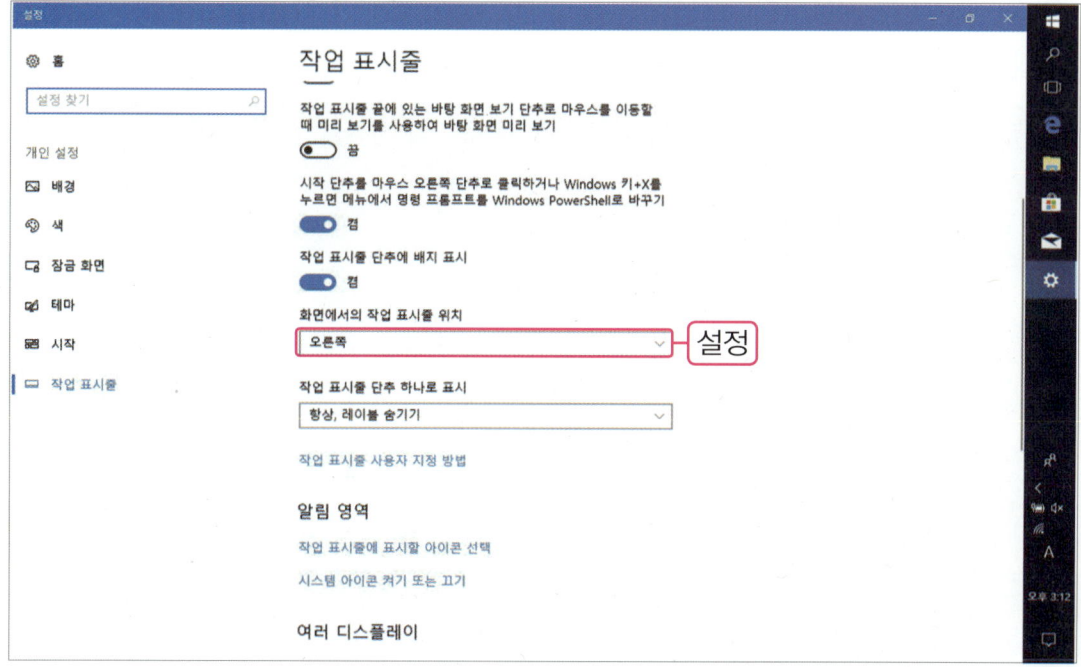

03 [아래쪽]을 선택하면 작업 표시줄이 원래의 위치로 이동합니다.

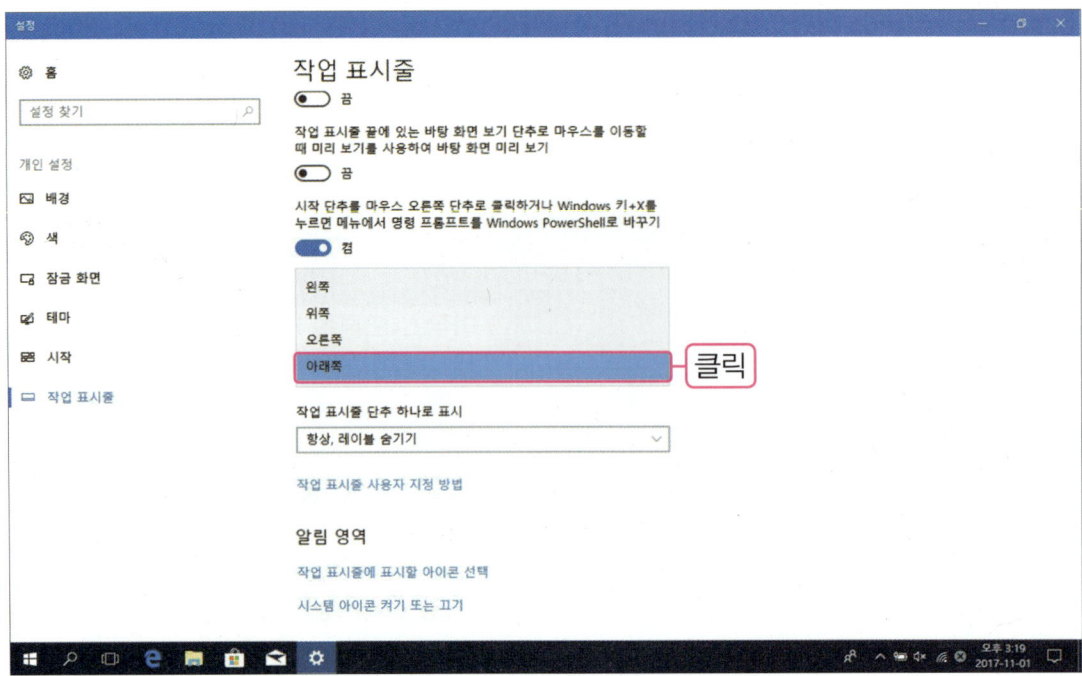

03 작업 표시줄 활용하기

아이콘 고정하기

01 바탕 화면에 있는 아이콘 중에서 고정하고 싶은 아이콘을 작업 표시줄로 드래그합니다.

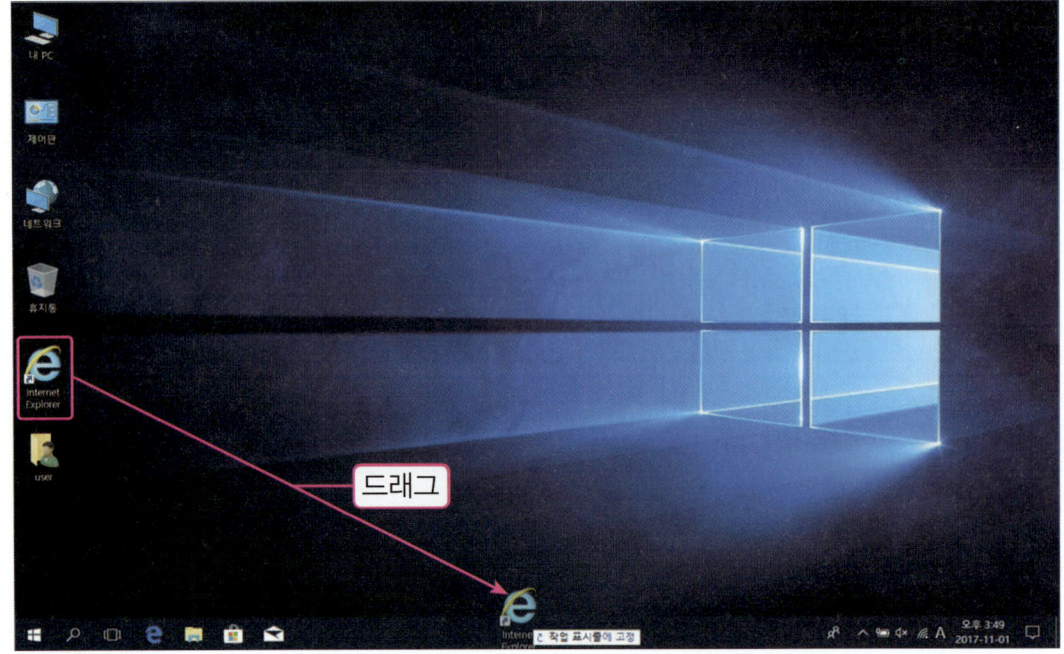

02 작업 표시줄에 아이콘이 추가된 모습을 확인할 수 있습니다. 주로 사용하는 아이콘을 추가하여 편리하게 사용할 수 있습니다.

💬 고정된 아이콘 제거하기

작업 표시줄에서 제거할 아이콘을 마우스 오른쪽 버튼으로 클릭합니다. 바로 가기 메뉴에서 [작업 표시줄에서 제거]를 클릭합니다.

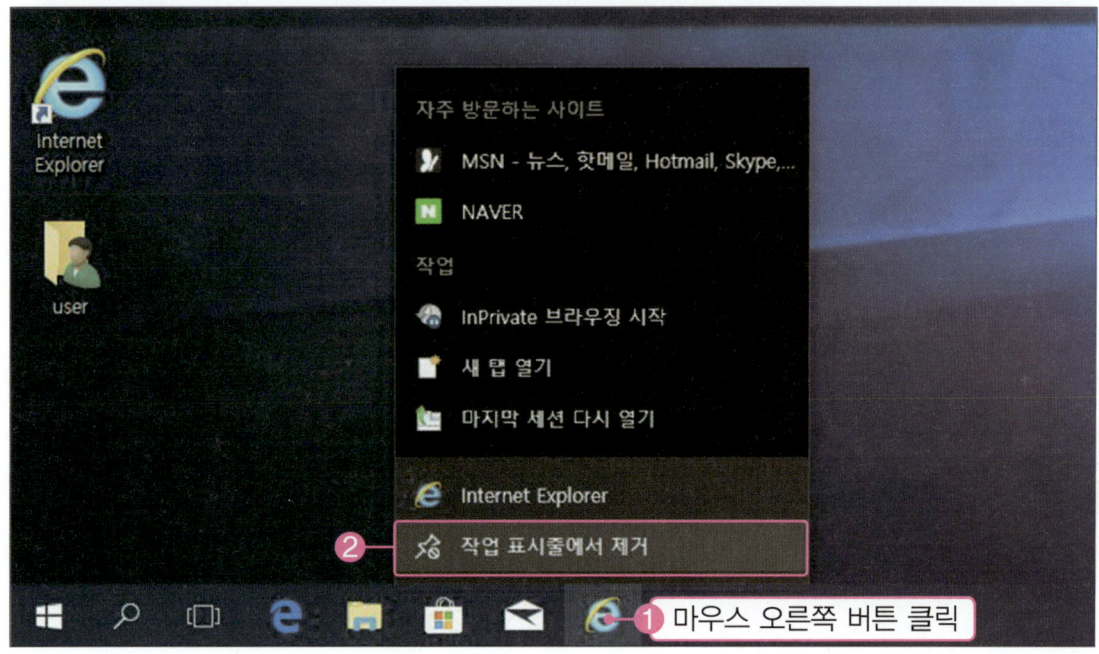

Windows 검색 사용하기

01 작업 표시줄의 [Windows 검색(🔍)]을 클릭합니다. 이어서 텍스트를 입력하기 위해 [Windows 검색]을 클릭합니다.

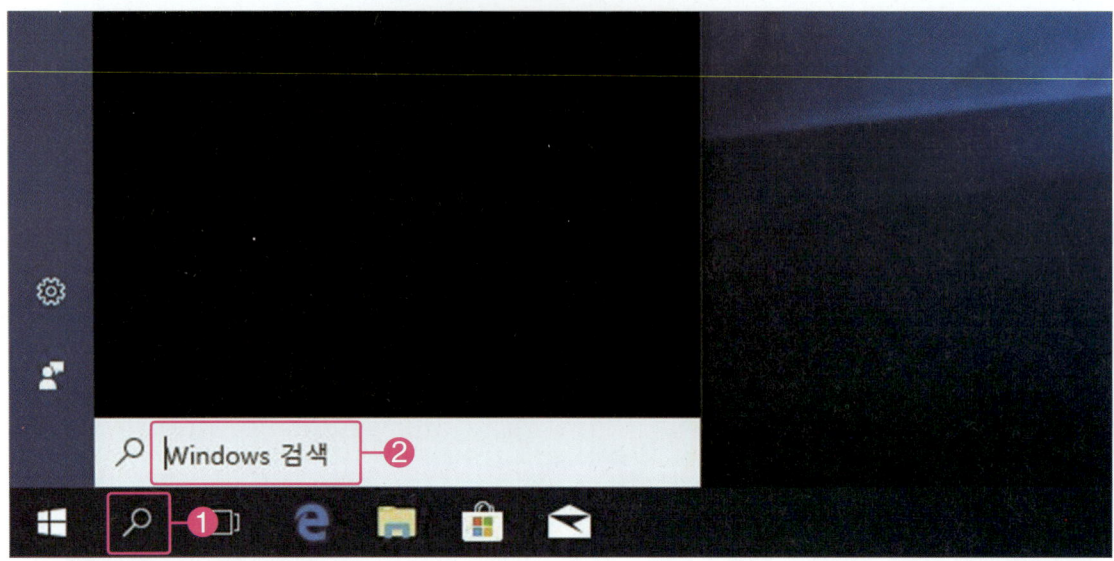

02 '작업'이라고 입력합니다. 가장 정확한 앱과 비슷한 앱이 검색됩니다. 마우스로 해당 앱을 클릭하면 실행됩니다.

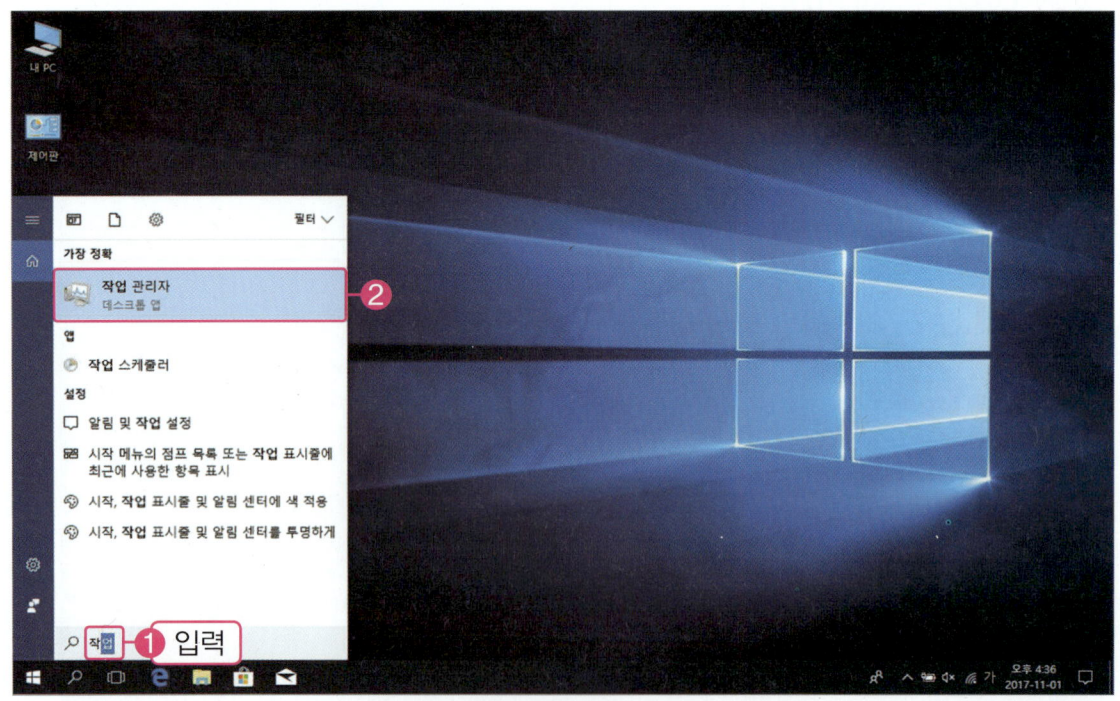

주소 검색하기

01 작업 표시줄의 [Windows 검색(🔍)]을 클릭합니다. 'www.naver.com'을 입력하고 검색 결과를 클릭합니다.

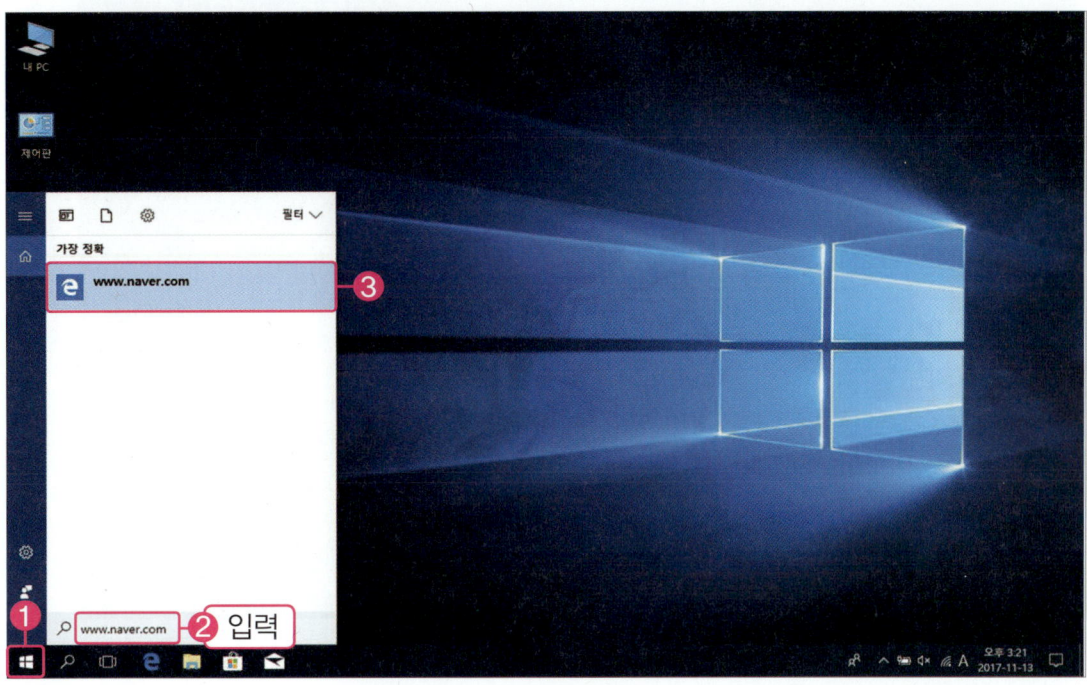

02 마이크로소프트 엣지가 실행되면서 네이버 메인화면이 나타납니다. Windows 검색으로 원하는 사이트로 빠르게 접속할 수 있습니다.

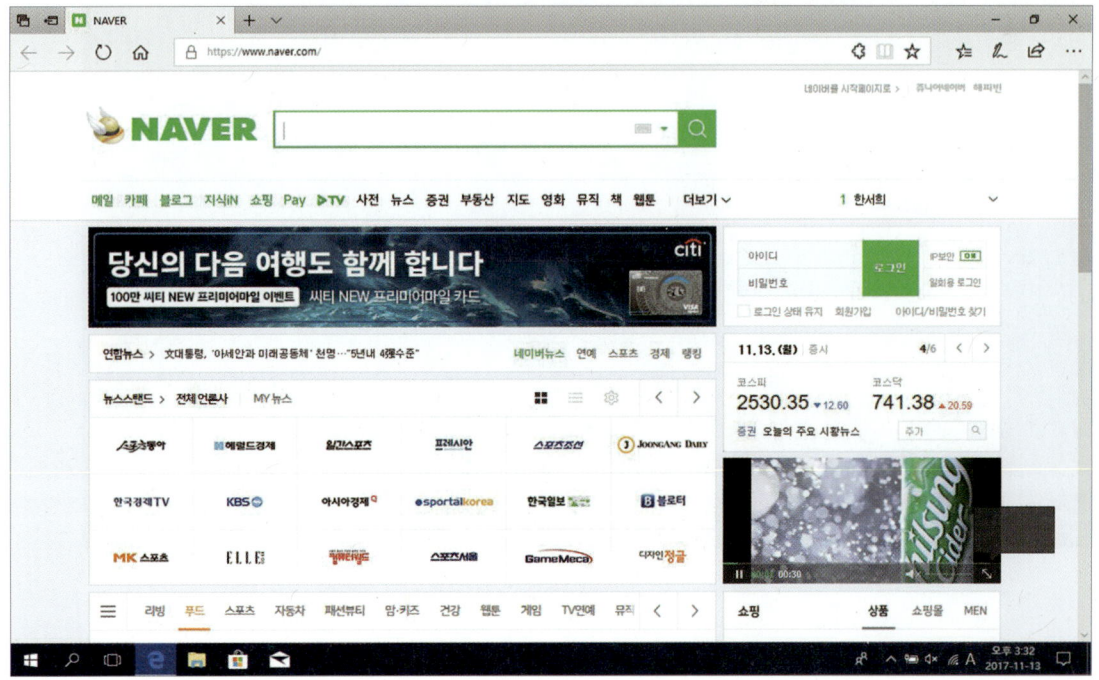

일정 등록하기

01 작업 표시줄의 [날짜 및 시간]을 클릭합니다. 전체 달력이 나타납니다.

02 날짜를 선택하고 (➕)을 클릭합니다.

03 [일정]이 나타나면 세부 정보를 입력합니다. [미리 알림]을 클릭하여 설정합니다. 기본적으로 15분으로 설정되어 있습니다. 이어서 시작 시간을 설정하기위해 시작의 [오후 12:00]를 클릭합니다.

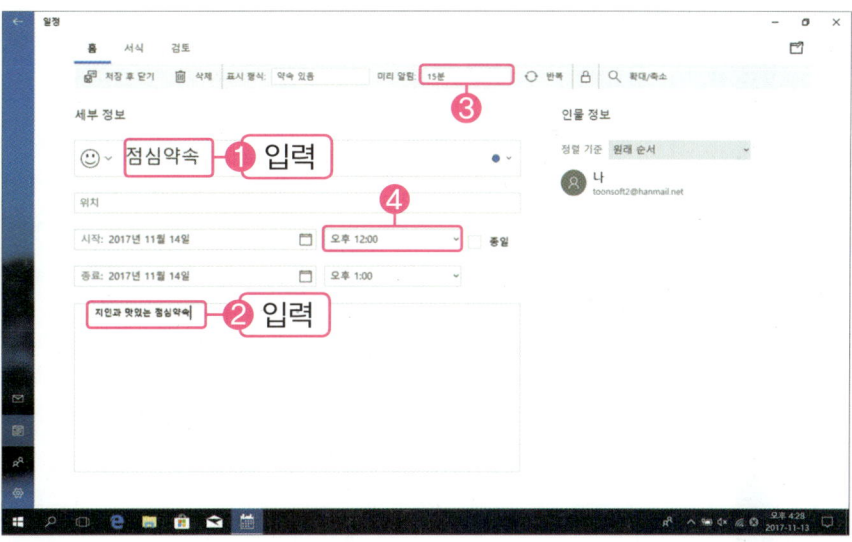

04 드래그하여 원하는 시간을 선택합니다.

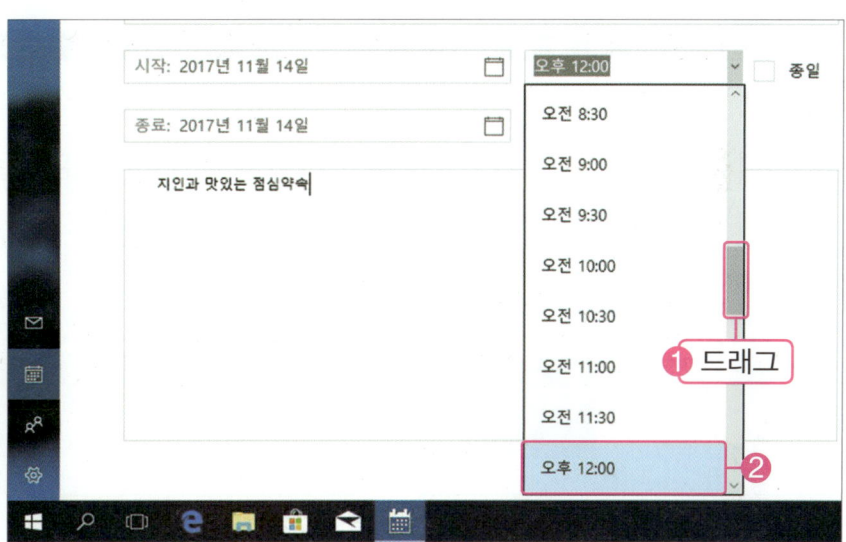

05 종료 시간도 같은 방법으로 설정합니다.

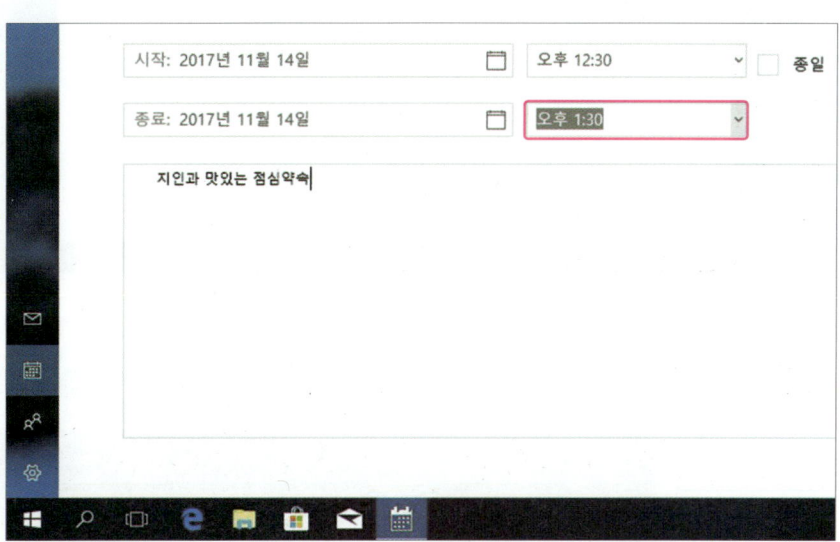

06 [저장 후 닫기]를 클릭합니다.

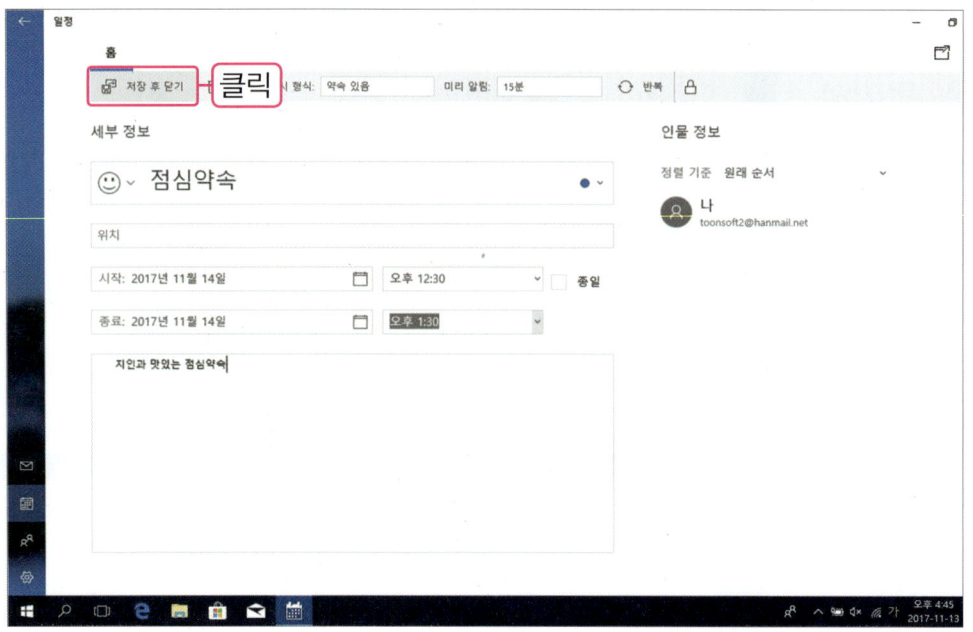

07 입력한 일정을 확인할 수 있습니다. 작업 표시줄의 [날짜 및 시간]을 클릭하면 해당하는 날짜에 입력된 것도 확인할 수 있습니다.

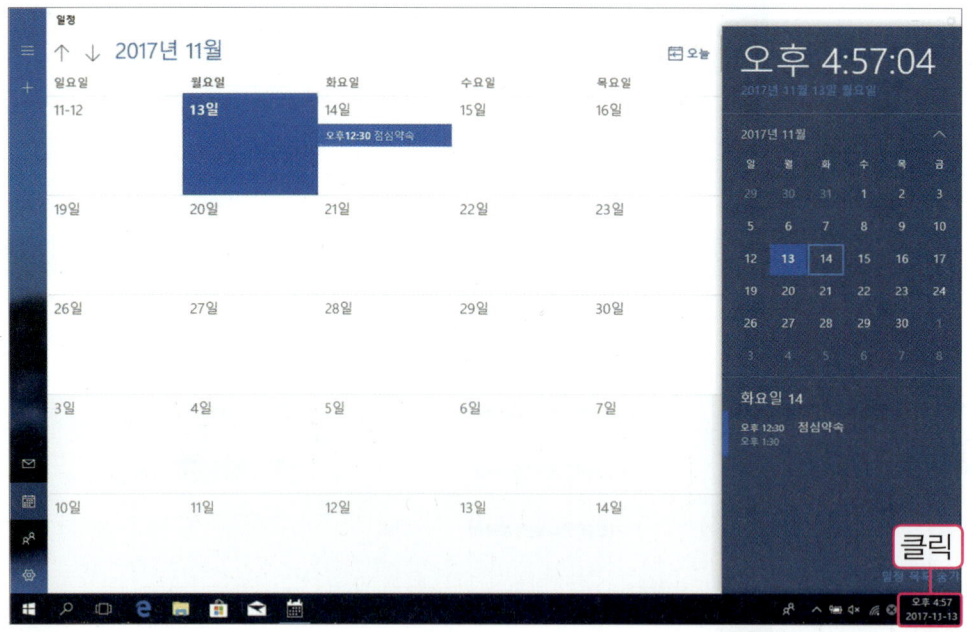

> **알아두기** 작업 표시줄의 스피커를 클릭하면 드래그하여 볼륨을 조절할 수 있습니다.

04 작업 표시줄 설정하기

작은 작업 표시줄 단추 사용

01 [시작(■)]-[설정(⚙)]을 클릭합니다.

02 이어서 [개인 설정]을 클릭합니다.

03 [작업 표시줄]을 클릭하고 [작은 작업 표시줄 단추 사용]을 클릭해 봅니다.

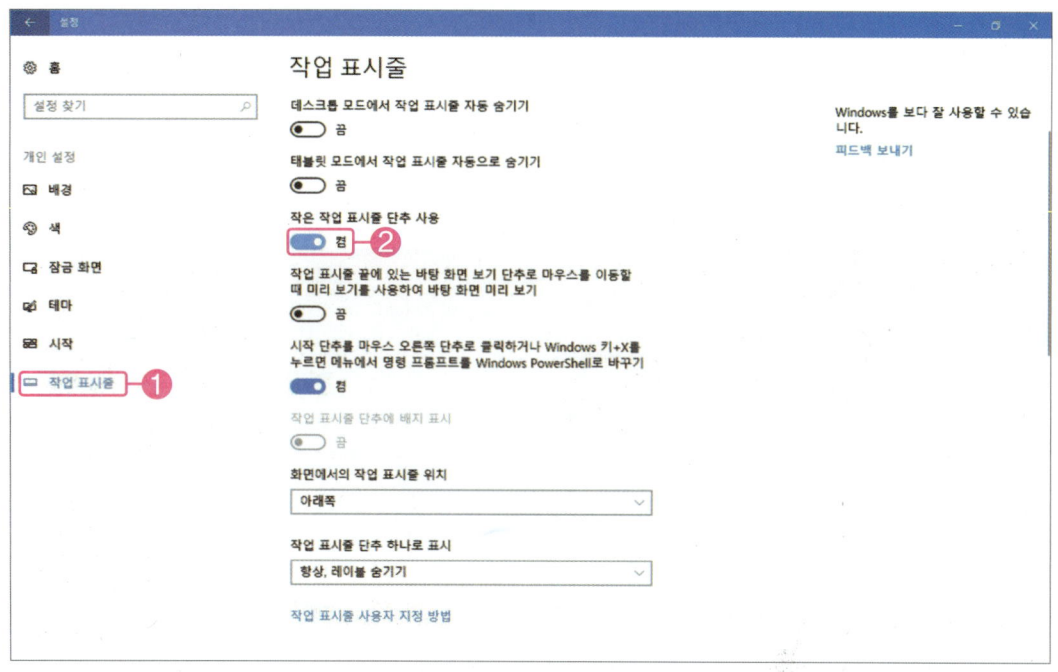

04 작업 표시줄의 아이콘들이 작아진 것을 확인할 수 있습니다. 다시 클릭하여 [끔]으로 설정합니다.

▲ '켬'으로 설정된 상태

▲ '끔'으로 설정된 상태

> **알아두기** [작업 표시줄 끝에 있는 바탕 화면 보기 단추로 마우스를 이동할 때 미리 보기를 사용하여 바탕 화면 미리 보기]를 [켬]으로 설정하고 바탕 화면 미리 보기 단추에 마우스 커서를 이동하면 바탕 화면이 나타납니다.

데스크톱 모드에서 작업 표시줄 자동 숨기기

01 [작업 표시줄]에서 [데스크톱 모드에서 작업 표시줄 숨기기]를 [켬]으로 설정합니다. [설정] 창을 최소화합니다.

02 바탕 화면에서 작업 표시줄이 숨겨진 것을 확인할 수 있습니다.

03 마우스 포인터를 아래로 이동하면 작업 표시줄이 나타납니다. 작업 표시줄을 다시 나타나게 하려면 [개인 설정]-[작업 표시줄]에서 [데스크톱 모드에서 작업 표시줄 숨기기]를 [끔]으로 설정합니다.

알아두기 [작업 표시줄에 표시할 아이콘 선택]에서는 다양한 아이콘을 보이게 할 수 있습니다.

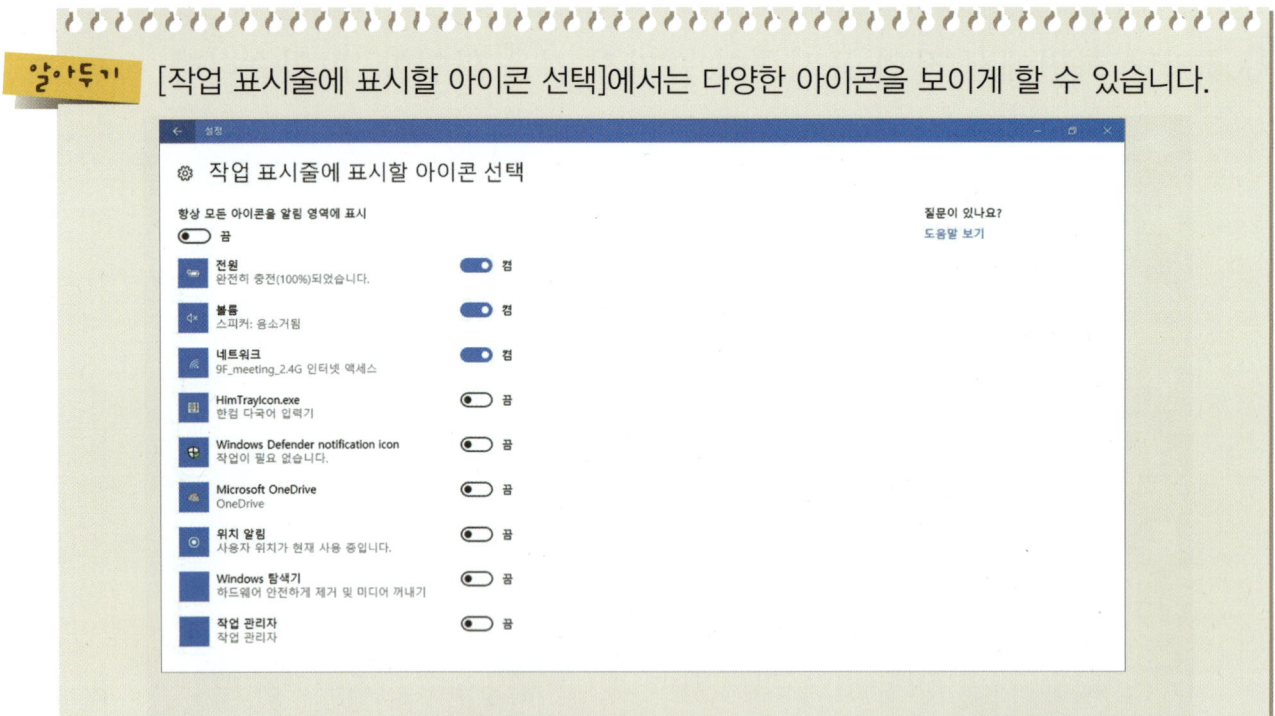

05 시작 메뉴의 구성 살펴보기

윈도우10의 시작 화면은 시작 메뉴와 앱 화면 그리고 오른쪽의 라이브 타일 화면으로 구성되어 있습니다.

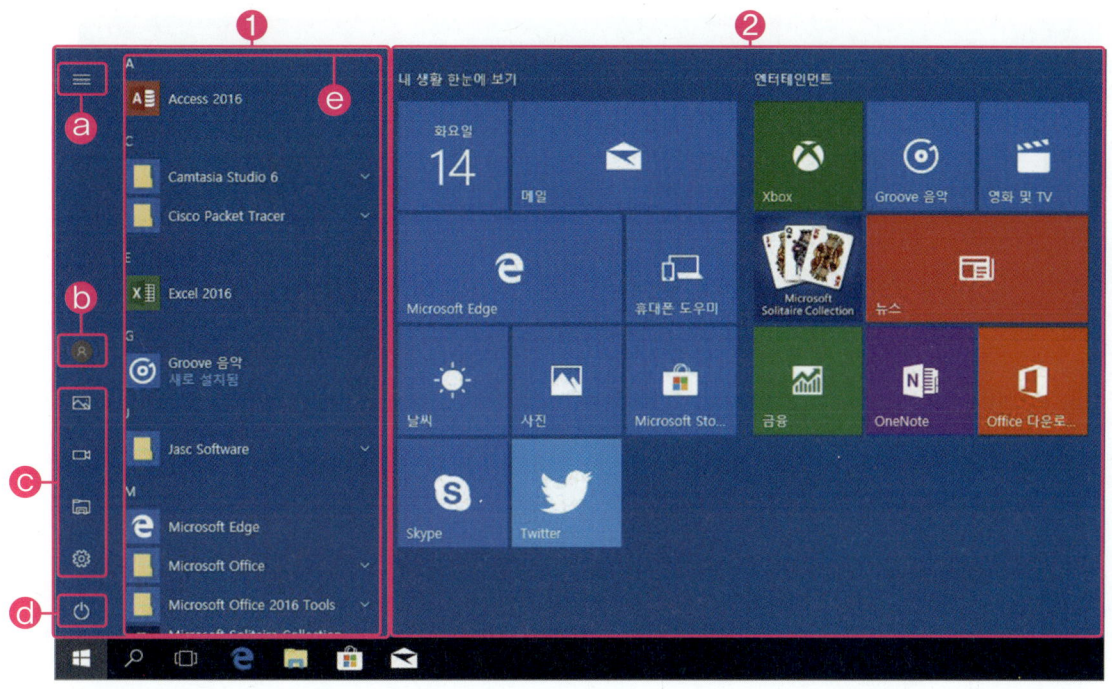

❶ **시작 메뉴**
- ⓐ **확장** : 시작 메뉴가 넓게 확장됩니다.
- ⓑ **사용자 계정** : 로그인한 사용자 계정을 확인할 수 있습니다.
- ⓒ **시작 메뉴에 표시할 폴더** : 사용자 편의에 따라 설정에서 표시할 폴더를 선택할 수 있습니다. 설정, 파일 탐색기 등이 표시됩니다.
- ⓓ **전원** : 컴퓨터를 다시 시작하거나 종료합니다.
- ⓔ **모든 앱** : 컴퓨터에 설치된 모든 프로그램과 앱의 목록을 보여줍니다.

❷ **라이브 타일 앱** : 뉴스와 날씨 등의 정보를 실시간으로 보여 주며, 위젯처럼 사용할 수 있습니다. 각 앱이 실시간으로 바뀌는 것을 볼 수 있어 '라이브 타일'이라고 부릅니다.

06 시작 화면 크기 조절하기

01 [시작(⊞)] 버튼을 클릭합니다. 시작 화면의 상단이나 오른쪽 끝을 잡고 드래그합니다.

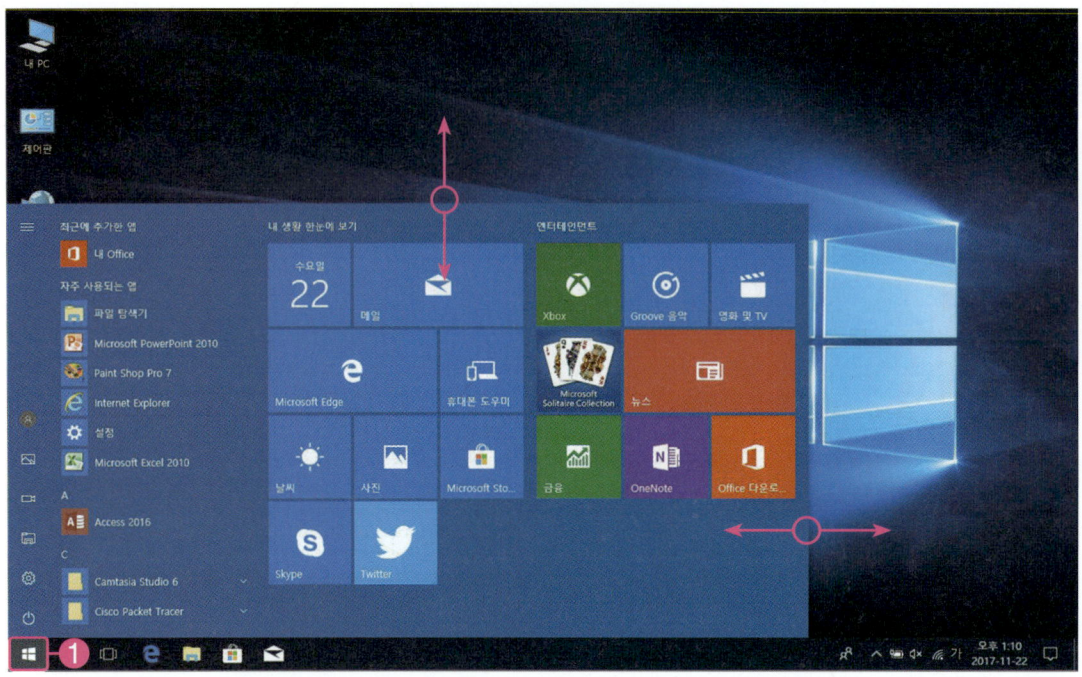

02 원하는 크기로 변경할 수 있습니다.

07 시작 화면 앱 설정하기

앱 고정하기

01 [시작(⊞)] 버튼을 클릭하고 고정하고 싶은 앱을 마우스 오른쪽 버튼으로 클릭합니다. 바로 가기 메뉴에서 [시작 화면에 고정]을 클릭합니다.

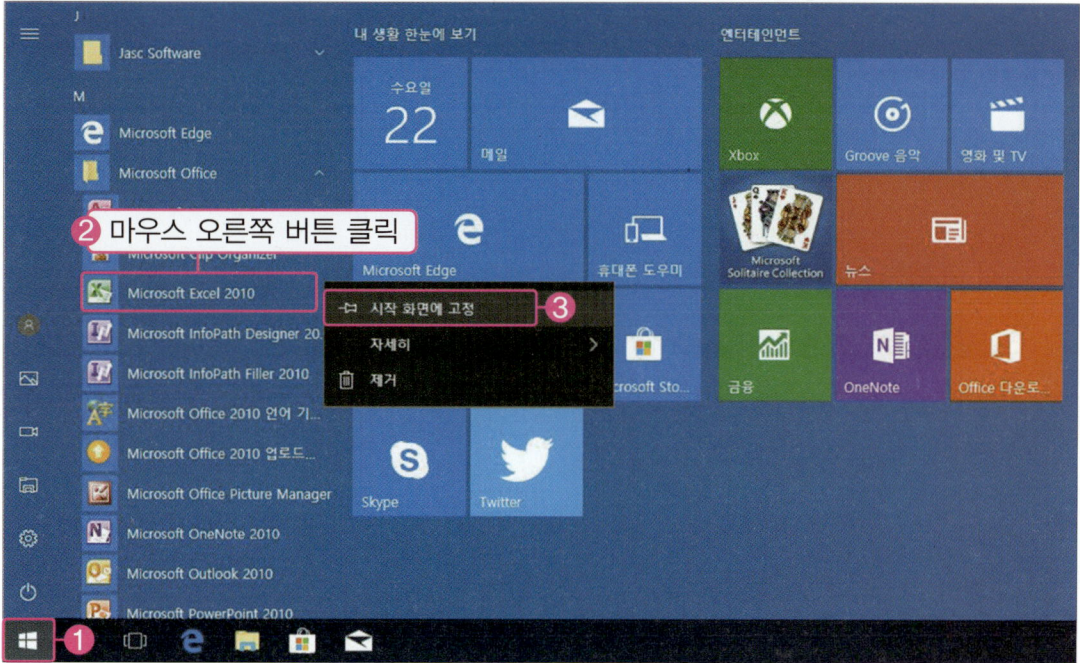

02 라이브 타일에 추가된 앱을 확인할 수 있습니다.

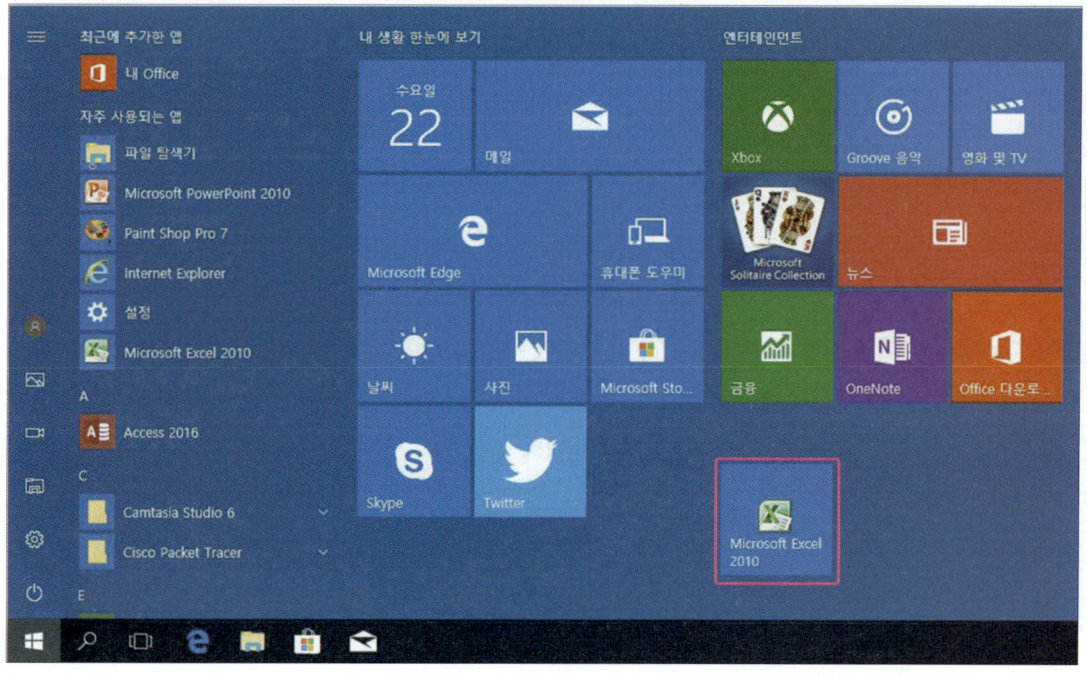

알아두기 고정하고 싶은 앱을 라이브 타일 앱 화면으로 드래그하여 고정 시킬 수 있습니다.

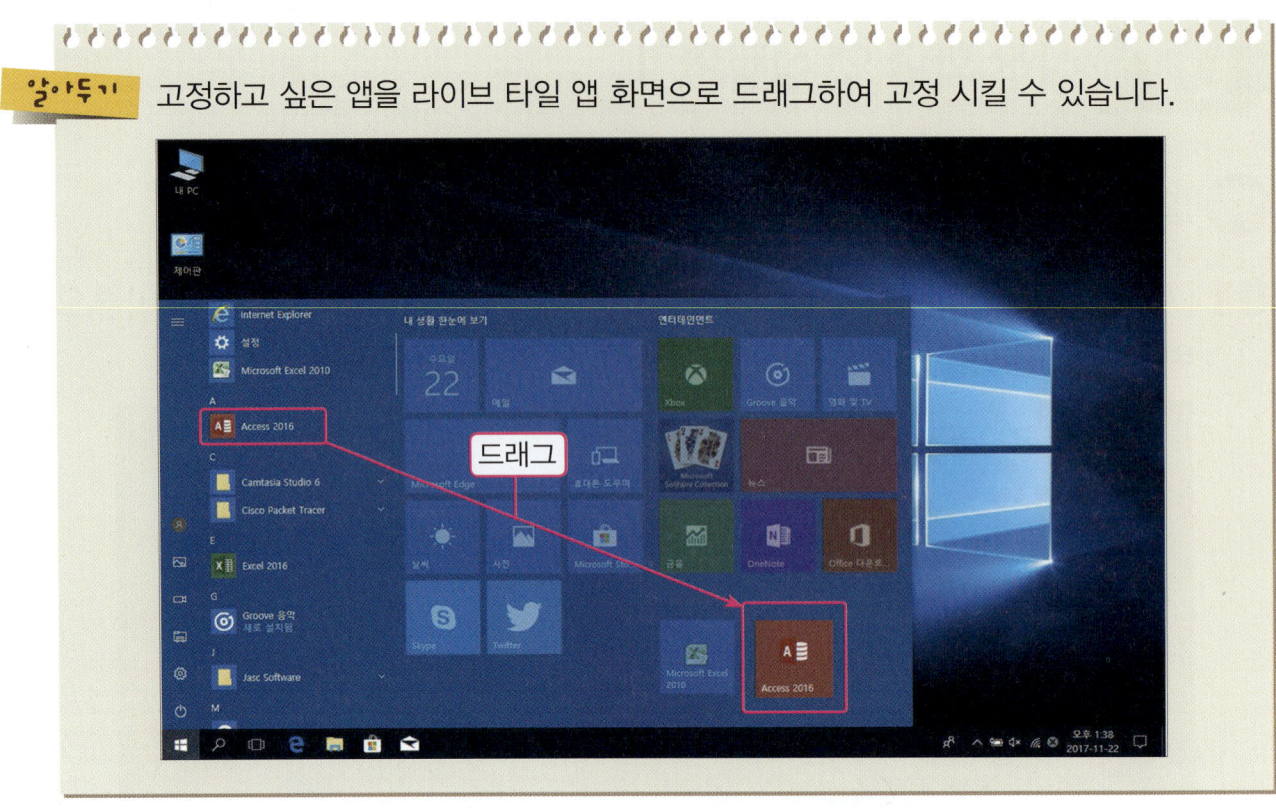

시작 화면에서 앱 제거하기

시작 화면에서 제거하고 싶은 앱을 **마우스 오른쪽 버튼으로 클릭**합니다. 바로 가기 메뉴에서 [시작 화면에서 제거]를 클릭합니다.

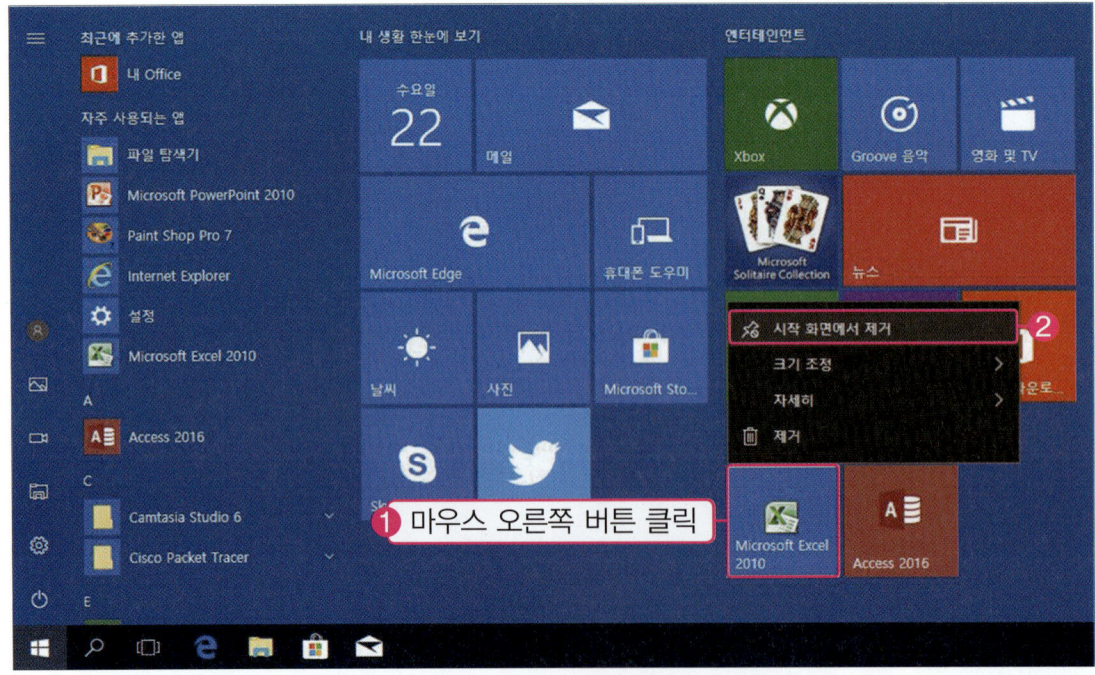

앱 이동하기

01 앱의 위치를 조정하여 자신에게 맞는 라이브 타일 화면을 구성할 수 있습니다. 라이브 타일 화면 내에 위치한 앱을 마우스를 클릭하여 드래그합니다.

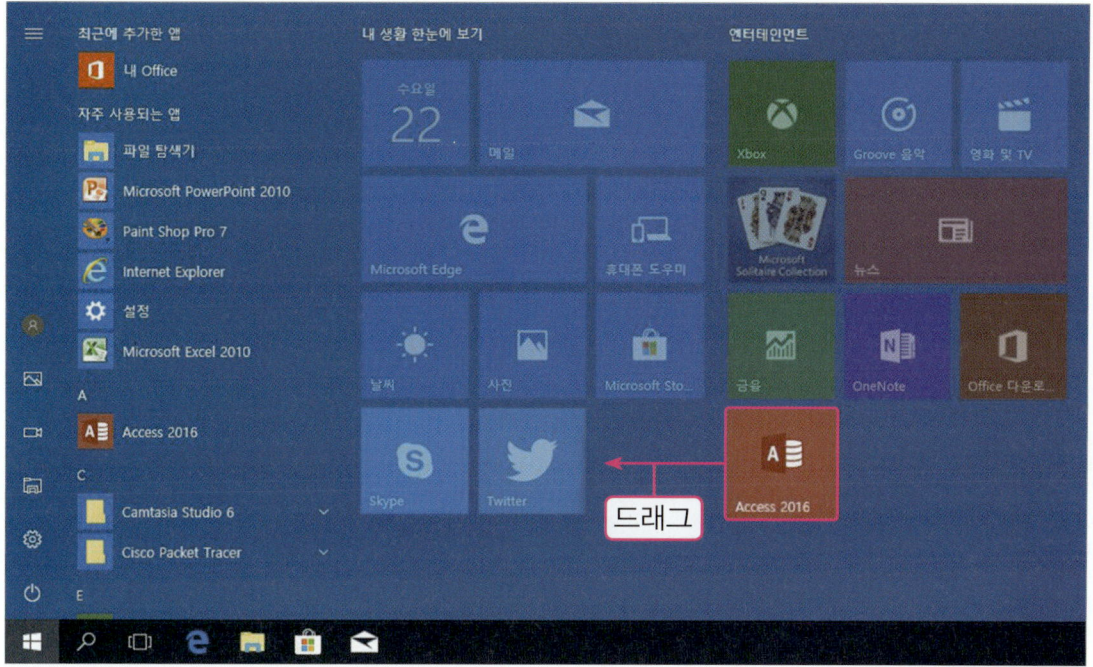

02 원하는 위치로 이동 한 후 마우스에서 손을 떼면 이동이 완료됩니다.

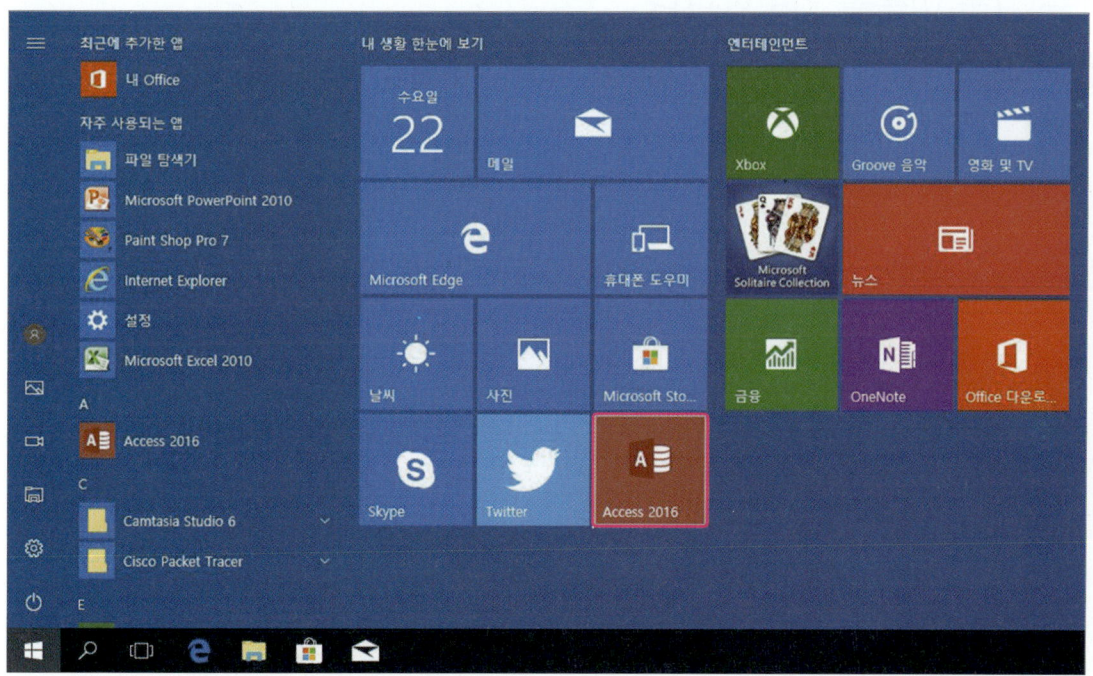

앱 그룹화하기

01 그룹에 추가하고 싶은 앱을 선택한 후, 그룹 구분선이 나타날 때까지 드래그합니다.

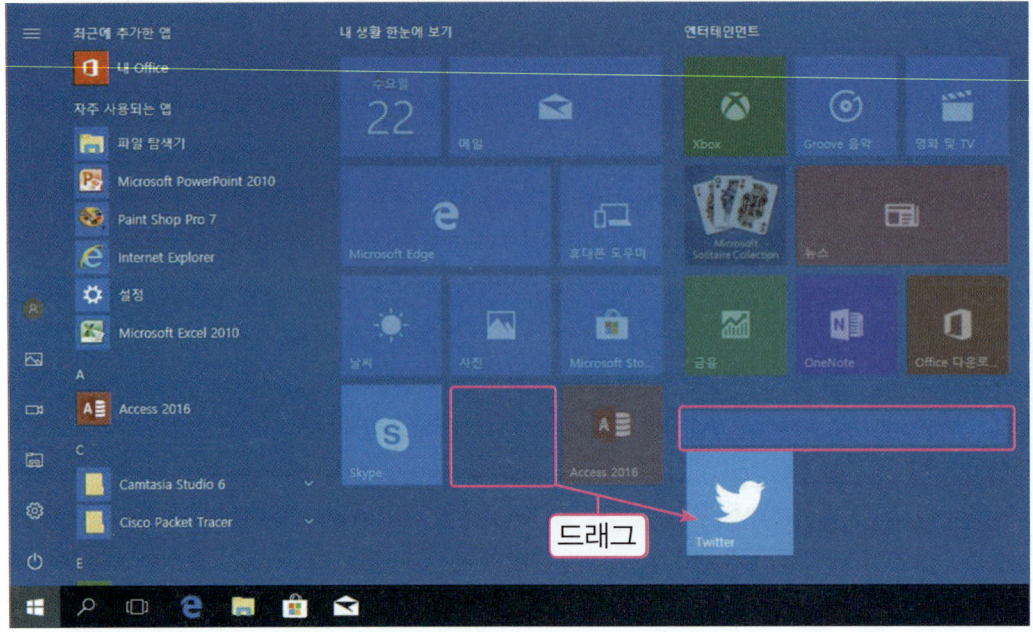

02 같은 방법으로 그룹에 추가할 앱을 이동한 후, 그룹 구분선을 클릭합니다. 원하는 그룹 이름을 입력합니다.

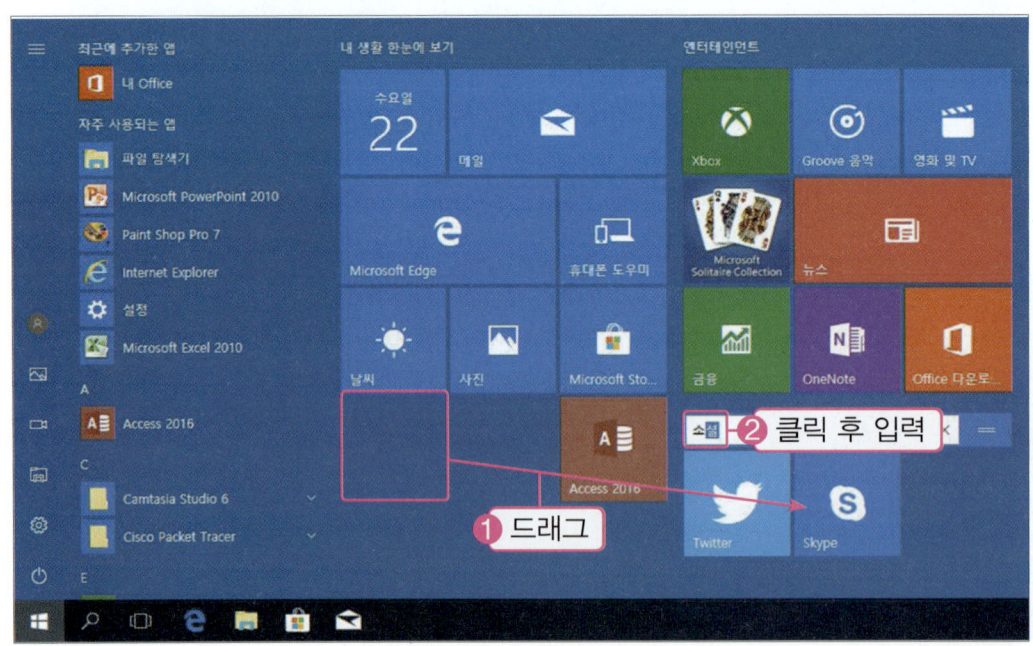

> 알아두기 : 앱과 같은 방법으로 그룹명을 드래그하여 위치를 이동시킬 수 있습니다.

앱 크기 조절

01 크기를 조절하고 싶은 앱을 마우스 오른쪽 버튼으로 클릭합니다. 바로 가기 메뉴에서 [크기 조정]을 클릭하고 [크게]를 선택합니다.

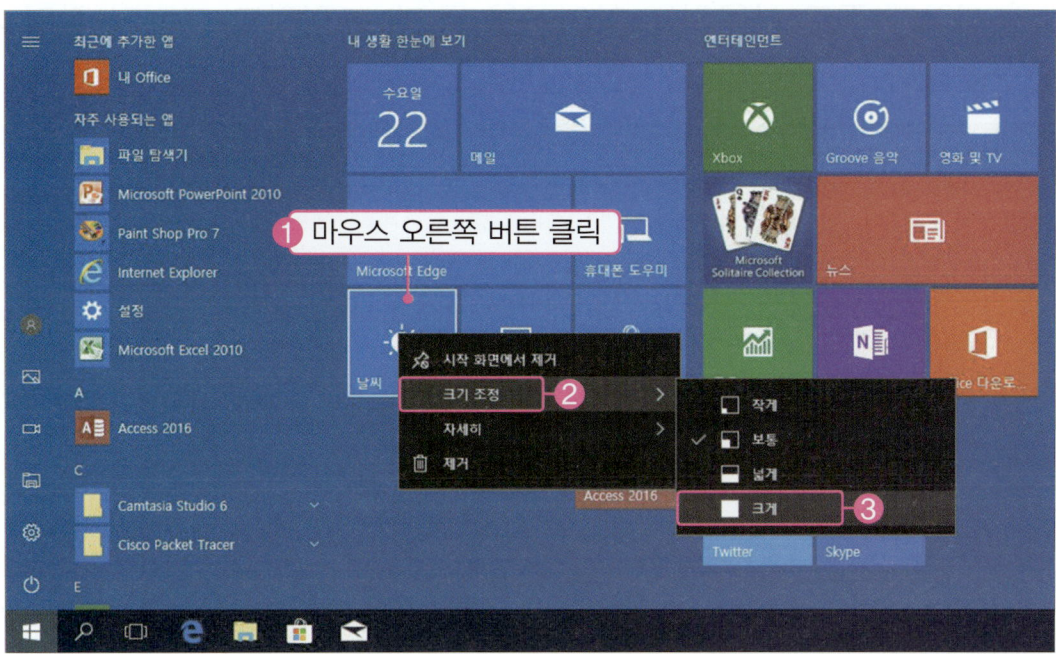

02 크기가 변경된 앱은 시작 화면에 바로 적용됩니다.

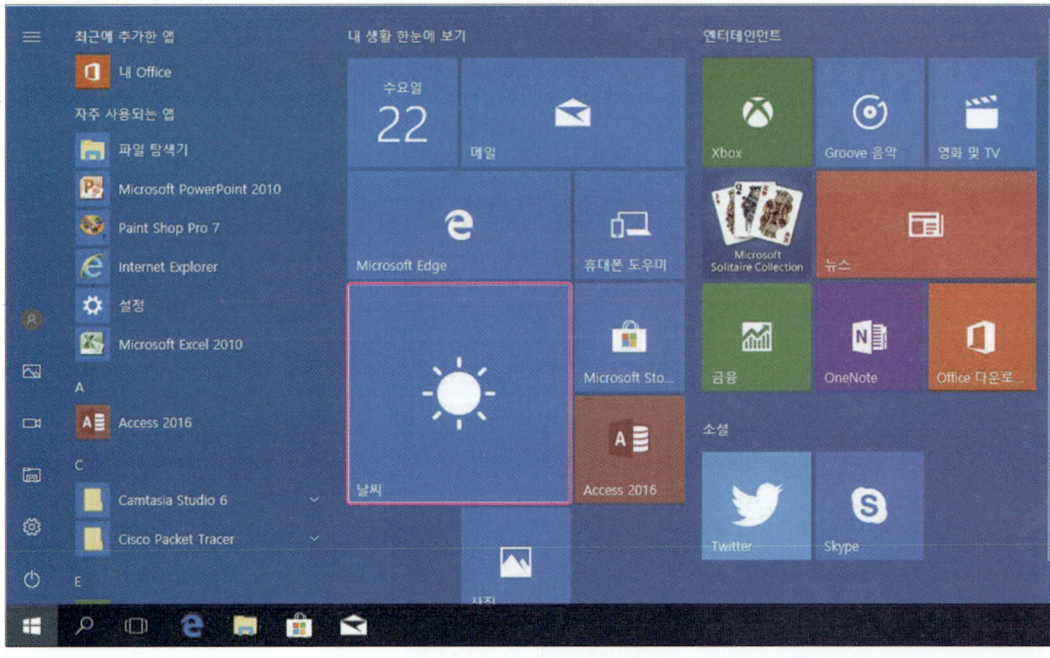

① 작업 표시줄에 주로 사용하는 아이콘을 두 개 고정하고 그림과 같이 이동시켜 봅니다.

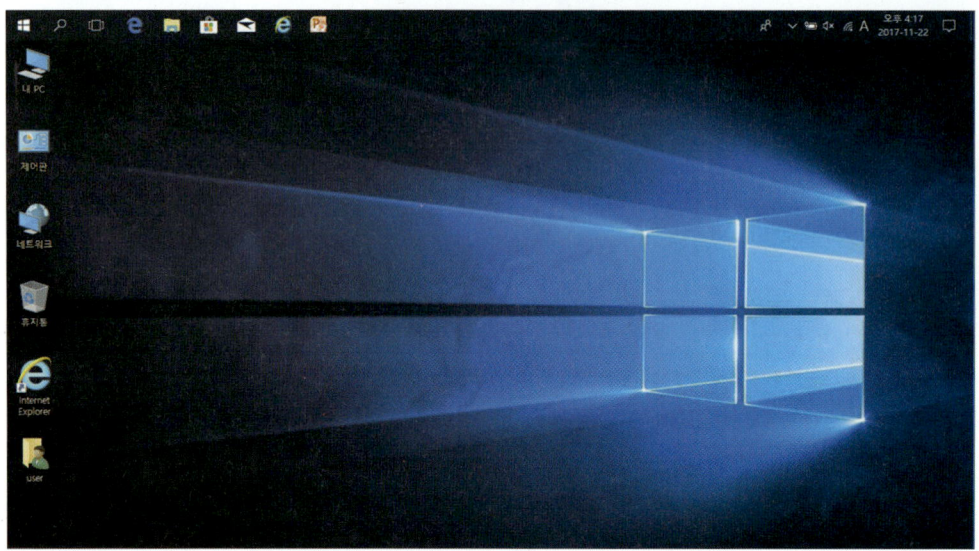

② 그룹을 만들고 원하는 위치로 이동시켜 봅니다.

05 창 조작하기

01 창 이동하기

01 작업 표시줄의 [파일 탐색기]를 클릭합니다. 실행 중인 창의 제목 표시줄을 마우스를 클릭한 상태에서 원하는 위치로 드래그합니다.

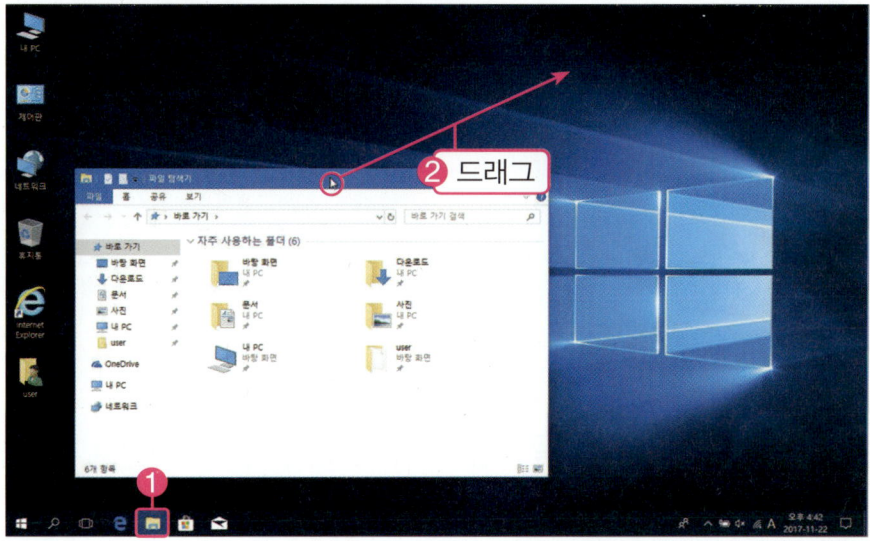

02 창이 이동됩니다.( )를 클릭하면 창이 닫힙니다.

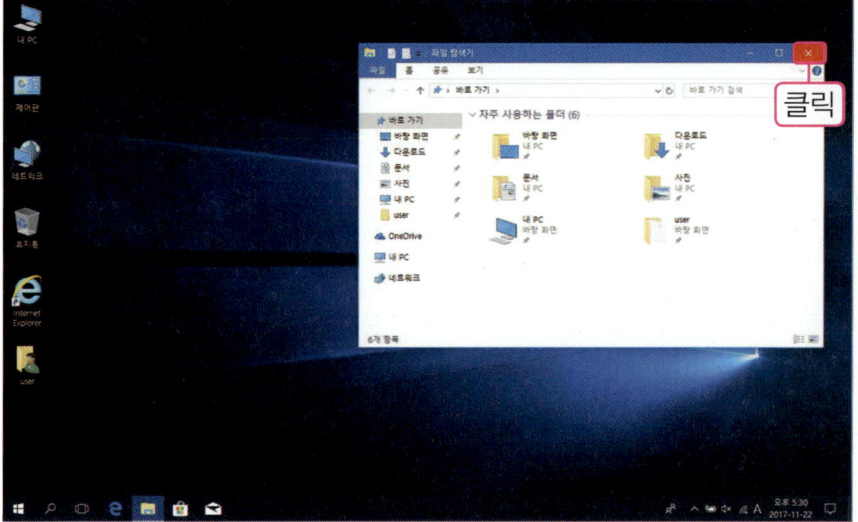

05_창 조작하기 **67**

> **알아두기** 키보드를 사용하여 창을 이동하는 방법입니다. 창의 제목 표시줄을 마우스 오른쪽 버튼으로 클릭합니다. 바로 가기 메뉴에서 [이동]을 클릭하면 마우스 포인터가 ✥로 변경됩니다. 키보드의 방향키로 창을 이동할 수 있습니다.

02 창 크기 조정하기

💬 최대화

01 파일 탐색기를 실행합니다. 창의 오른쪽 상단에 있는 [최대화(☐)] 버튼을 클릭합니다.

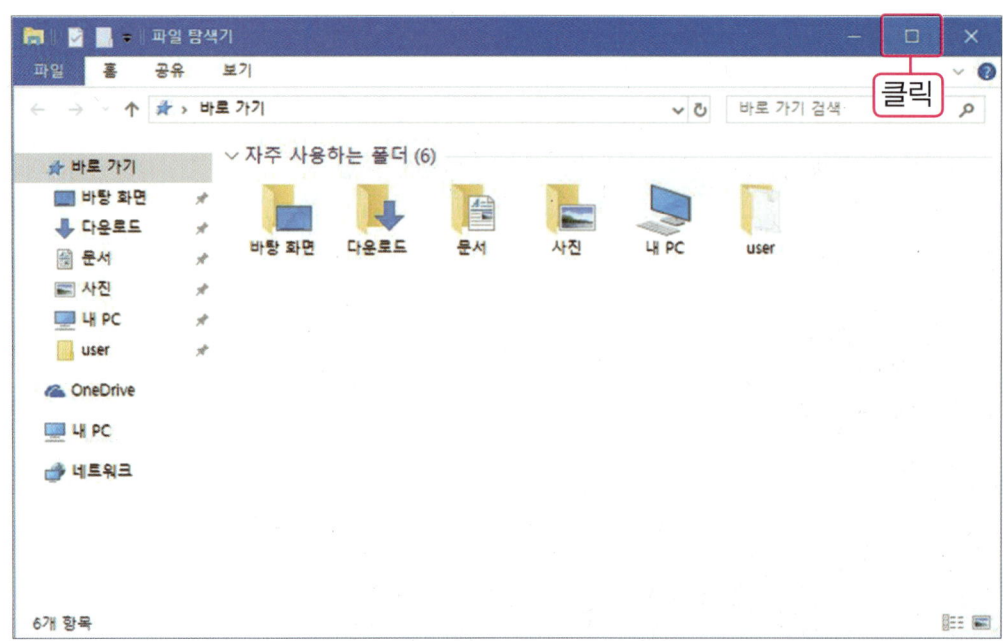

02 창이 최대화되어 화면 전체를 채운 것을 확인할 수 있습니다.

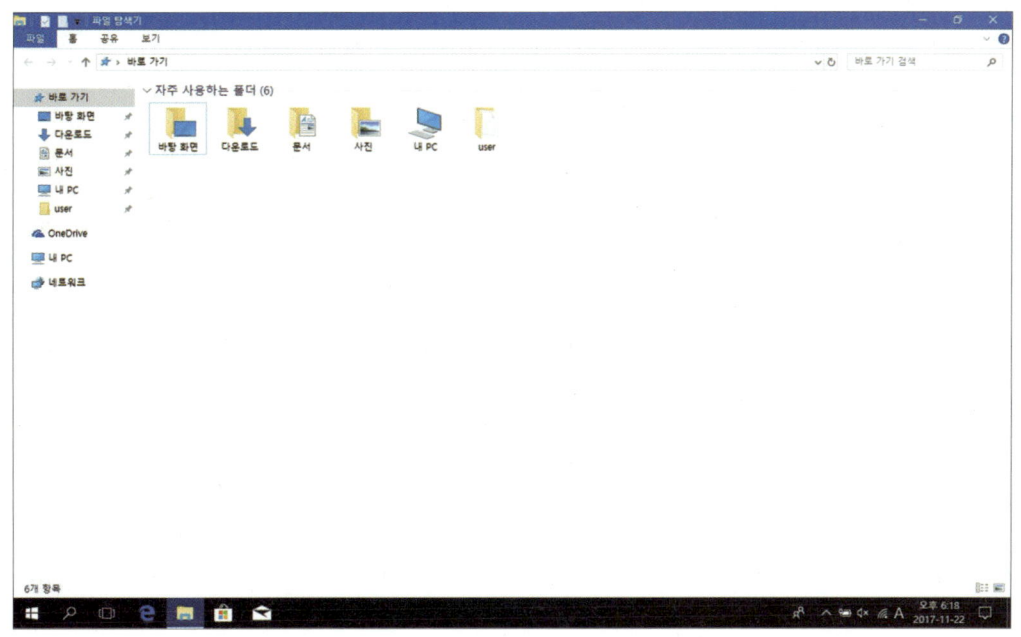

알아두기 창 최대화

- 마우스로 제목 표시줄을 더블 클릭하면 창이 최대화됩니다.

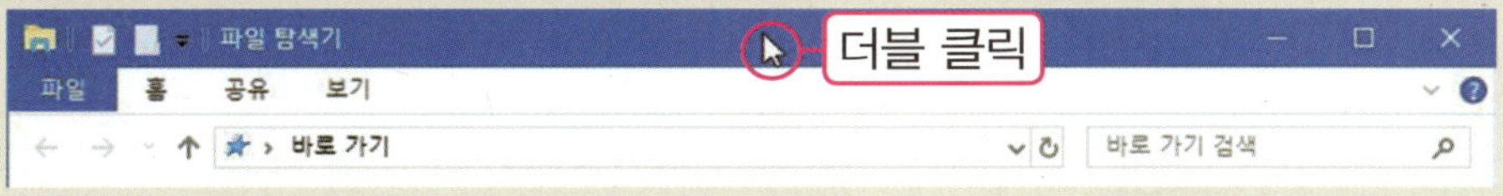

- 제목 표시줄을 마우스로 클릭한 상태에서 화면 상단의 중앙으로 드래그합니다.

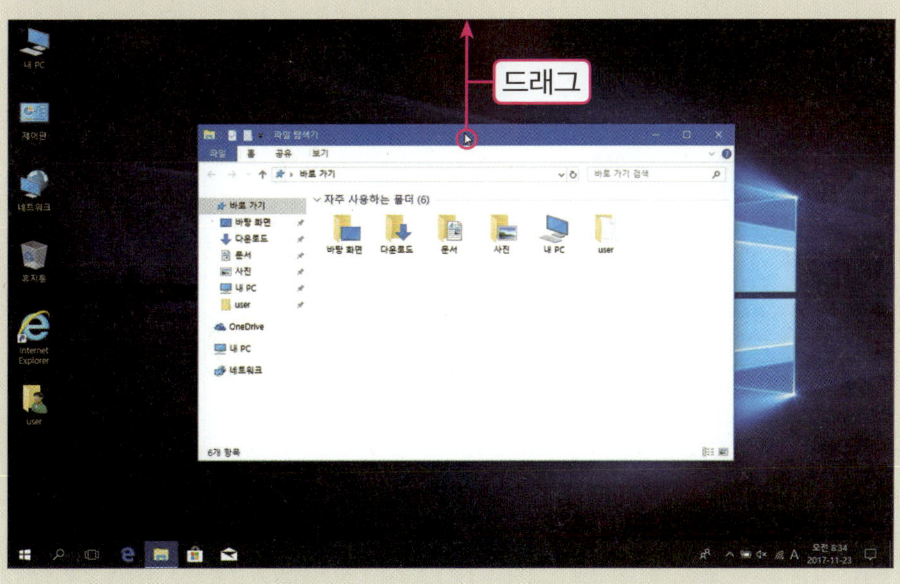

이전 크기로 복원

01 창이 최대화된 상태에서 오른쪽 상단의 [이전 크기로 복원(🗗)] 버튼을 클릭합니다.

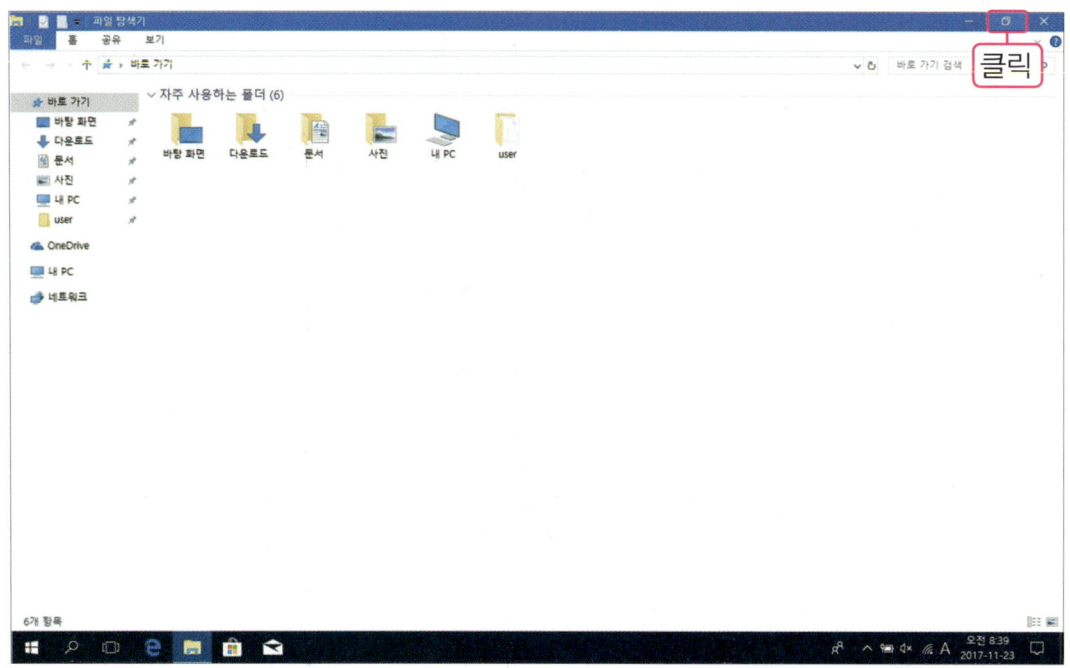

02 창의 크기가 이전으로 복원된 것을 확인할 수 있습니다.

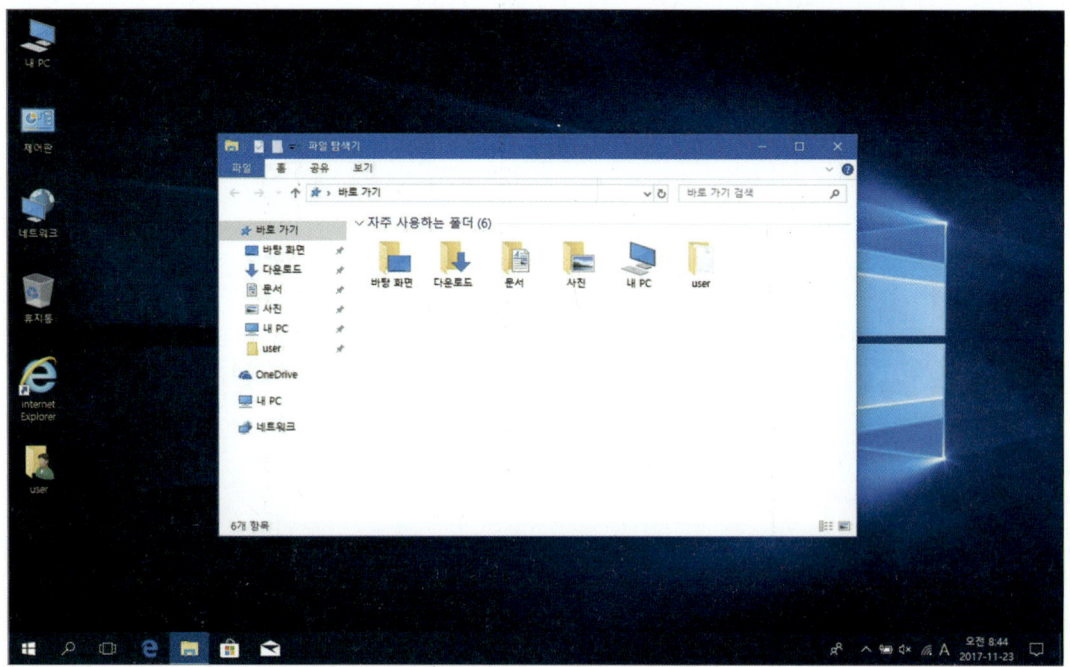

알아두기 | 이전 크기로 복원

- 최대화된 창의 제목 표시줄을 더블 클릭하면 이전 크기로 복원됩니다.
- 최대화된 창의 제목 표시줄을 마우스를 클릭한 상태에서 아래로 드래그합니다.

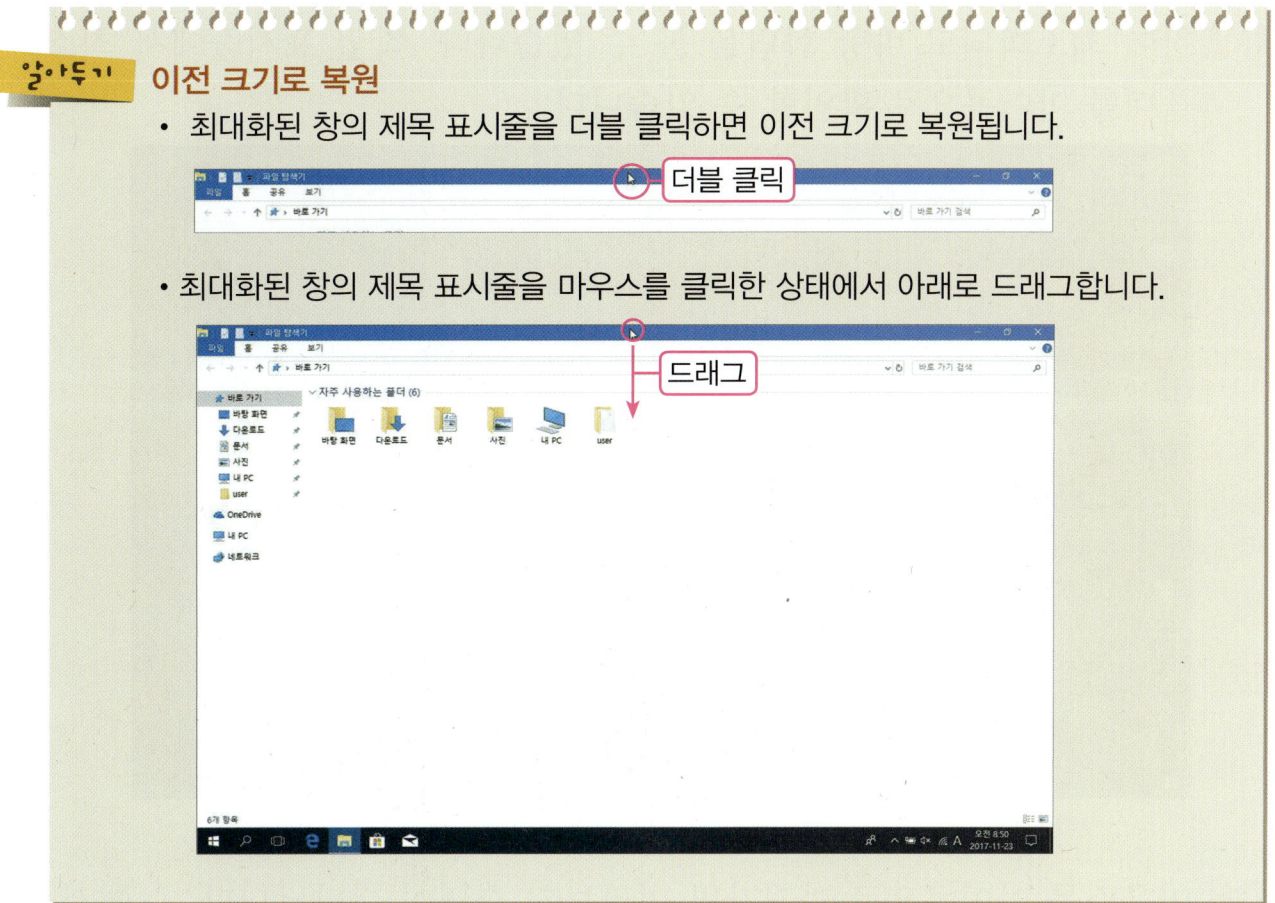

💬 최소화

01 창의 오른쪽 상단에 있는 [최소화(−)] 버튼을 클릭합니다.

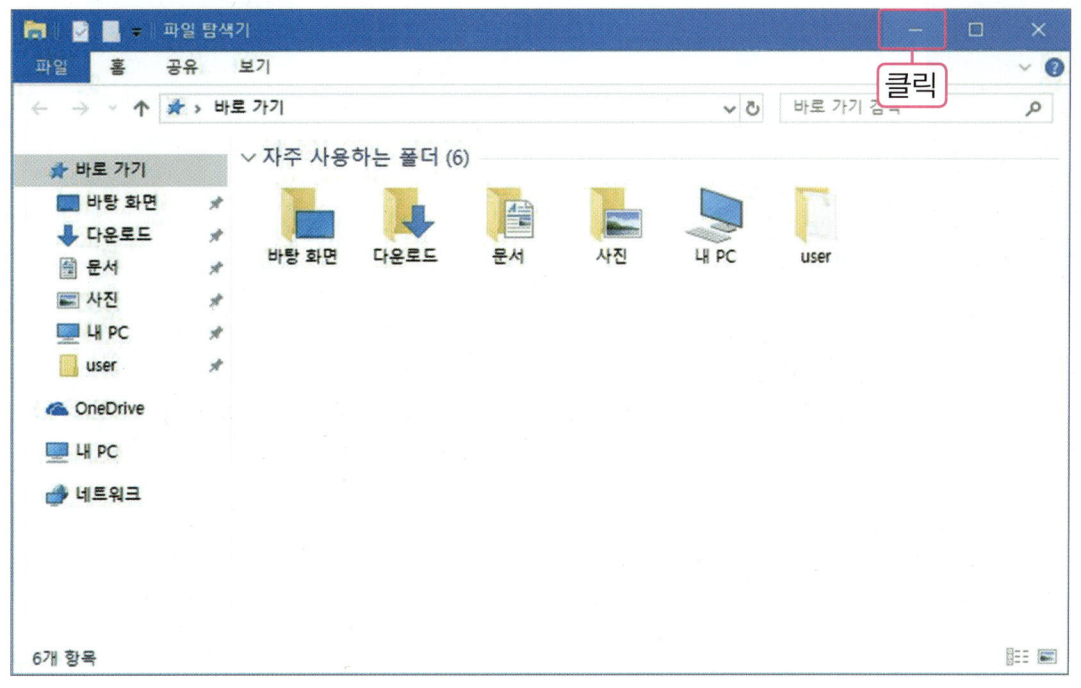

02 창이 최소화되고 바탕 화면을 볼 수 있습니다. 작업 표시줄에서 최소화된 폴더를 아이콘으로 확인할 수 있습니다.

03 마우스를 아이콘으로 가져가면 미리보기 화면이 나타납니다. 이어서 미리보기로 마우스 포인터를 이동시키면 미리보기 화면이 크게 나타납니다.

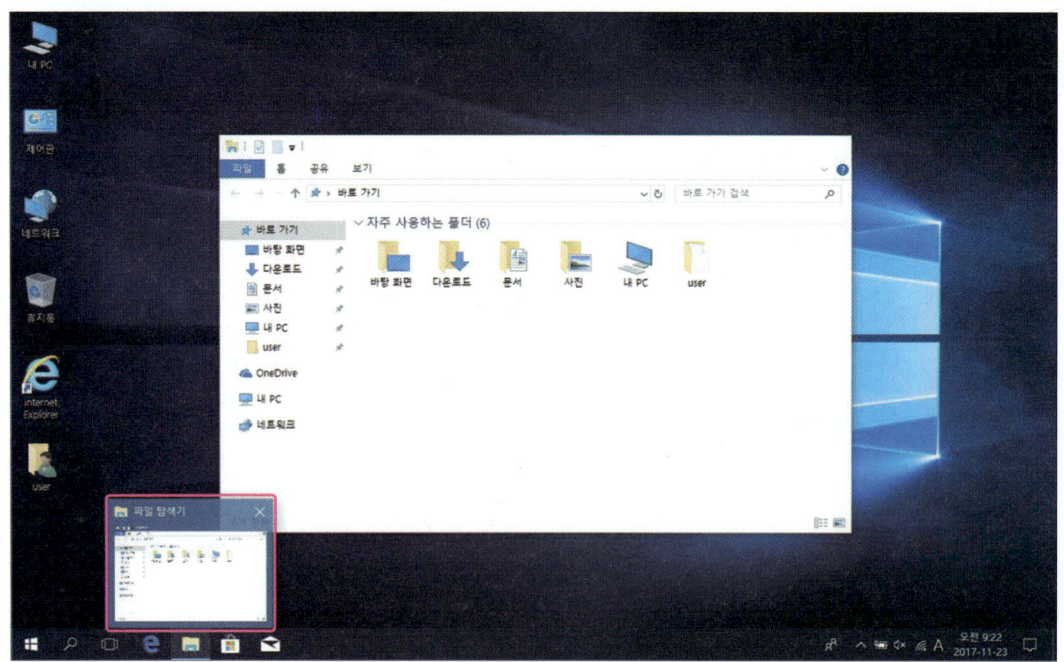

> 알아두기 화면에 크게 표시되더라도 미리 보기 화면일 뿐 실제로 창을 조작할 수는 없습니다.

알아두기 — 최소화

- 작업 표시줄에서 최소화하고 싶은 창의 아이콘을 클릭합니다.

- 작업 표시줄의 오른쪽 끝에 있는 [바탕 화면 보기(I)]를 클릭합니다. 실행 중인 모든 창이 최소화됩니다.

- 작업 표시줄에서 마우스 오른쪽 버튼을 클릭합니다. 바로 가기 메뉴에서 [바탕 화면 보기]를 클릭합니다. 실행 중인 모든 창이 최소화되고 바탕 화면을 볼 수 있습니다.

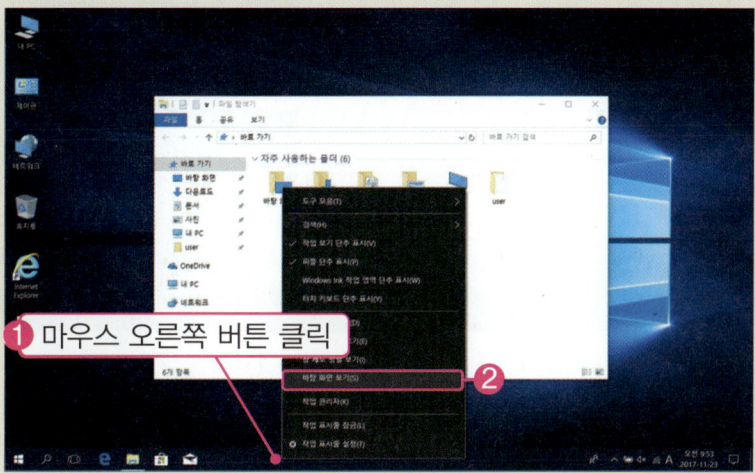

- 제목 표시줄을 클릭한 상태에서 마우스를 좌우로 여러 번 움직이면 선택한 창 이외에 모든 창이 최소화됩니다. 다시 좌우로 움직이면 원래 상태로 되돌아옵니다.

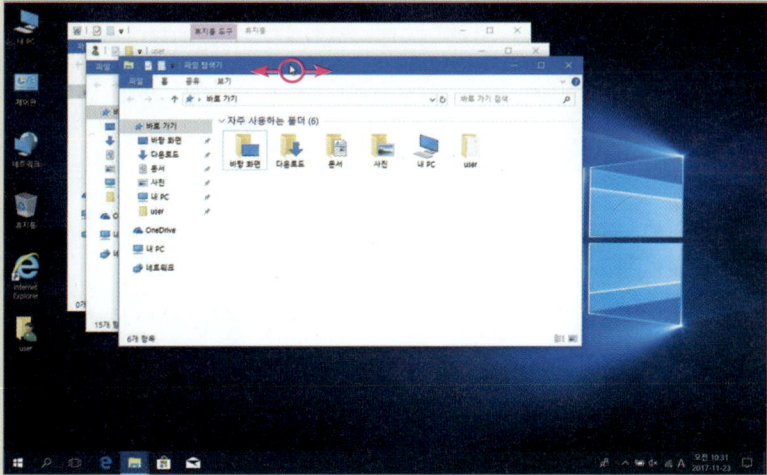

드래그로 창 크기 조절

01 바탕 화면과 창의 경계선으로 마우스를 이동합니다. 마우스 포인터 모양이 [크기 조절 포인터(↔)]로 변경되면 드래그로 창의 크기를 변경할 수 있습니다.

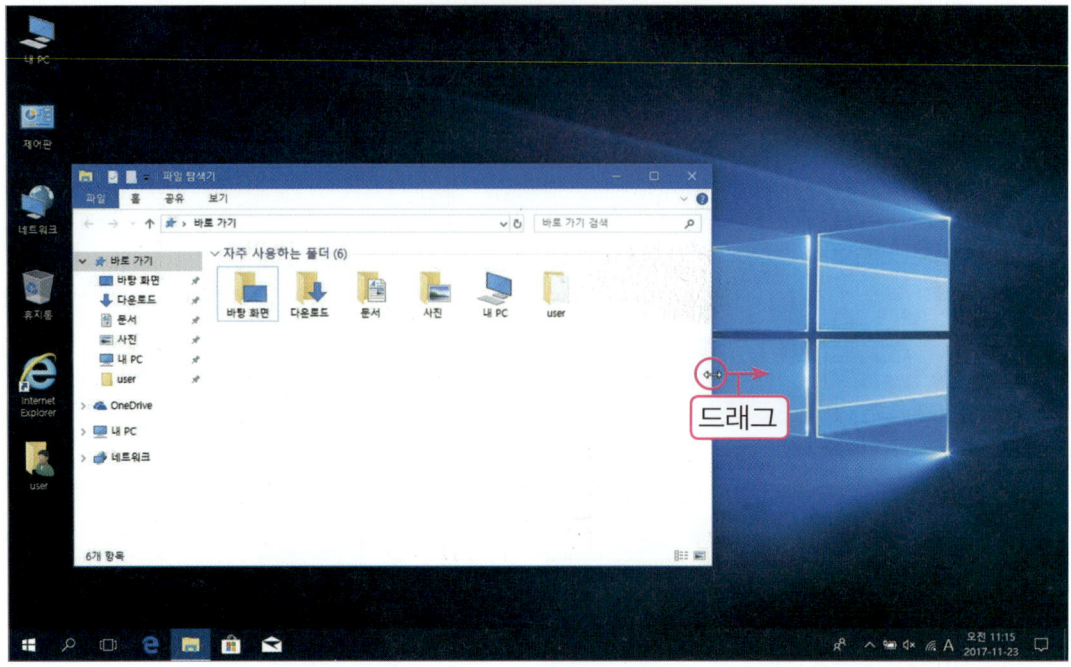

02 창의 모서리로 마우스를 이동합니다. 마우스 포인터 모양이 [크기 조절 포인터(↔)]로 변경되면 대각선 방향으로 드래그하여 창의 크기를 변경할 수 있습니다.

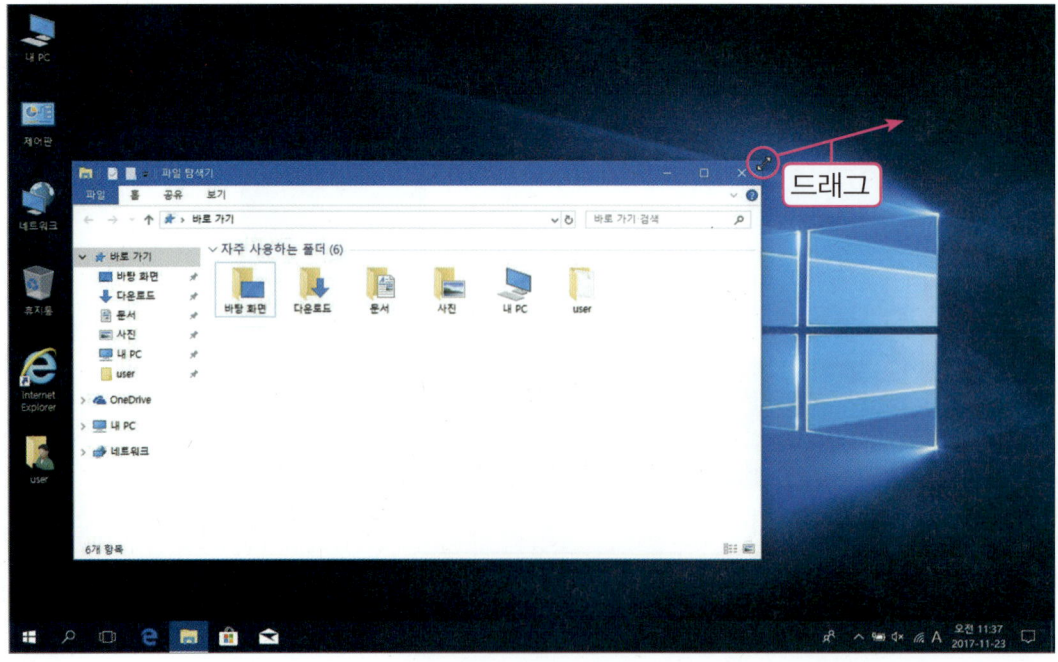

03 스냅기능 사용하기

01 스냅 기능이란 최대 4개의 창을 화면에 알맞은 크기로 배치하여 작업을 효과적으로 할 수 있도록 도와주는 기능입니다. 임의의 창 4개를 띄어놓습니다.

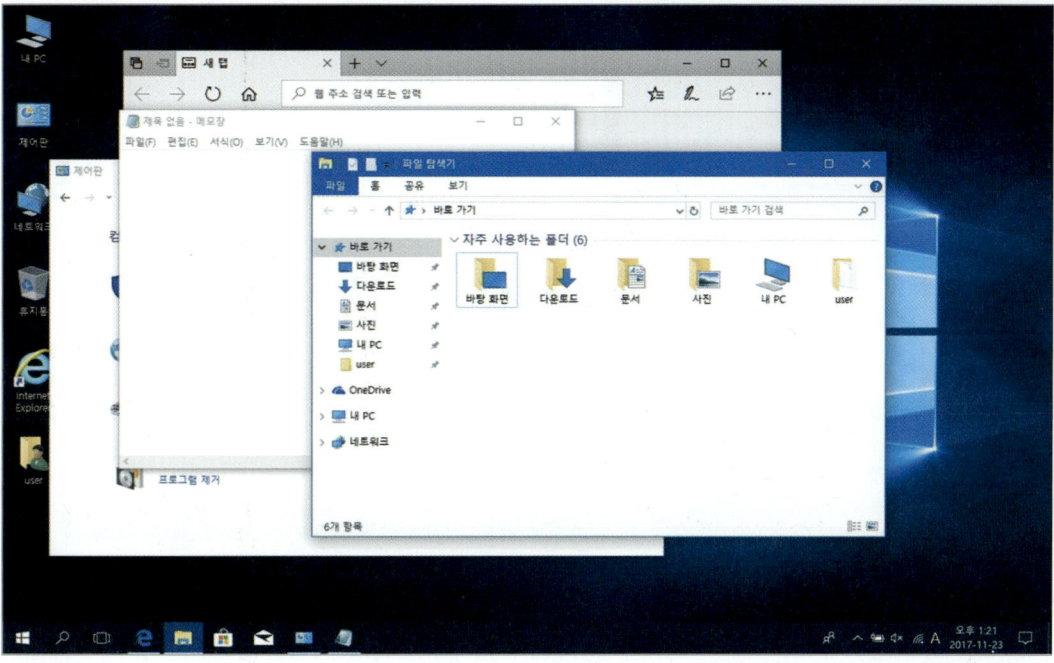

02 창 하나의 제목 표시줄을 클릭한 상태에서 화면의 왼쪽이나 오른쪽 끝으로 드래그하면 변하게 될 창의 크기와 위치가 희미하게 나타납니다.

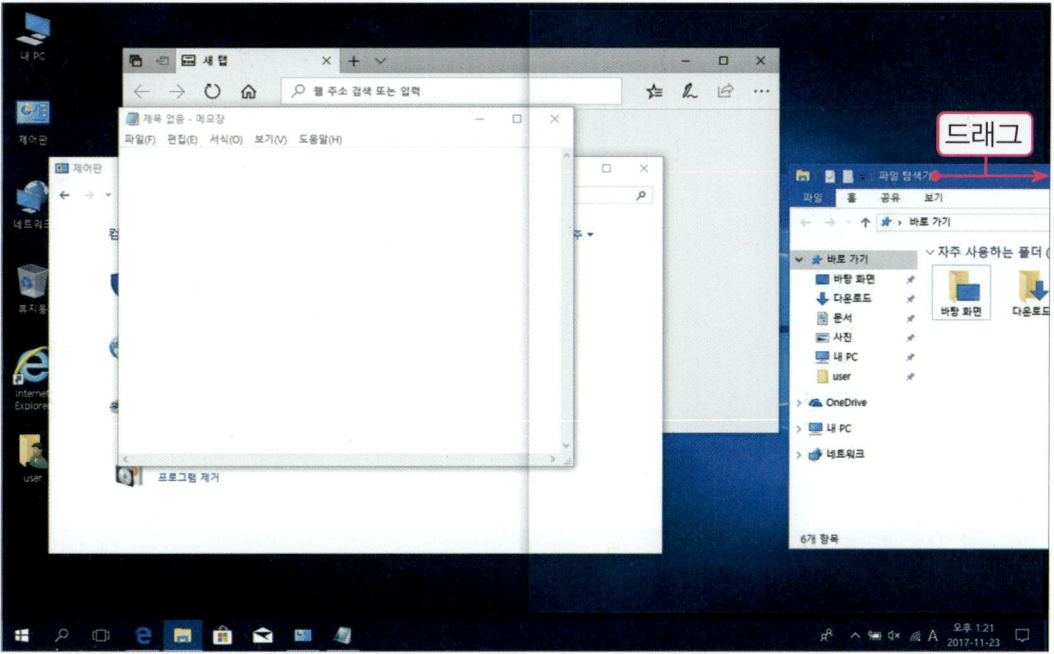

03 **마우스에서 손가락을 뗍니다.** 나머지 창들은 자동으로 반대편에 정렬됩니다. 왼쪽에 정렬된 창에서 하나를 클릭합니다.

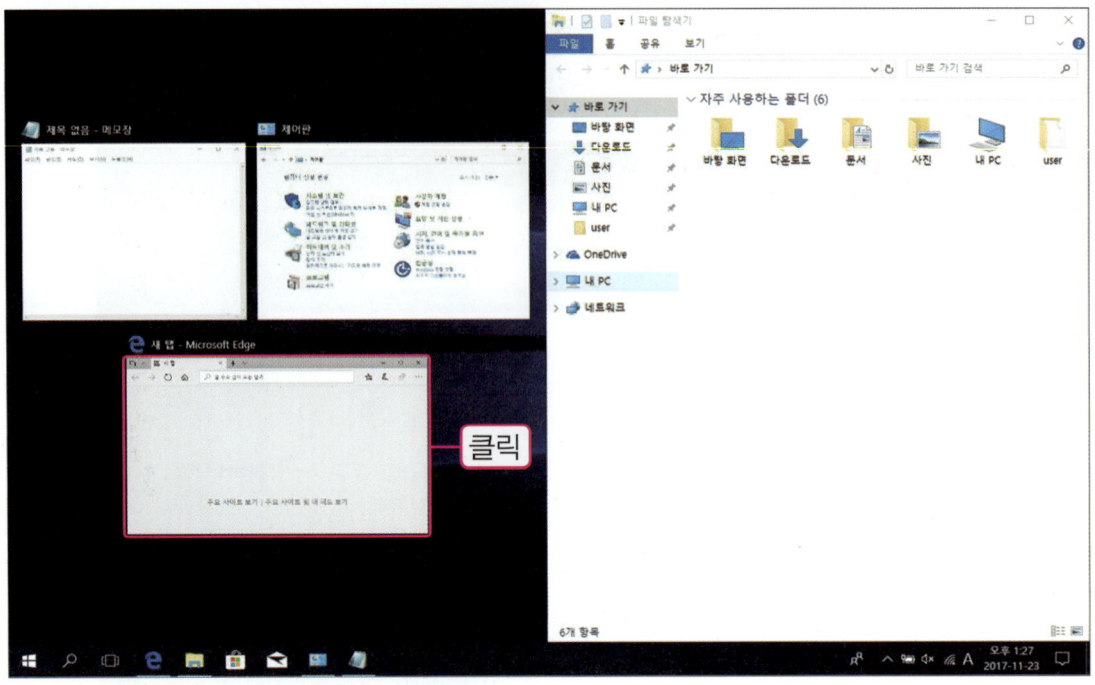

04 2개의 창을 꽉 찬 화면으로 볼 수 있습니다. 이어서 창의 제목 표시줄을 화면의 왼쪽 모서리로 드래그합니다.

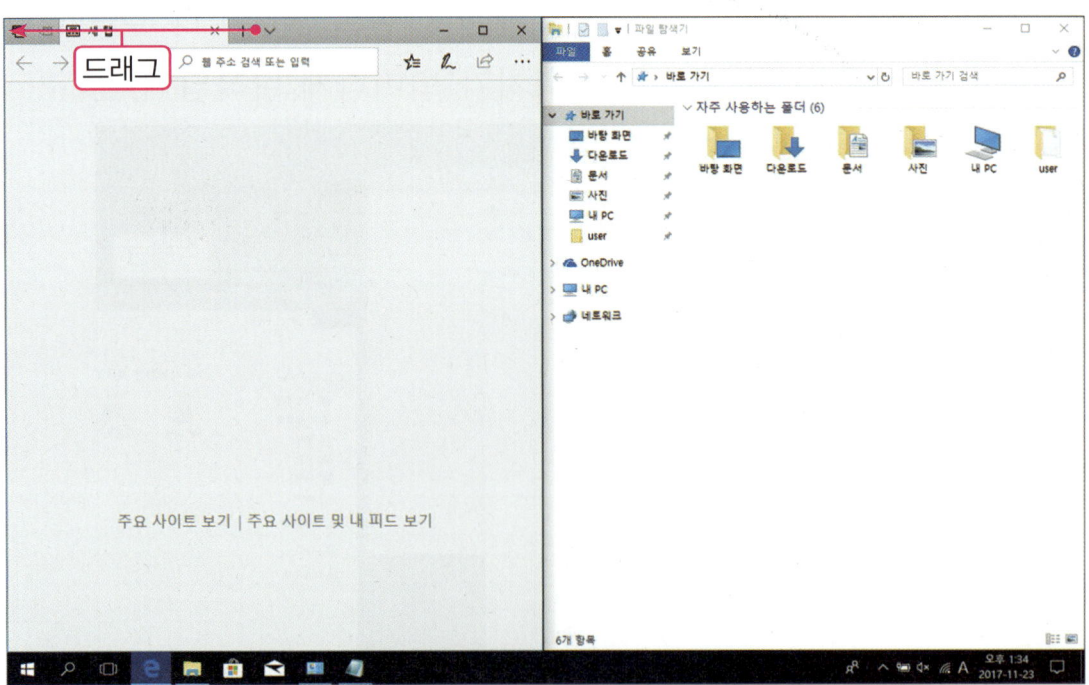

05 마우스에서 손가락을 떼면 창의 크기가 1/4로 줄어들고 나머지 두 개의 창이 정렬되어 나타납니다. 정렬된 창 중 하나를 클릭합니다.

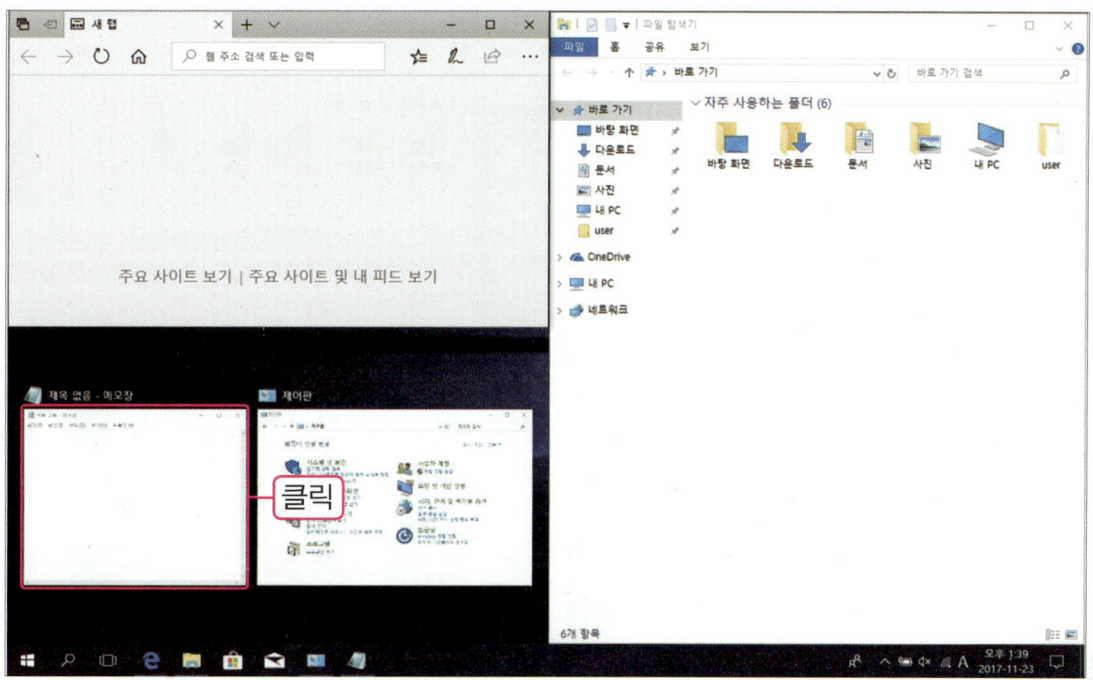

06 3개의 창을 한 화면에서 볼 수 있습니다. 오른쪽 창의 제목 표시줄을 클릭하고 오른쪽 모서리로 드래그합니다.

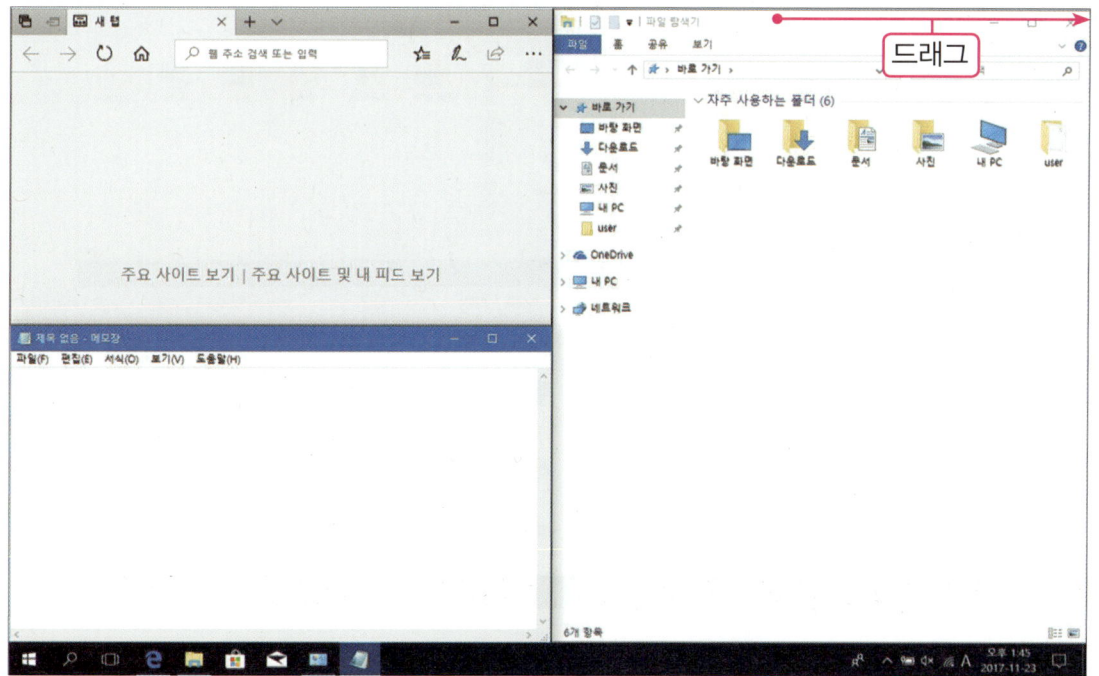

07 창의 크기가 1/4로 줄어들고 나머지 창 하나가 나타납니다. 오른쪽 아래의 창을 클릭합니다.

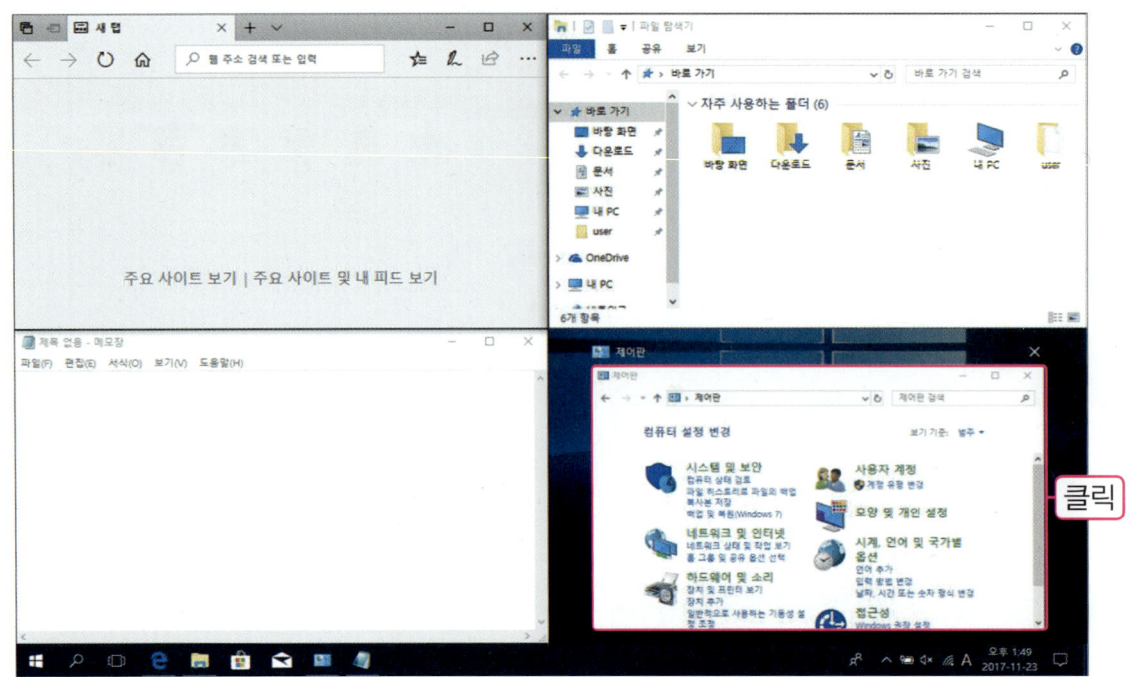

08 4개의 창을 겹치는 부분 없이 한 화면으로 볼 수 있습니다.

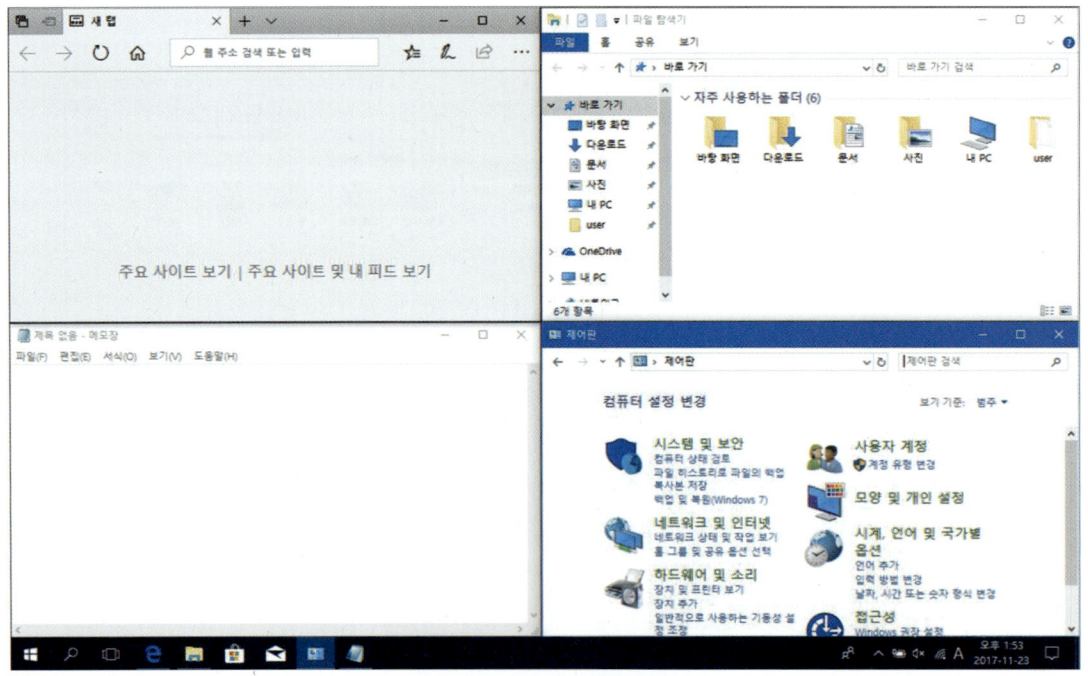

04 새 데스크톱 사용하기

가상 데스크톱 만들기

01 가상 데스크톱이란 하나의 컴퓨터에 여러 개의 바탕 화면을 생성하는 기능입니다. 여러 가지 앱을 실행시키고 작업할 때, 멀티태스킹 능력을 향상시킬 수 있습니다.

02 작업 표시줄의 [작업 보기(▣)]를 클릭하고 [+ 새 데스크톱]을 클릭합니다.

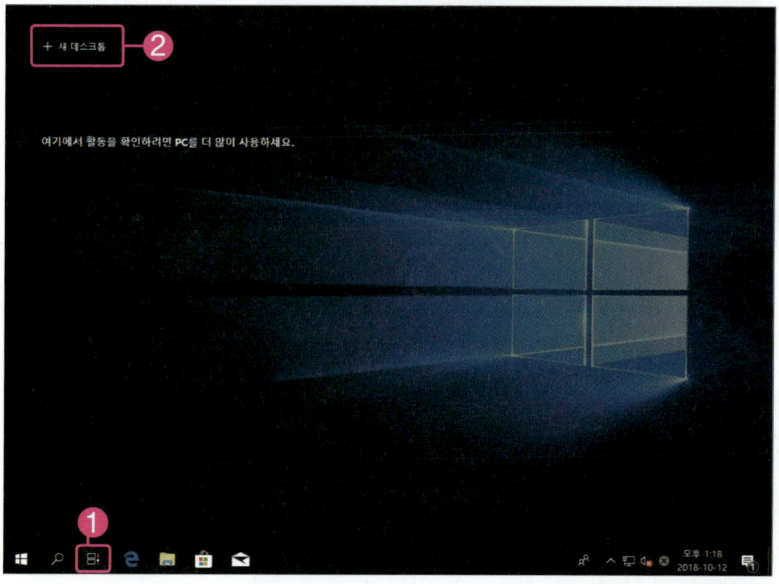

03 [+새 데스크톱]을 클릭한 수만큼 상단에 별도의 모니터처럼 데스크톱이 생성됩니다. 클릭으로 각각의 데스크톱으로 이동할 수 있습니다.

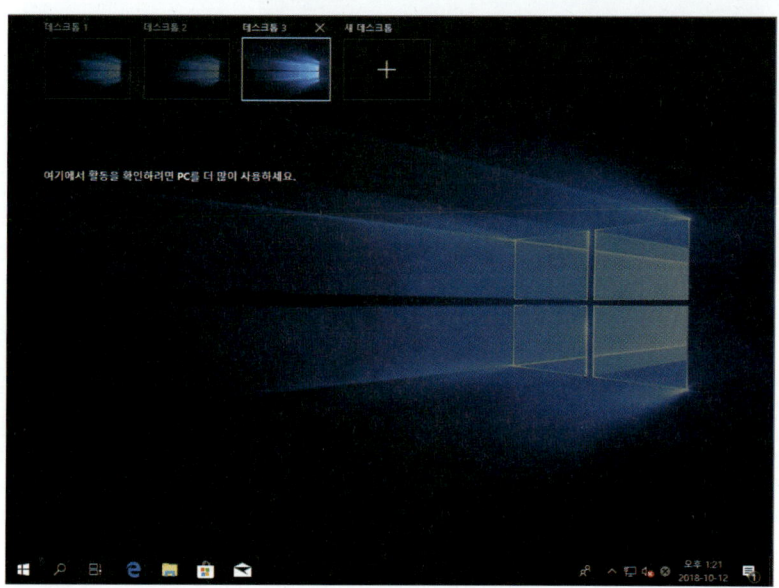

04 각각의 데스크톱에 서로 다른 앱을 실행해 봅니다. [데스크톱 1]에서 실행 중인 앱을 클릭하고 [+ 새 데스크톱]으로 드래그합니다.

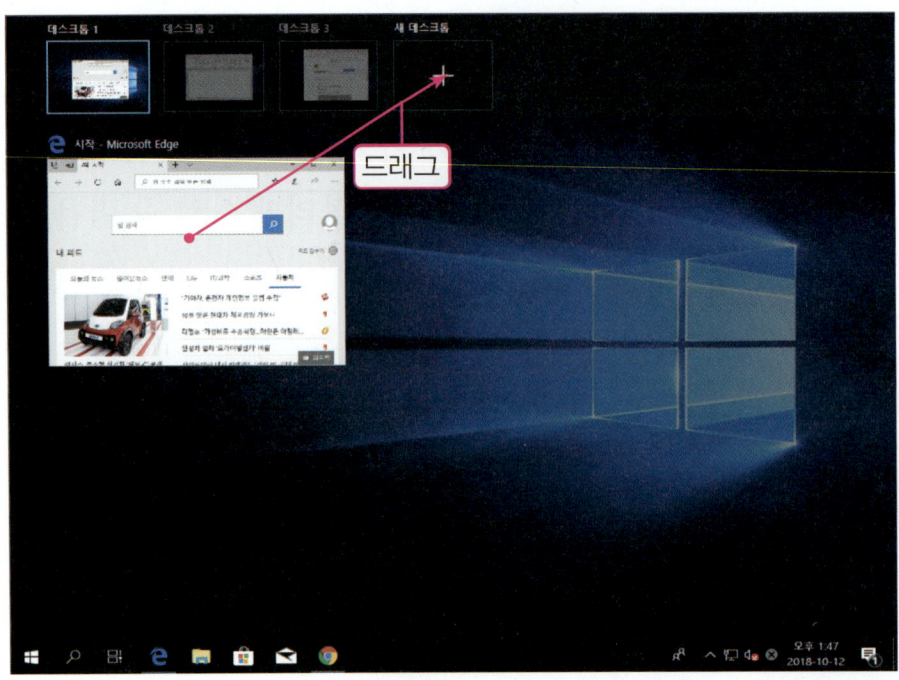

05 그림과 같은 화면에서 마우스 왼쪽 버튼에서 손가락을 뗍니다.

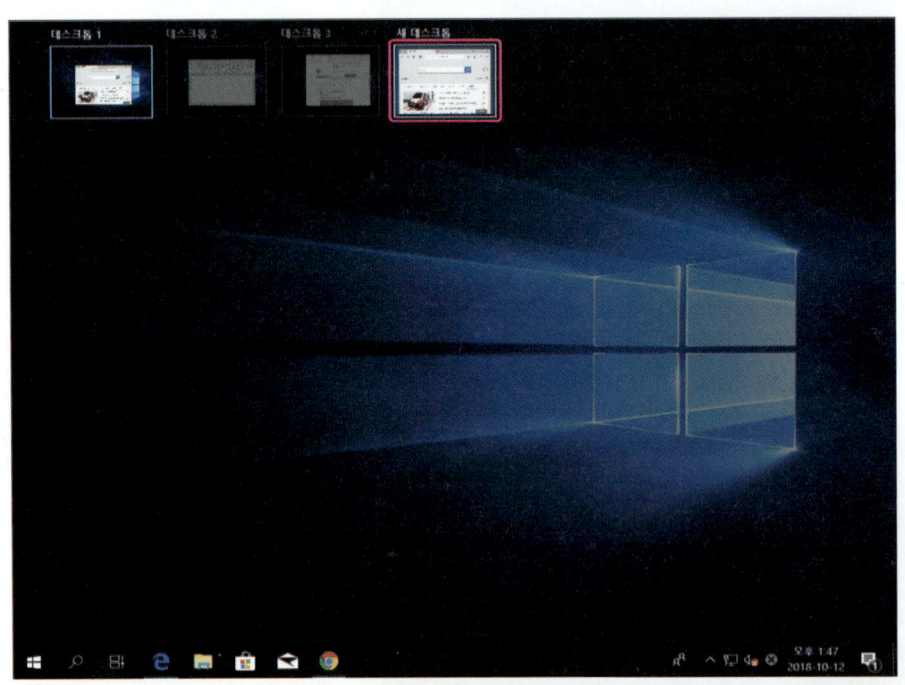

> **알아두기** 작업 보기 바로 가기 키 : 윈도우 키 + Tab

06 [데스크톱 4]가 만들어 지면서 앱이 이동되었습니다. 데스크톱을 생성하면서 앱을 이동시키는 방법입니다.

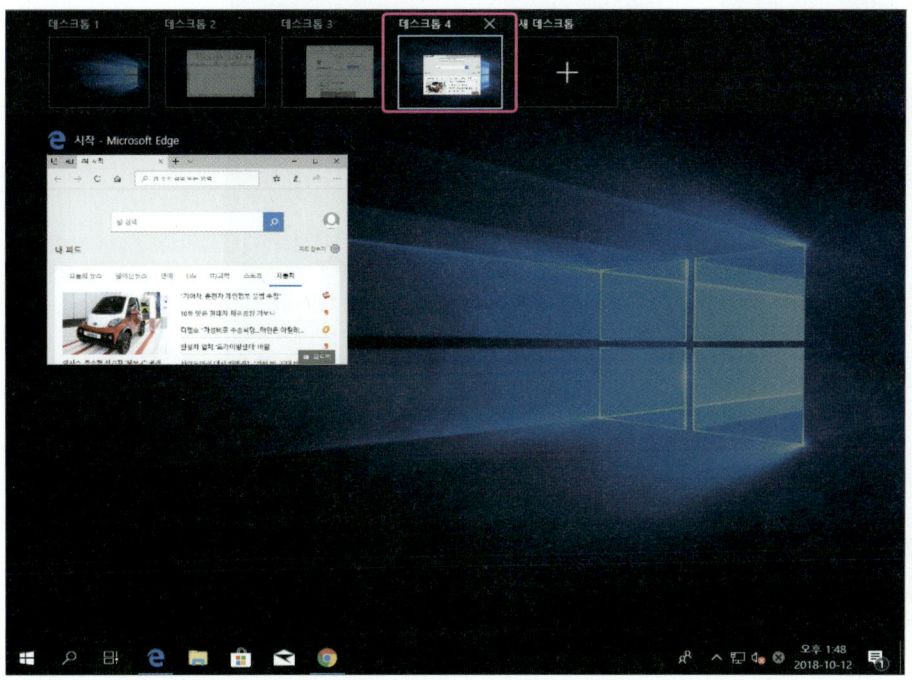

💬 데스크톱에서 앱 이동하기

01 [데스크톱 4]의 앱을 [데스크톱 1]로 드래그합니다.

02 그림과 같은 화면에서 마우스에서 손가락을 뗍니다.

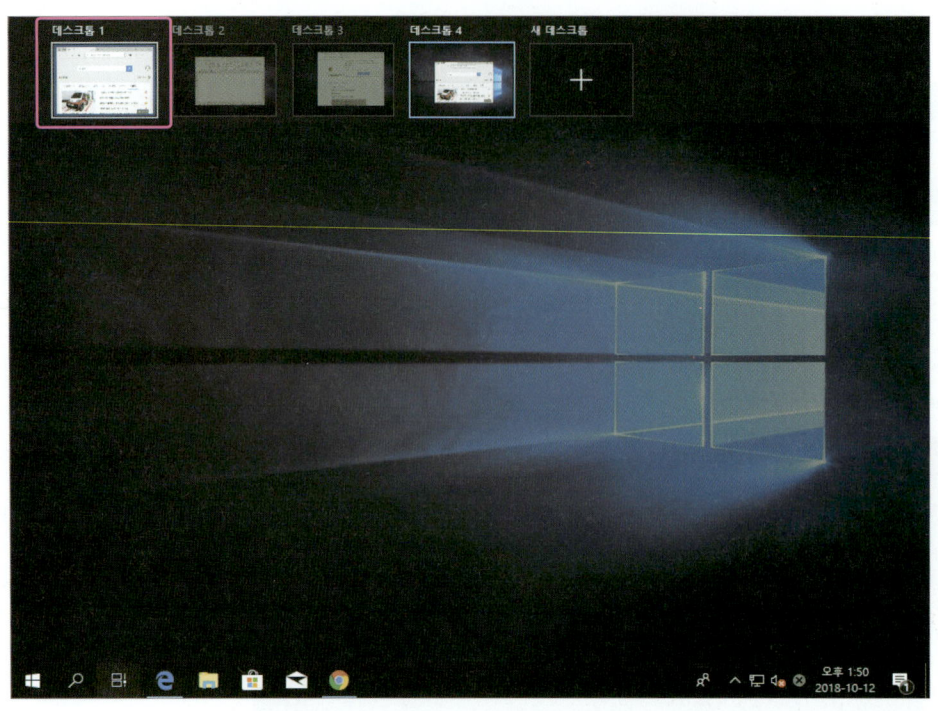

03 [데스크톱 4]의 앱이 [데스크톱 1]로 이동한 것을 알 수 있습니다. 이처럼 드래그만으로 자유롭게 앱을 이동시킬 수 있습니다.

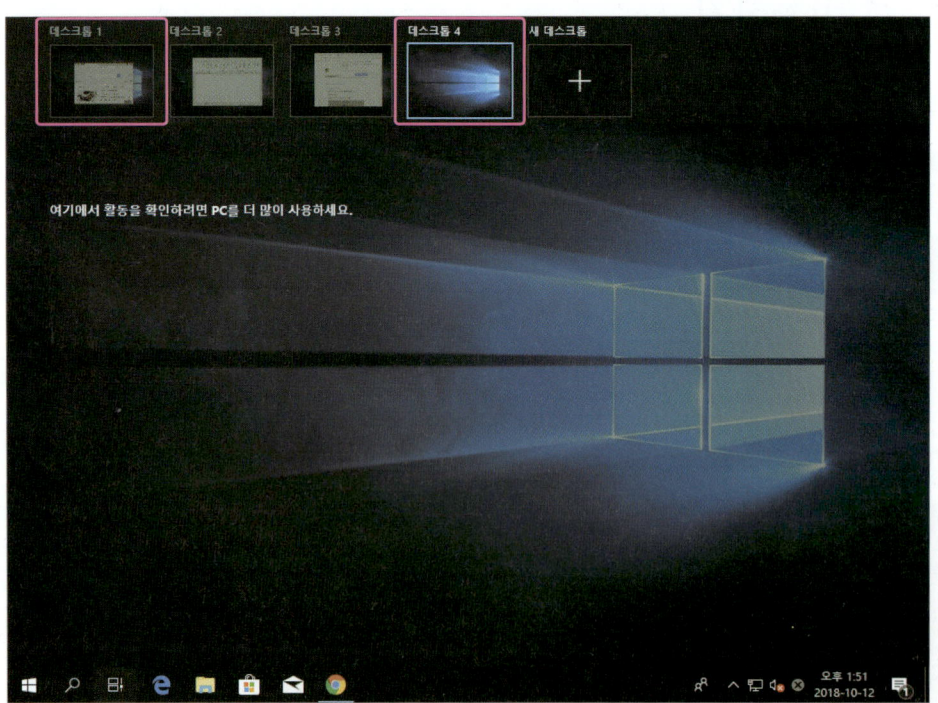

알아두기 앱 이동하기

작업 보기에서 이동할 앱을 마우스 오른쪽 버튼으로 클릭합니다. 바로 가기 메뉴에서 [이동]을 선택하고 원하는 데스크톱을 선택하면 앱이 이동됩니다.

데스크톱 종료하기

하단의 데스크톱 목록에서 [닫기(✕)]를 클릭하면 데스크톱이 종료됩니다. 앱은 종료되지 않고 다른 데스크톱으로 이동됩니다.

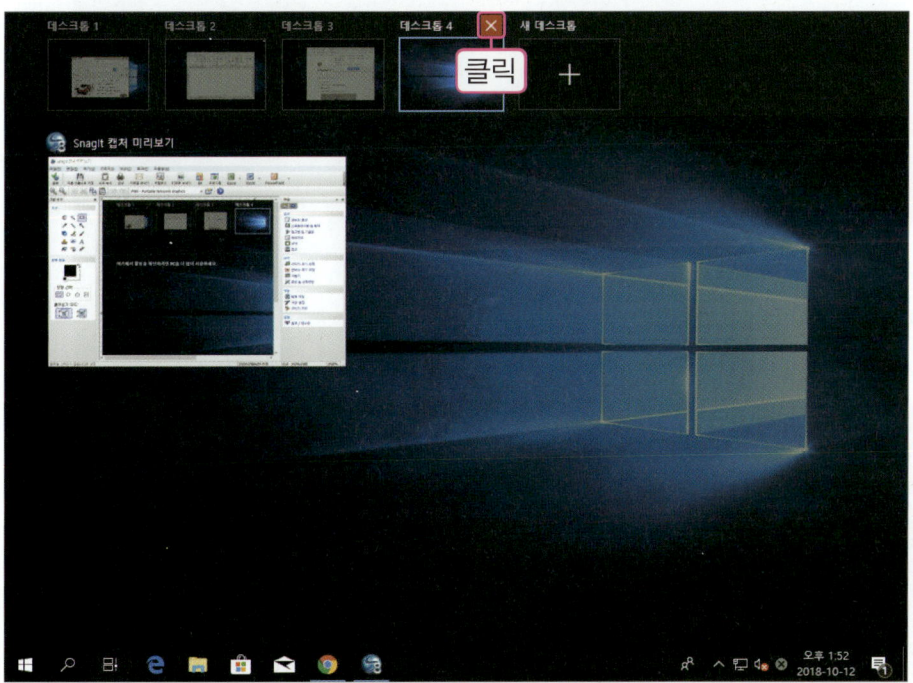

05_창 조작하기 **83**

활용마당

1 앱을 실행해서 다음과 같은 화면을 만들어 봅니다.

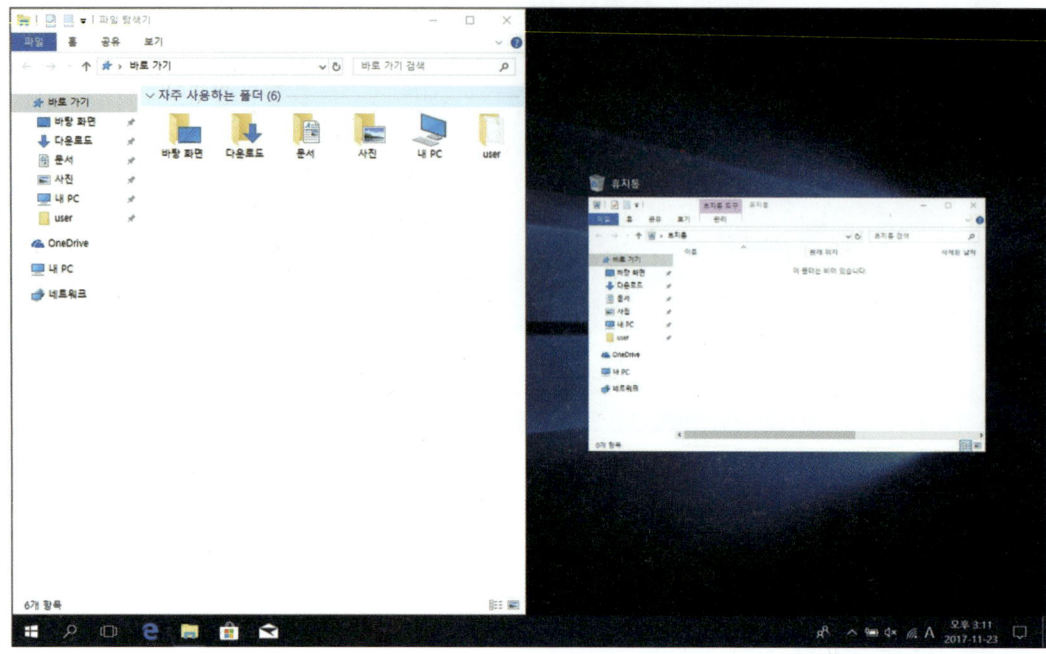

2 가상 데스크톱을 6개를 만들어보고 각각 앱을 실행해 봅니다.

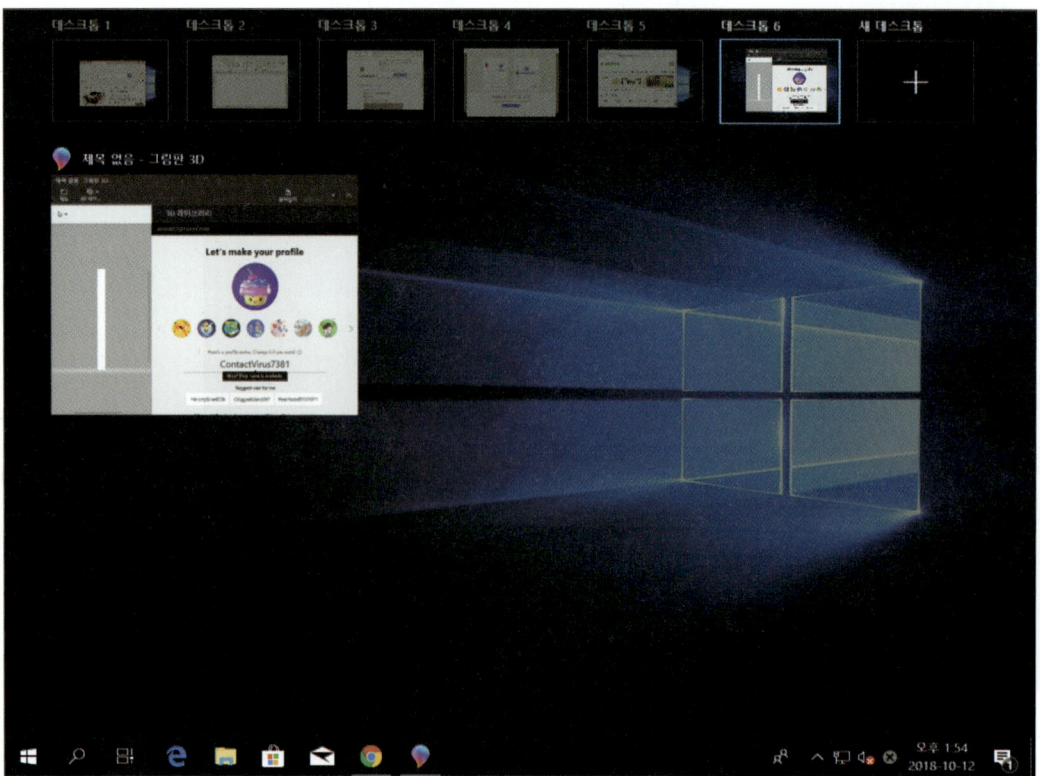

06 파일과 폴더 관리하기

01 파일과 폴더

💬 파일

파일은 데이터의 집합체라고 할 수 있습니다. 워드, 엑셀, 파워포인트 등의 프로그램에서 작업한 내용을 저장하면 파일이 생성됩니다. 문서, 음악, 동영상, 사진 등 종류도 다양하며 연결된 프로그램에 따라 다른 아이콘으로 표현됩니다.

💬 폴더

파일이나 다른 폴더를 저장하기 위한 공간입니다. 아이콘은 노란색 서류철 모양입니다. 폴더 안의 파일에 따라 이미지가 달라집니다.

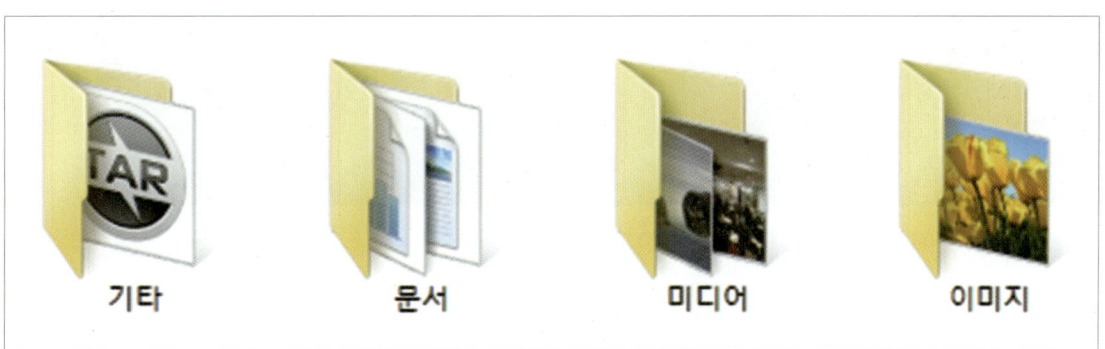

02 파일 탐색기 실행하기

[방법-1]

01 작업 표시줄의 [파일 탐색기(📁)]를 클릭합니다.

02 [파일 탐색기]가 실행됩니다.

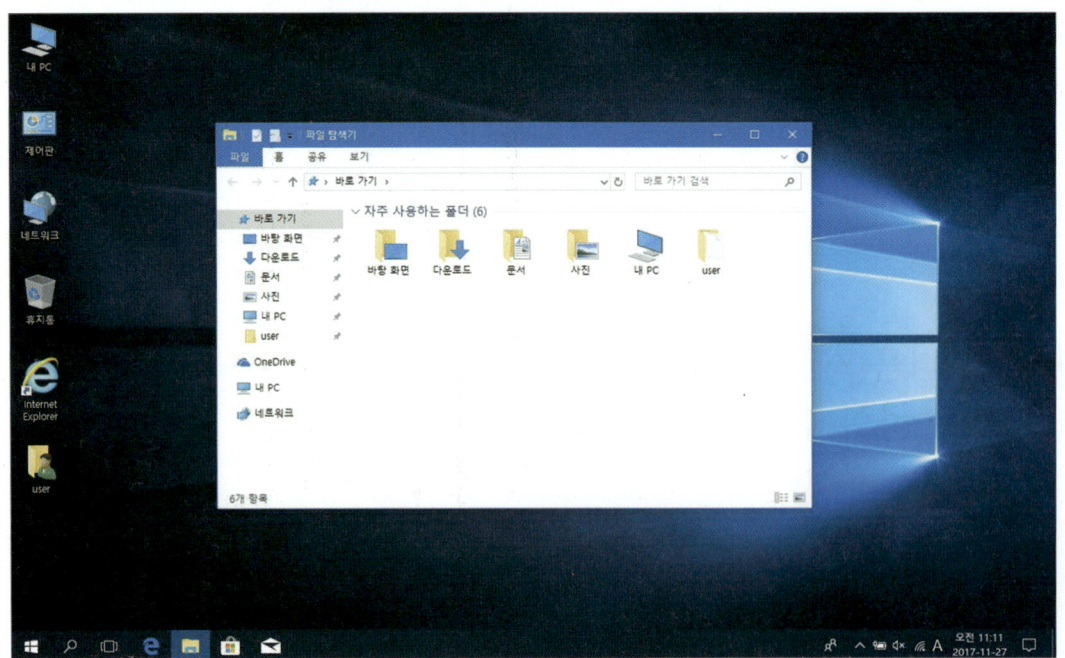

> **알아두기** 작업 표시줄의 [파일 탐색기] 아이콘은 윈도우 설정에 따라 현재 실행되어 있는 파일이 표시될 수도 있습니다.

[방법-2]

01 [시작(⊞)]-[파일 탐색기(📁)]를 클릭합니다.

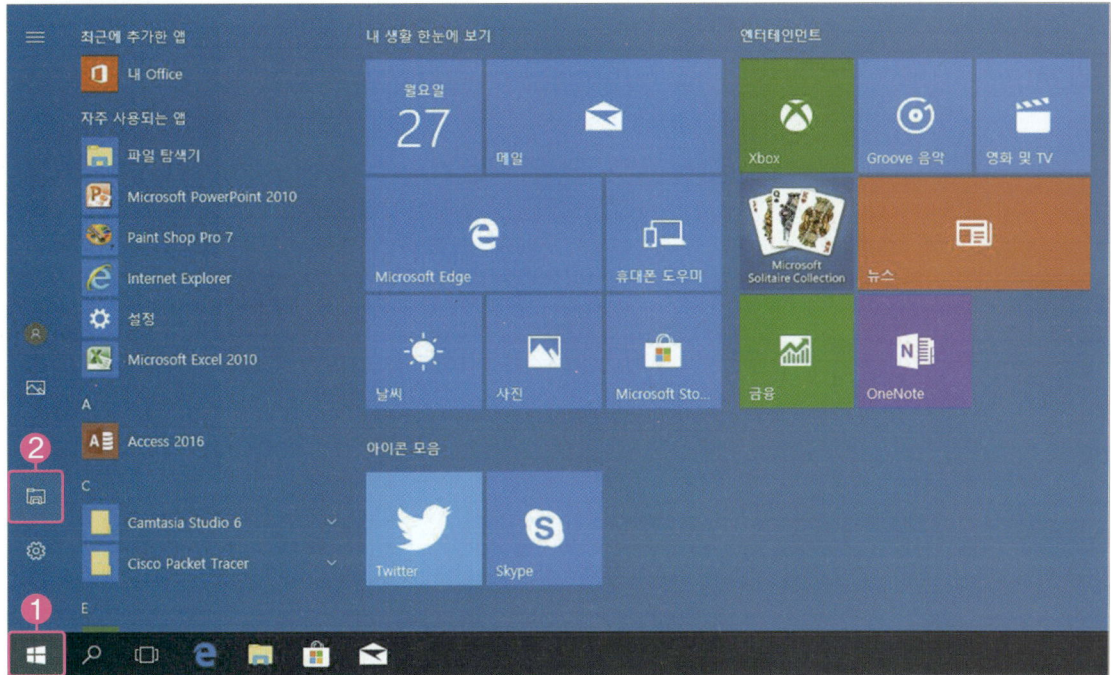

02 [파일 탐색기]가 실행됩니다.

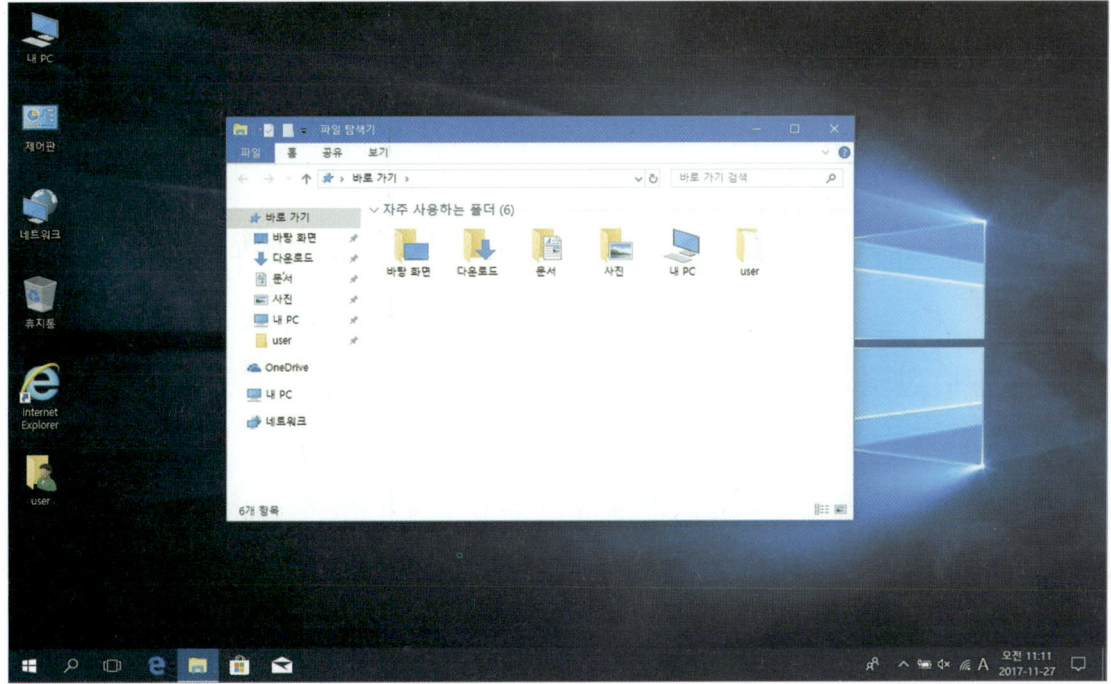

03 파일 탐색기 화면 구성 살펴보기

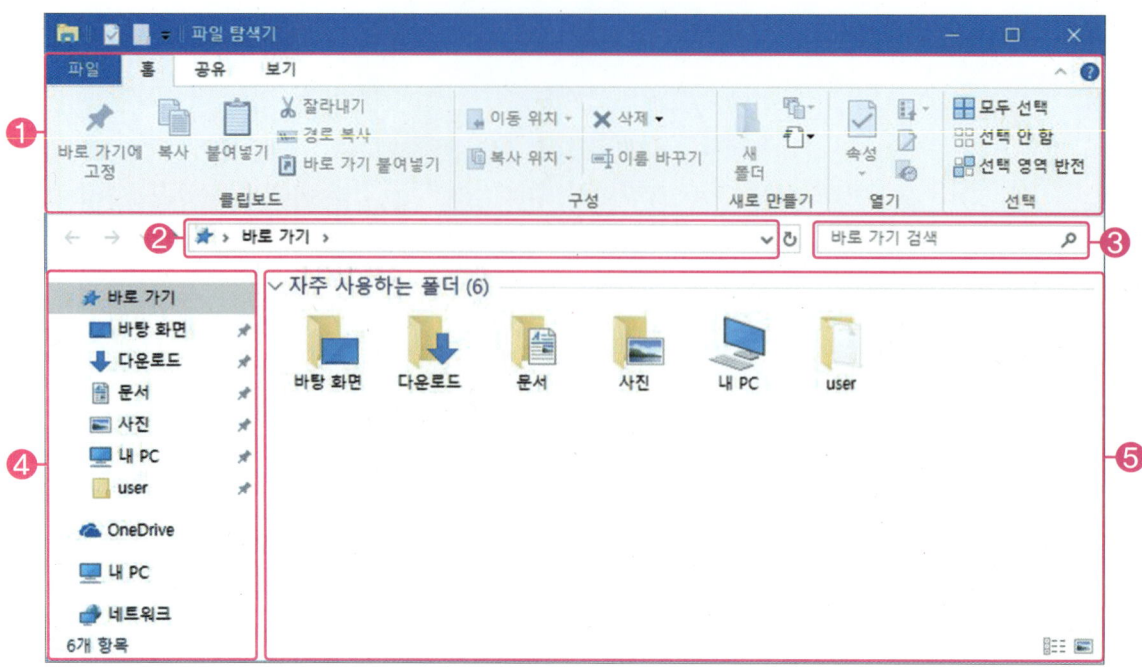

❶ 도구 모음 : 실행할 수 있는 작업을 표시합니다. 리본 확장(∨), 리본 최소화(∧)로 세부 작업 내용을 표시하거나 보이지 않게 할 수 있습니다.

❷ 주소 표시줄 : 현재 폴더의 위치를 나타냅니다.

❸ 검색 상자 : 단어를 입력하면 입력된 내용을 포함하고 있는 파일이나 폴더를 검색하고 내용을 표시합니다.

❹ 탐색 창 : 바로 가기 등 컴퓨터의 드라이브 폴더를 표시하고 이동할 수 있습니다.

❺ 내용 창 : 현재 선택한 폴더에 포함된 파일이나 폴더를 보여줍니다.

> **알아두기**
> - 미리 보기 창과 세부 정보 창은 사용자가 [보기] 탭에서 설정할 수 있습니다.
> - 미리 보기 창 : 문서나 그림 파일 등을 열지 않고 미리 볼 수 있습니다.
> - 세부 정보 창 : 선택한 파일의 크기, 수정한 날짜 등 정보를 알 수 있습니다.

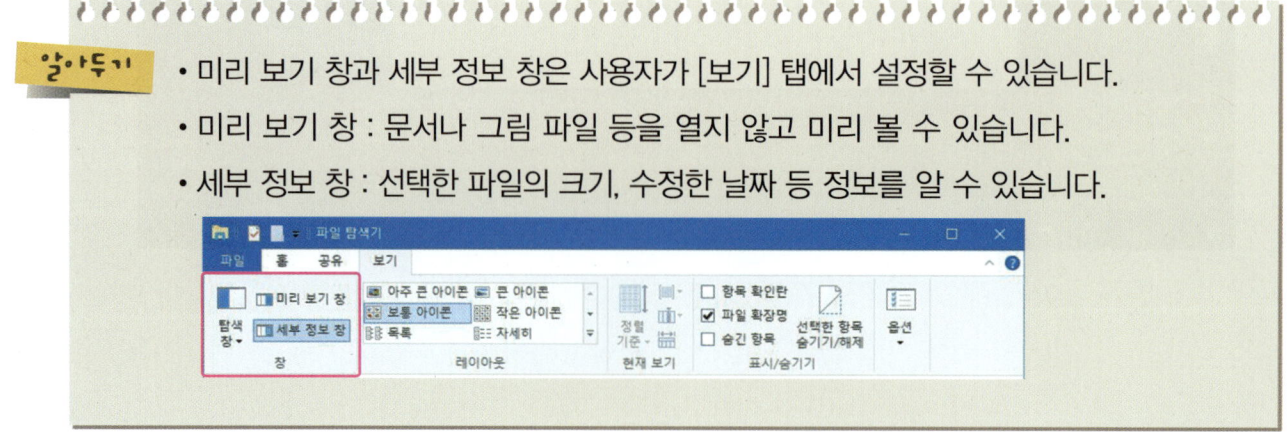

04 파일 탐색기 설정하기

레이아웃 변경하기

01 작업 표시줄의 [파일 탐색기(📁)]를 클릭합니다.

02 파일 탐색기가 실행됩니다. [보기] 탭의 레이아웃에서 [목록]을 클릭합니다. 내용 창의 파일과 폴더들이 목록으로 나타납니다. 편하게 사용할 수 있는 레이아웃으로 변경해 봅니다.

파일 확장명 표시, 숨기기

01 [보기] 탭의 [표시/숨기기]에서 [파일 확장명]을 체크합니다. 사진이나 그림 파일이 있는 폴더로 이동합니다. 파일명 뒤에 txt 또는 hwp 같이 확장자가 나타납니다.

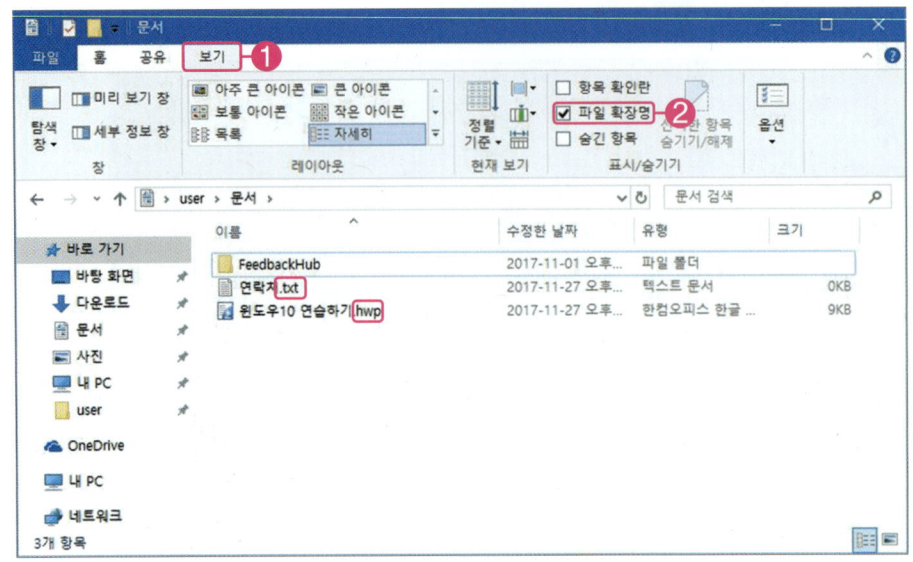

> **알아두기** **파일 확장자**
> 파일의 형식이나 종류를 구별하기 위해 파일 뒤에 붙은 문자를 말합니다. 파일의 속성이나 작성된 어플리케이션을 나타내는데 사용됩니다.

02 [파일 확장명]을 체크 해제하면 파일명 뒤에 확장자명이 없어진 것을 확인할 수 있습니다. 어떤 파일인지 알 수 없을 때는 파일의 확장명으로 판단할 수 있어 편리합니다. 다시 [파일 확장명]을 체크합니다.

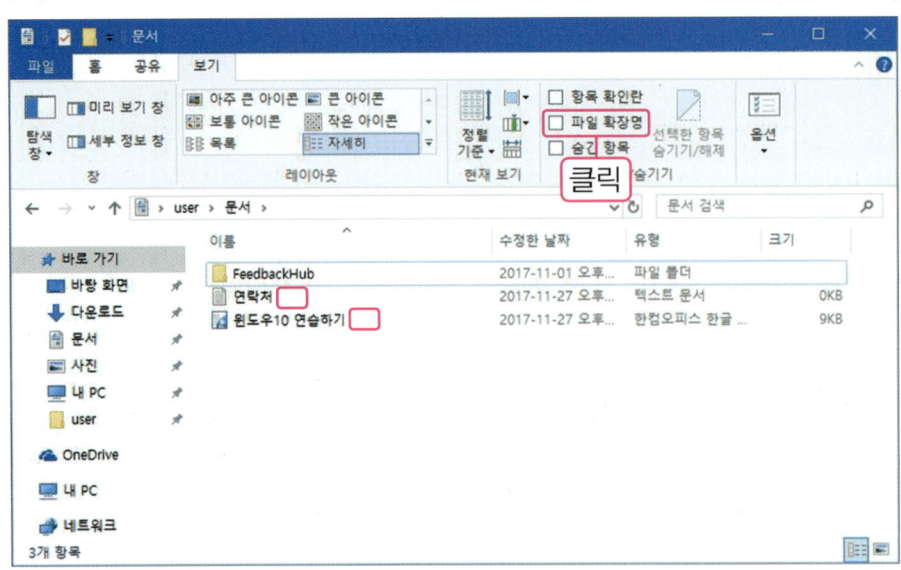

 폴더 옵션

01 [파일 탐색기]를 실행합니다. [보기] 탭의 [옵션(　)]을 클릭합니다.

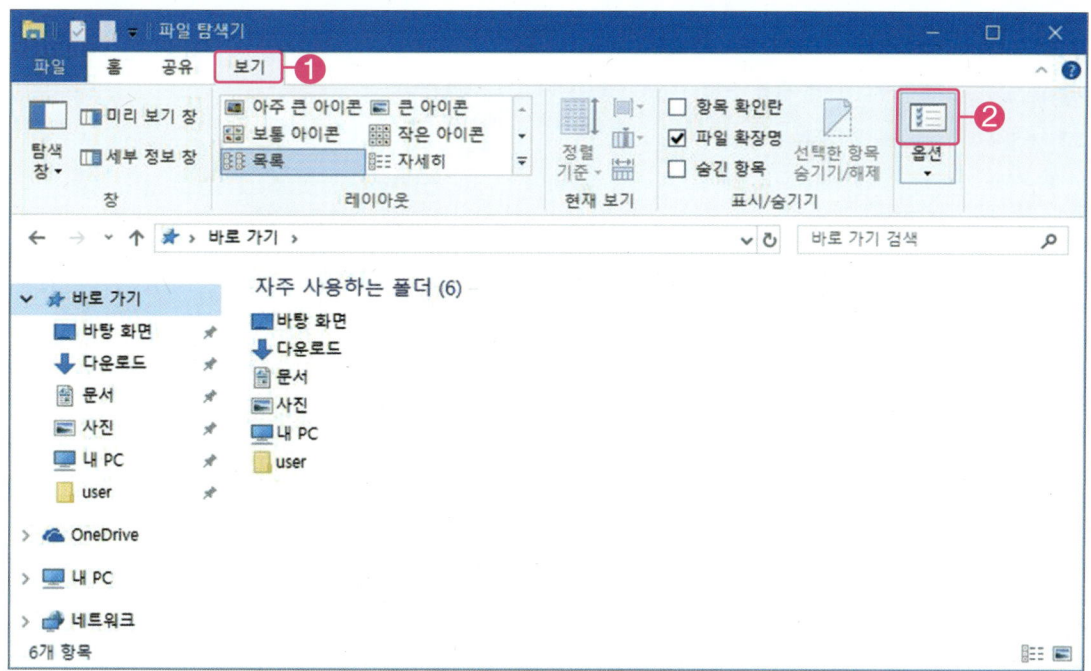

02 [폴더 옵션] 창에서 [새 창에서 폴더 열기]와 [한 번 클릭해서 열기(가리키면 선택됨)]을 체크합니다. 이어서 [적용]을 클릭합니다.

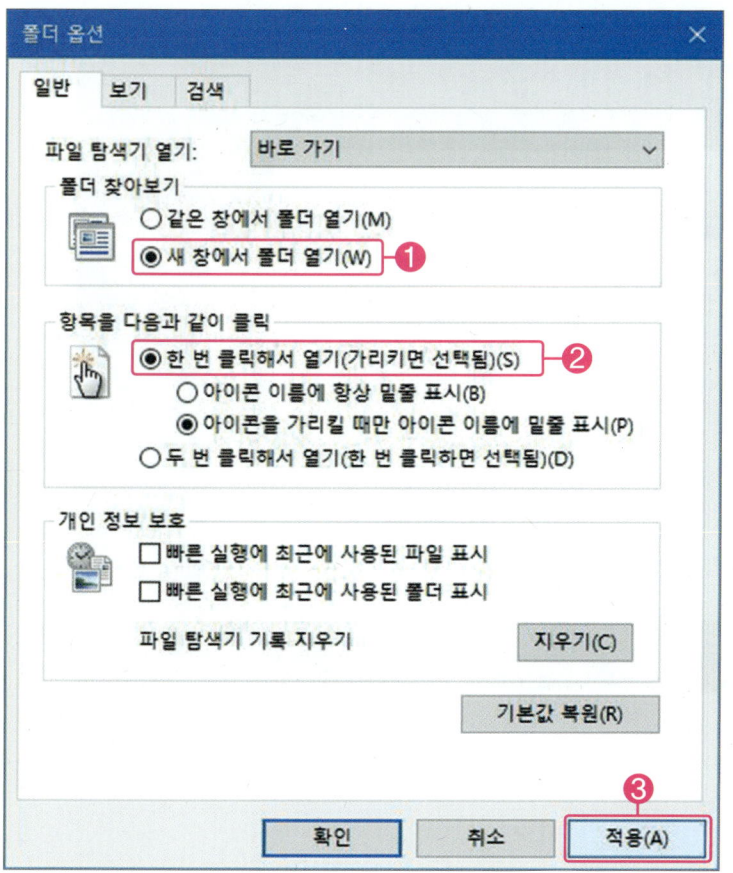

03 [파일 탐색기] 창에서 폴더에 마우스 포인터를 이동해 봅니다. 파일이나 폴더에 마우스 포인터를 올려놓으면 선택되고 밑줄이 그어집니다.

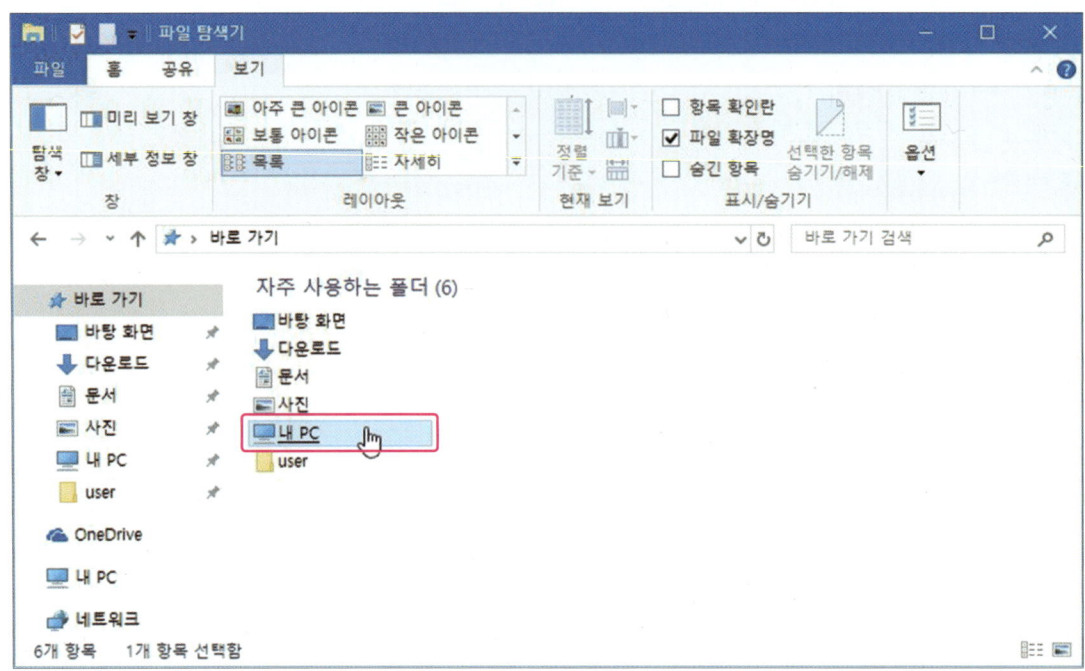

04 클릭하면 기존과는 다르게 새 창에서 폴더가 열립니다. 원래 상태로 되돌리기 위해서는 [폴더 옵션]창에서 [같은 창에서 폴더 열기], [두 번 클릭해서 열기(한 번 클릭하면 선택 됨)]을 체크하고 적용합니다.

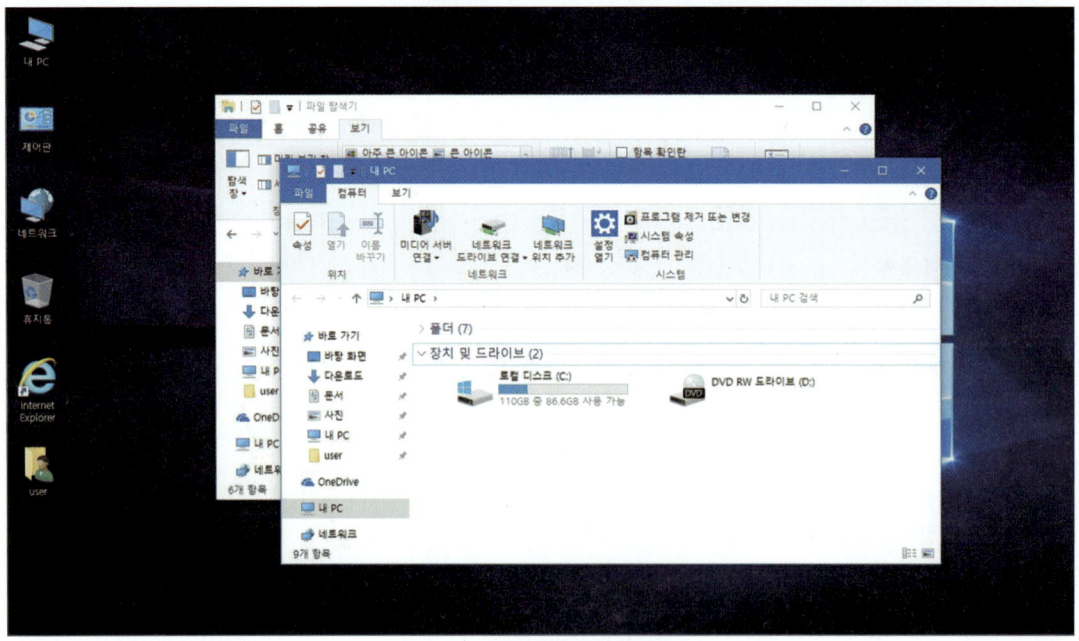

05 파일 탐색기 활용하기

파일 검색하기

01 파일 탐색기에서 [검색 상자]를 클릭합니다. 이어서 [검색 도구]-[검색] 탭에서 [모든 하위 폴더]를 클릭합니다.

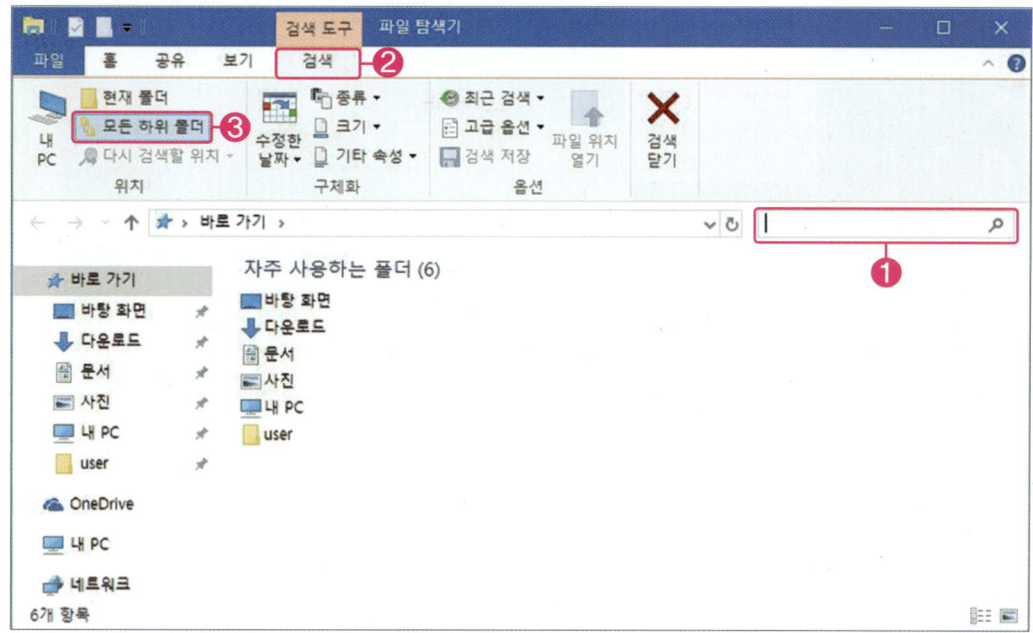

02 찾을 파일이나 폴더의 키워드를 입력합니다. 내용 창에 검색된 파일이 나타납니다.

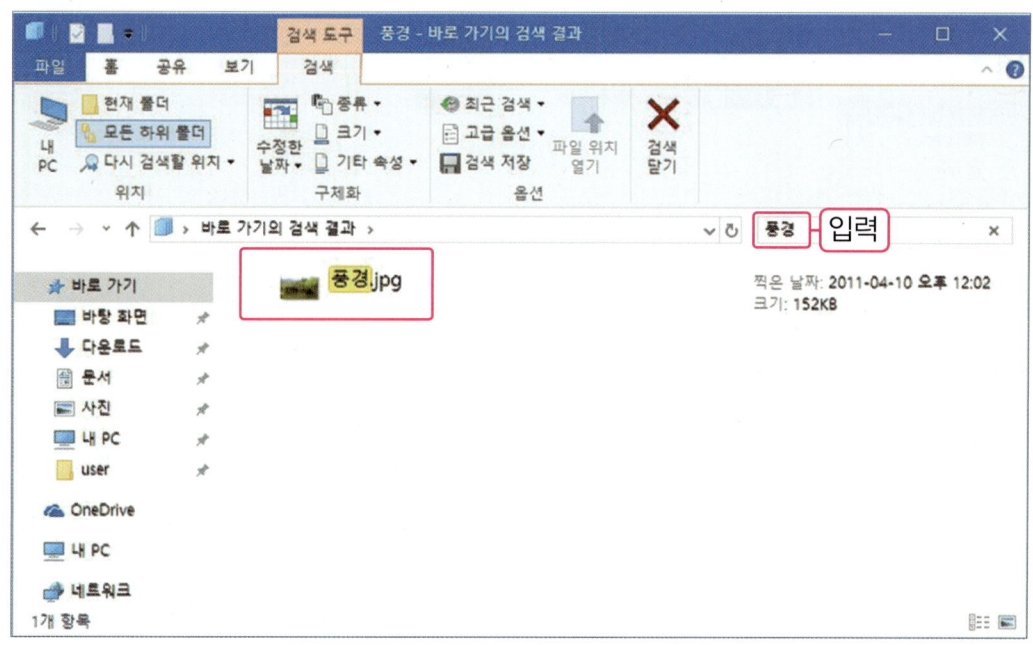

알아두기 폴더 만들기

- 바탕 화면에서 마우스 오른쪽 버튼을 클릭합니다. 바로 가기 메뉴에서 [새로 만들기]-[폴더]를 클릭합니다. 새 폴더가 생성되고 폴더 이름을 입력합니다.

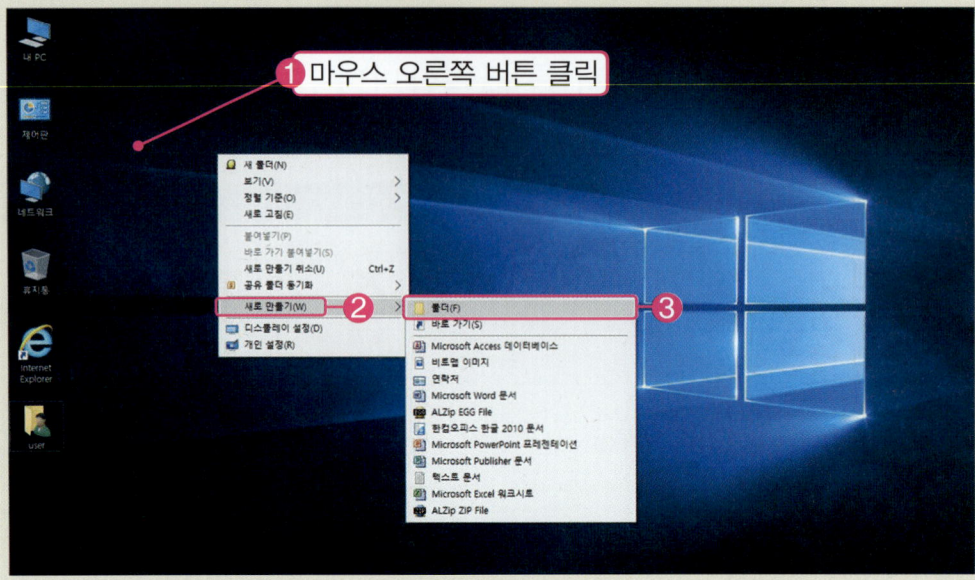

- [홈]의 [새로 만들기]에서 [새 폴더]를 클릭합니다. 새 폴더가 생성되고 폴더 이름을 입력합니다.

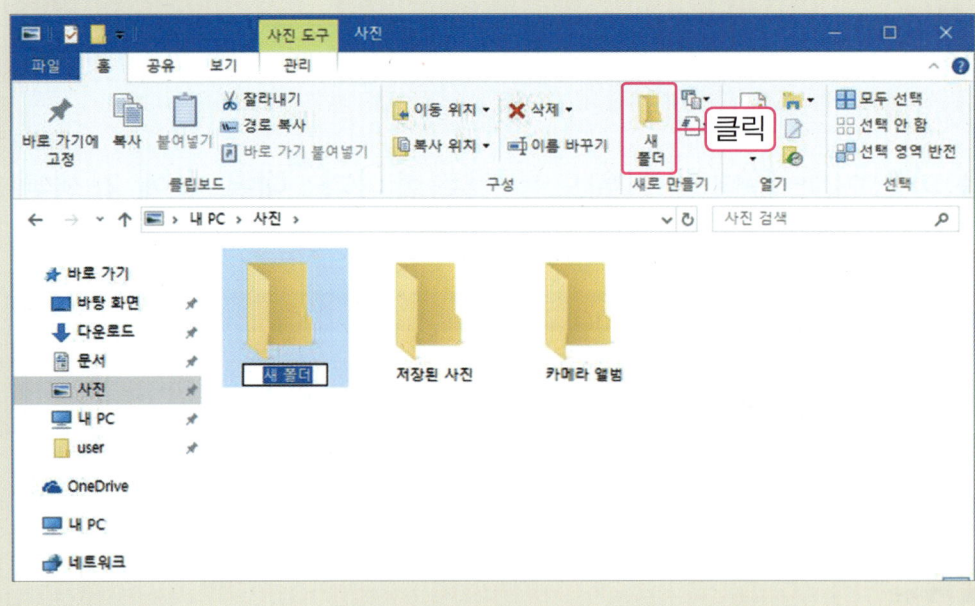

파일과 폴더 이름 바꾸기

01 [홈]의 [새로 만들기]에서 [새 폴더]를 클릭하고 새 폴더가 생성되면 Enter 키를 누릅니다.

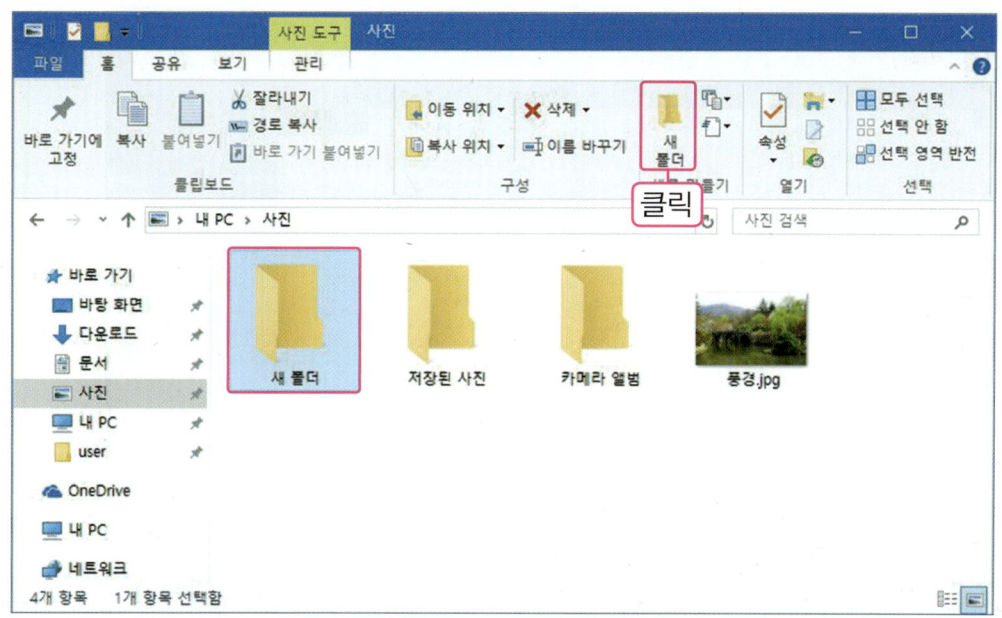

02 [새 폴더]를 클릭하고 [홈] 탭의 [구성]에서 [이름 바꾸기]를 클릭합니다. 이어서 '사진 모음'을 입력하고 Enter 키를 누릅니다. 파일 이름도 같은 방법으로 변경할 수 있습니다.

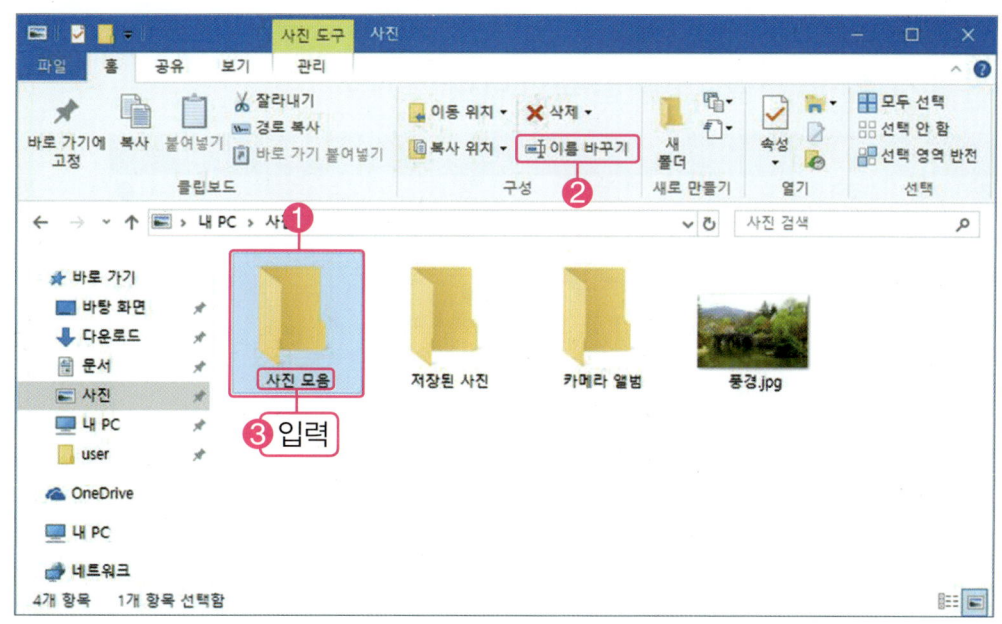

> **알아두기** 파일이나 폴더를 클릭하고 F2 키를 누르면 파일 이름을 변경할 수 있습니다.

파일과 폴더 복사하기

01 복사할 파일을 마우스 오른쪽 버튼으로 클릭합니다. 바로 가기 메뉴에서 [복사]를 클릭합니다.

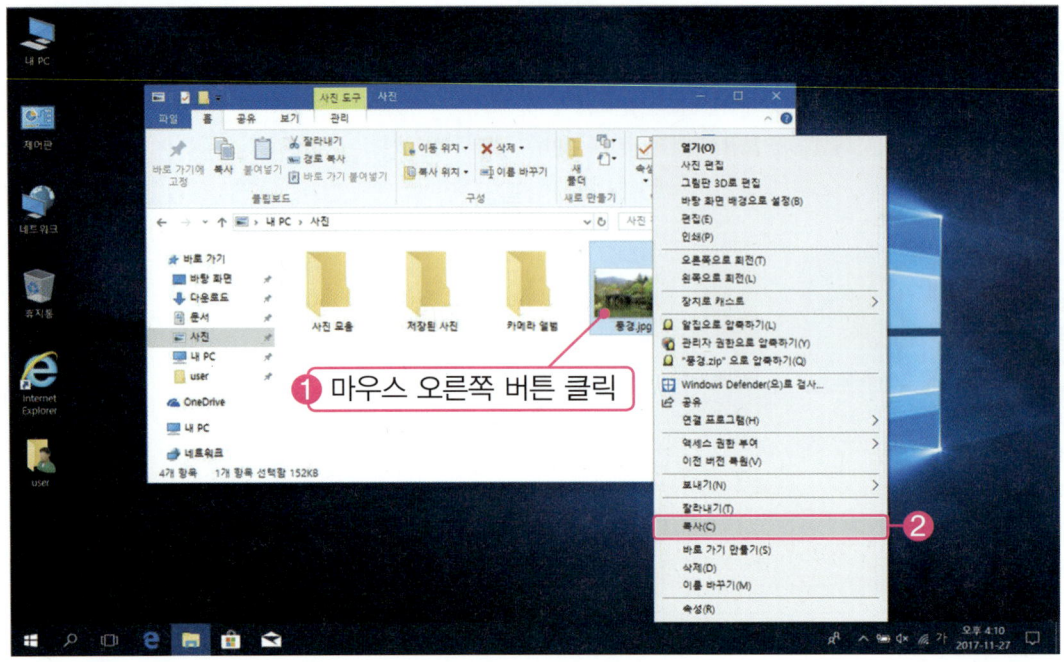

알아두기
복사 바로 가기 키 : Ctrl + C
붙여넣기 바로 가기 키 : Ctrl + V

02 이어서 붙여넣기 할 폴더를 더블 클릭합니다.

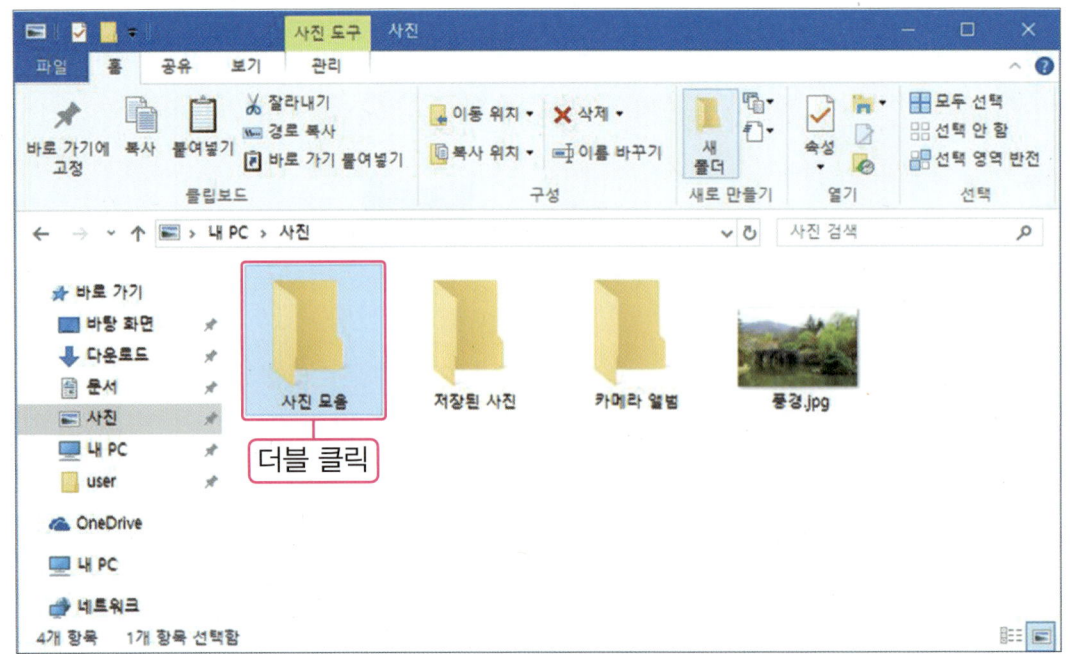

03 내용 창에서 **마우스 오른쪽 버튼을 클릭**합니다. 바로 가기 메뉴에서 **[붙여넣기]**를 클릭합니다.

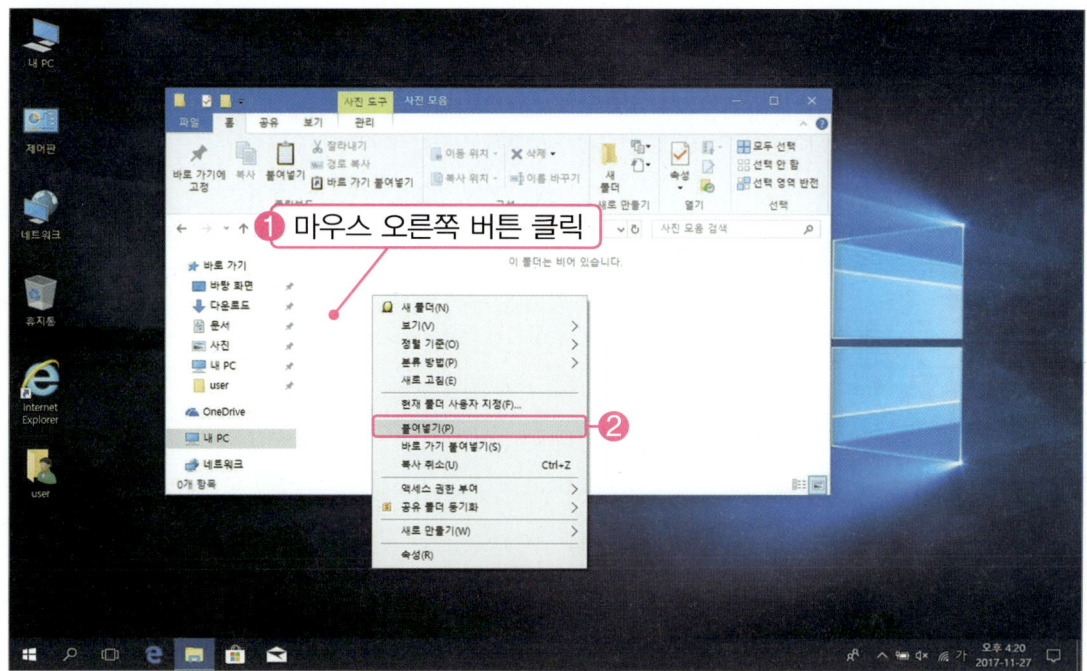

04 폴더 안에 복사된 파일을 확인할 수 있습니다.

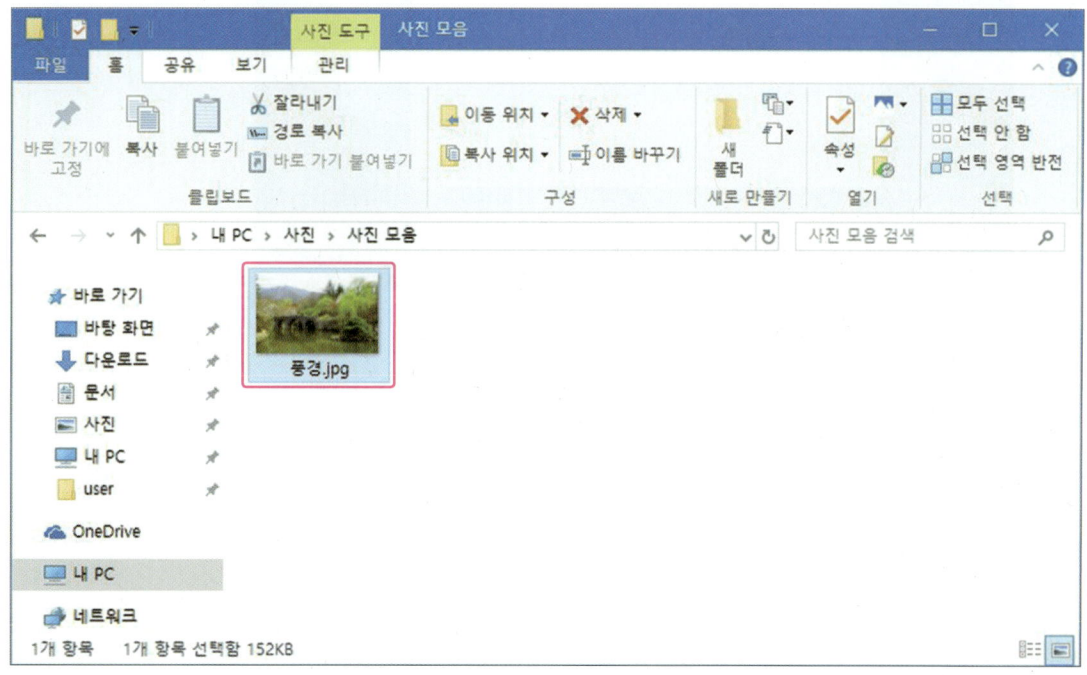

> **알아두기** Ctrl 키를 누른 상태에서 파일을 드래그하여 이동시키면 해당하는 위치에 복사할 수 있습니다.

알아두기

1. 복사할 파일을 선택하고 [홈] 탭–[구성]의 [복사 위치]를 클릭합니다. 이어서 [바탕 화면]을 선택합니다.

2. 바탕 화면으로 파일이 복사된 것을 확인할 수 있습니다.

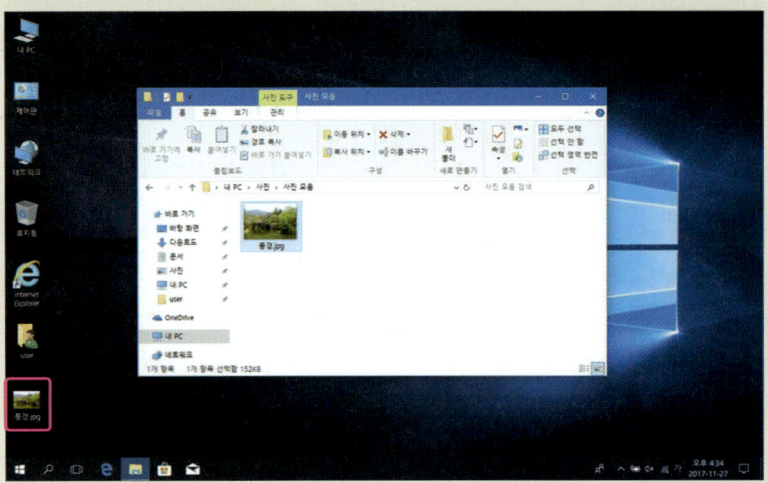

3. [위치 선택]을 클릭하면 경로를 직접 선택할 수 있습니다.

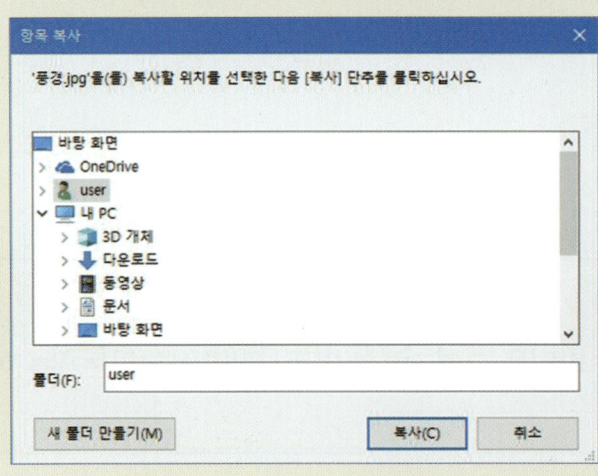

파일과 폴더 이동하기

01 바탕 화면에서 이동할 파일을 클릭하고 드래그합니다.

02 원하는 위치로 이동한 후 마우스에서 손가락을 떼면 폴더의 이동이 완료됩니다.

03 바탕 화면의 파일을 폴더 안으로 이동해 봅니다. 임의의 폴더에 들어간 후, 파일을 폴더 안으로 드래그하면 파일의 이동이 완료됩니다.

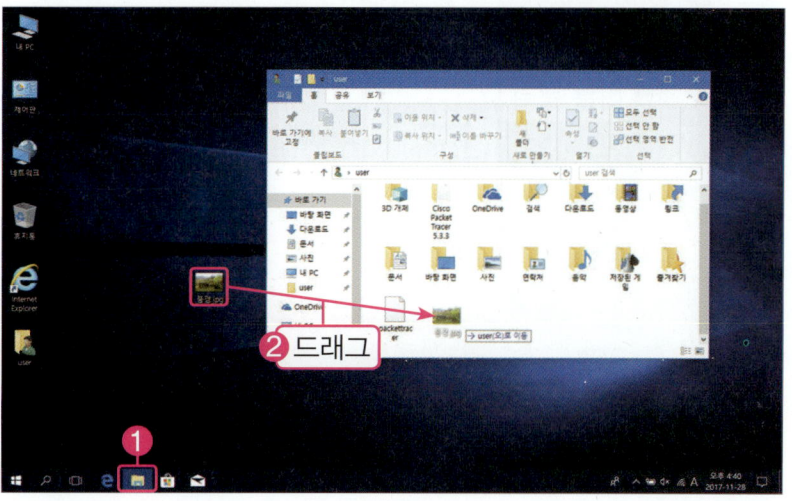

휴지통 사용하기

01 삭제할 파일을 마우스 오른쪽 버튼으로 클릭하고 [삭제]를 클릭합니다. 삭제된 파일은 바탕 화면의 휴지통으로 이동합니다.

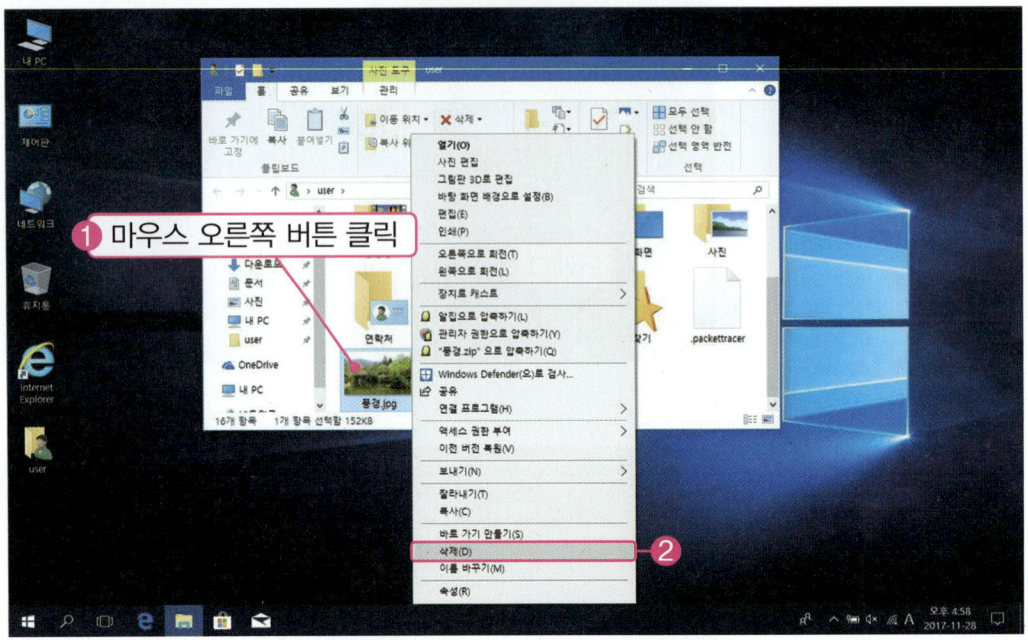

02 바탕 화면에서 [휴지통]을 더블 클릭합니다. 삭제된 파일을 확인할 수 있습니다.

알아두기 키보드의 Delete 키를 눌러서 삭제할 수 있습니다.

복원하기

01 휴지통의 파일을 다시 복원하는 방법입니다. 복원할 파일을 클릭하여 선택합니다. 이어서 [휴지통 도구]-[관리] 탭의 [복원]에서 [선택한 항목 복원]을 클릭합니다.

02 삭제하기 전 파일의 위치에 다시 복원된 것을 확인할 수 있습니다. 파일을 다시 삭제합니다.

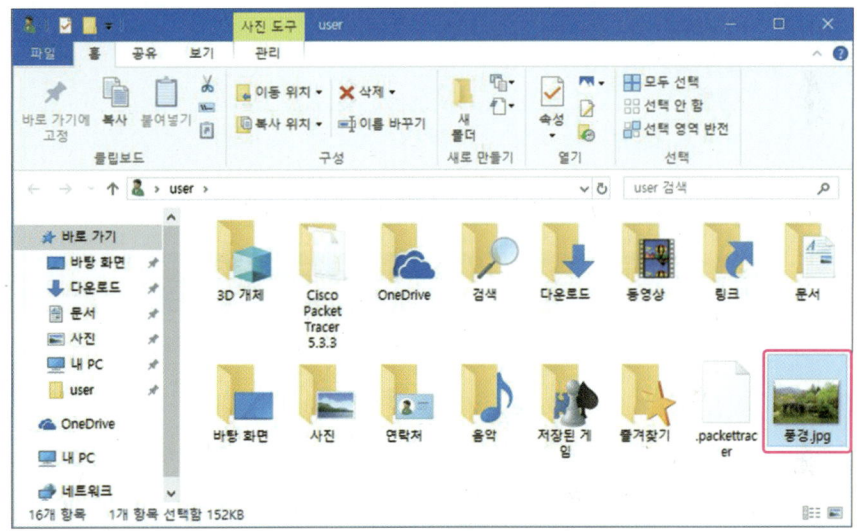

알아두기 마우스 오른쪽 버튼으로 클릭하고 [복원]을 선택해서 삭제된 파일을 복원할 수도 있습니다.

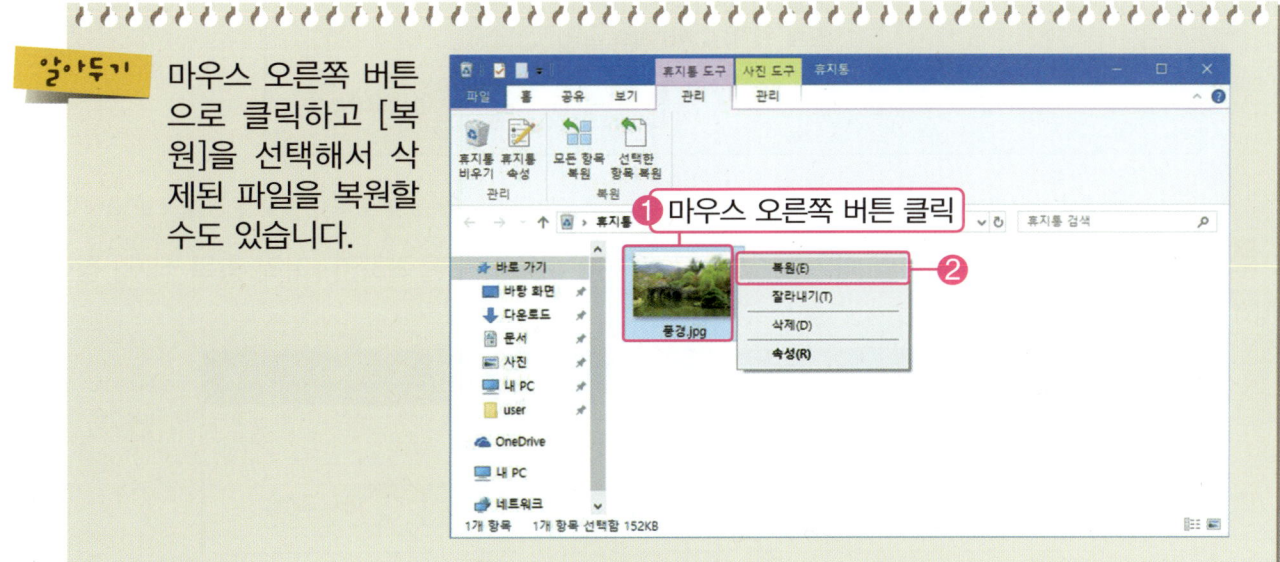

휴지통 비우기

01 바탕 화면에서 [휴지통]을 더블 클릭합니다. [휴지통 도구]-[관리] 탭의 [관리]에서 [휴지통 비우기]를 클릭합니다.

02 [파일 삭제] 창에서 [예]를 클릭하면 파일이 완전히 삭제됩니다.

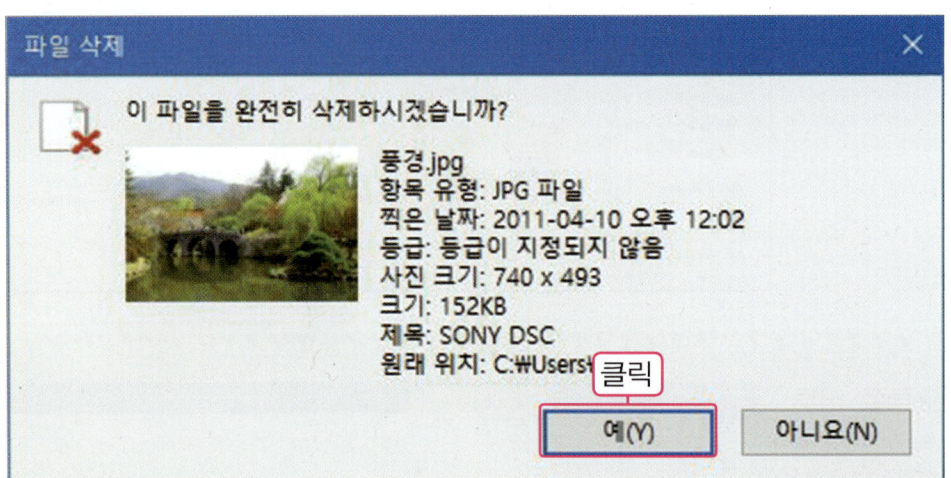

> **알아두기** 휴지통에서 복수의 파일이 있을 때 휴지통 비우기를 클릭하면 [여러 항목 삭제] 창이 나타납니다.
>
>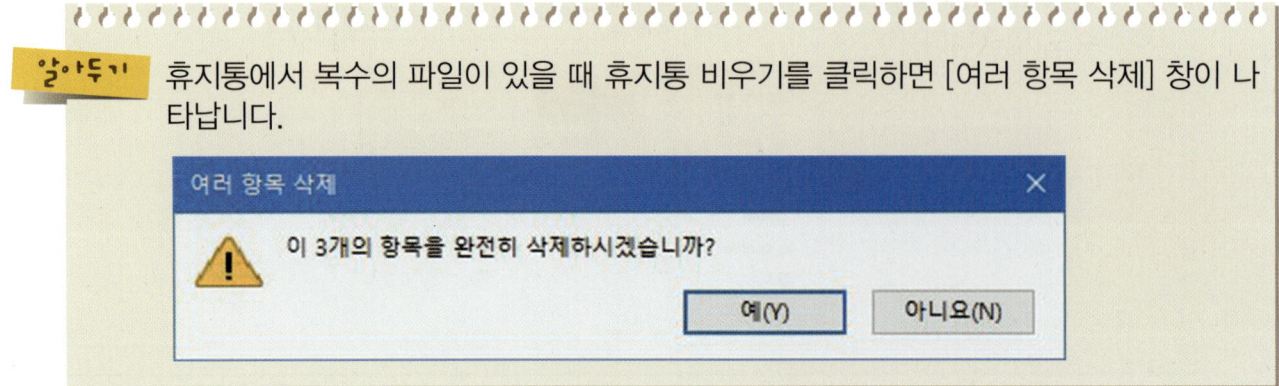

알아두기 휴지통의 바로 가기 메뉴

- [휴지통]을 마우스 오른쪽 버튼으로 클릭합니다. 바로 가기 메뉴에서 [휴지통 비우기]를 선택하면 휴지통을 열어보지 않고 완전히 삭제할 수 있습니다.

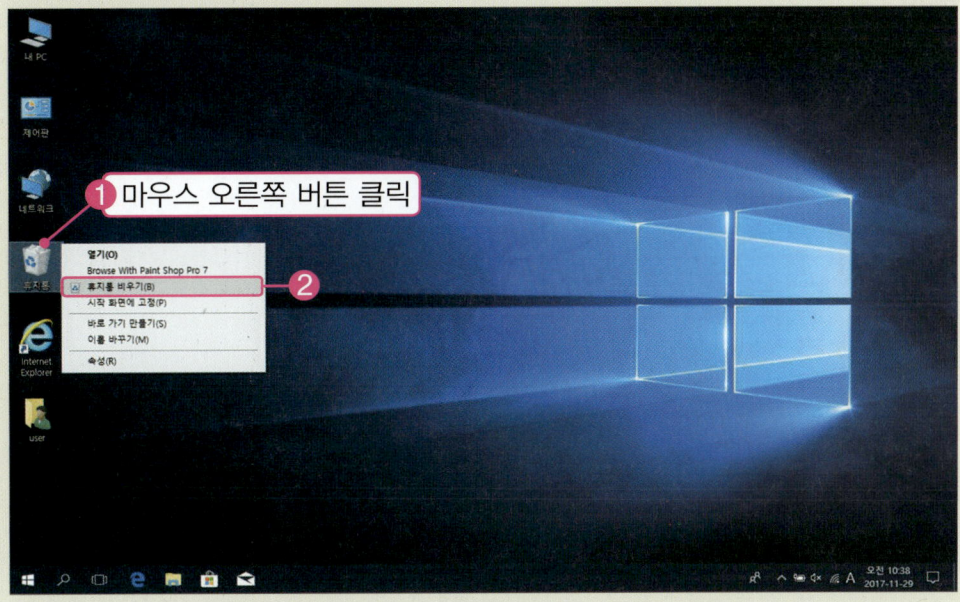

- 바로 가기 메뉴에서 [속성]을 클릭하면 [휴지통 속성] 창에서 휴지통의 크기를 지정할 수 있습니다.

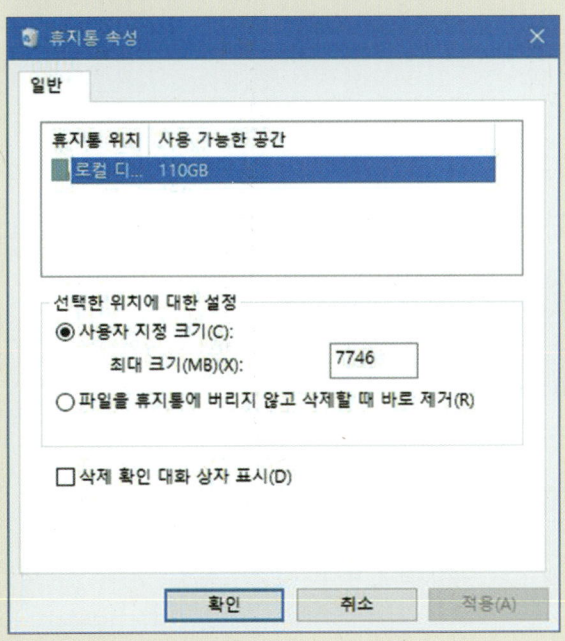

06 파일 압축 및 압축 풀기

압축하기

01 압축할 파일이나 폴더를 마우스 오른쪽 버튼으로 클릭합니다. 바로 가기 메뉴에서 [보내기]-[압축(ZIP) 폴더]를 클릭합니다.

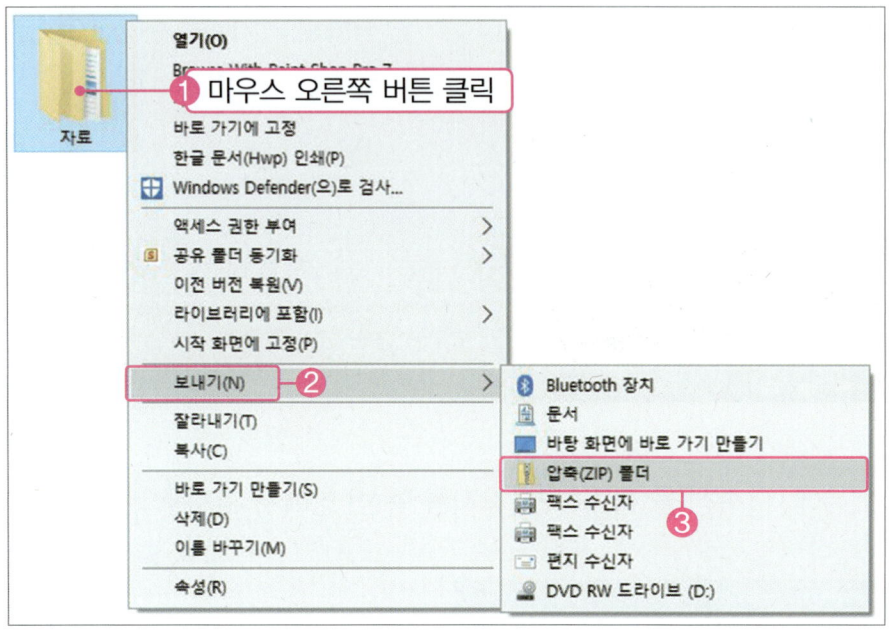

02 압축이 진행됩니다. 압축이 완료되면 ZIP 파일이 생성되면서 파일명을 입력할 수 있습니다. 원하는 파일명을 입력하고 Enter 키를 누릅니다.

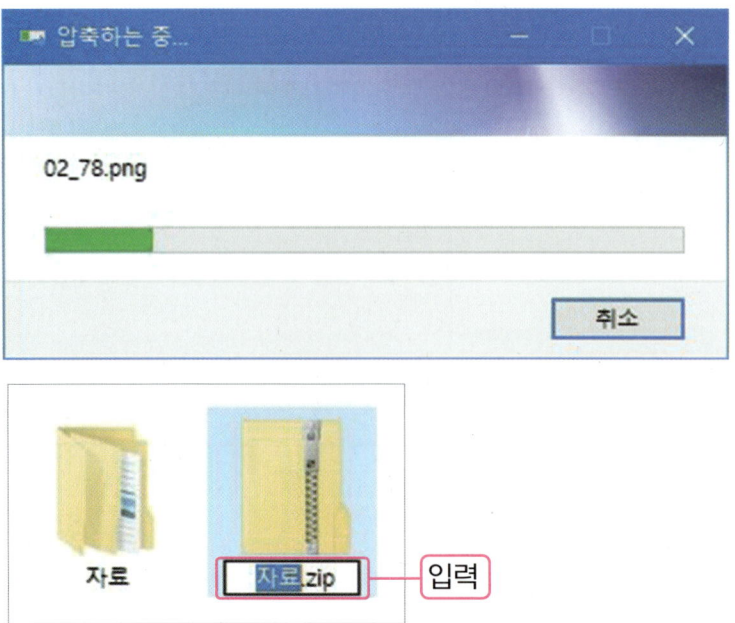

압축 풀기

01 압축 파일을 마우스 오른쪽 버튼으로 클릭합니다. 바로 가기 메뉴에서 [압축 풀기]를 클릭합니다.

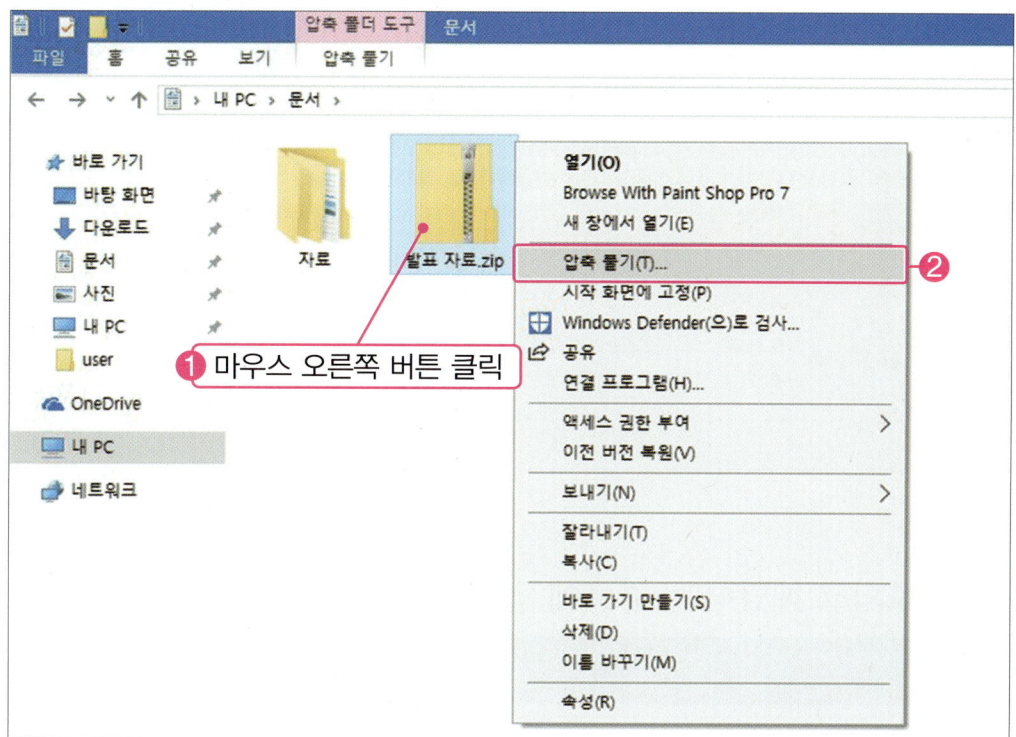

02 [압축(Zip) 폴더 풀기] 창에서 [압축 풀기]를 클릭합니다.

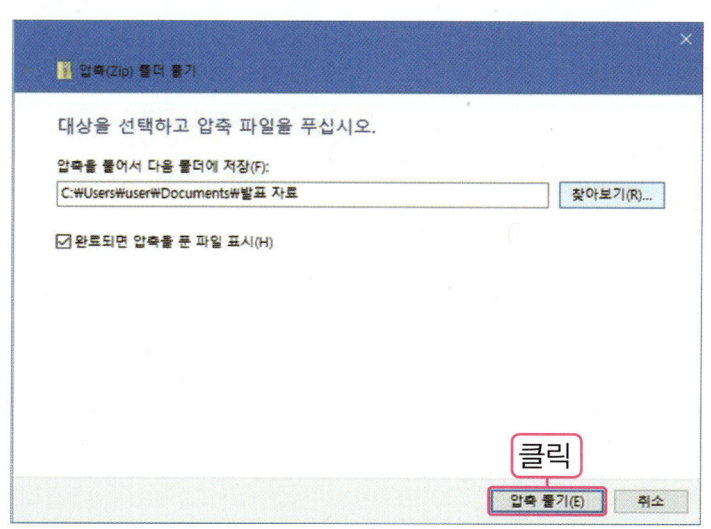

> 알아두기 압축 프로그램을 사용하면 절차가 다를 수 있습니다.

알아두기 [찾아보기] 버튼을 클릭하면 [대상을 선택하십시오] 창이 나타납니다. 경로를 지정하여 원하는 곳에 압축을 풀 수 있습니다.

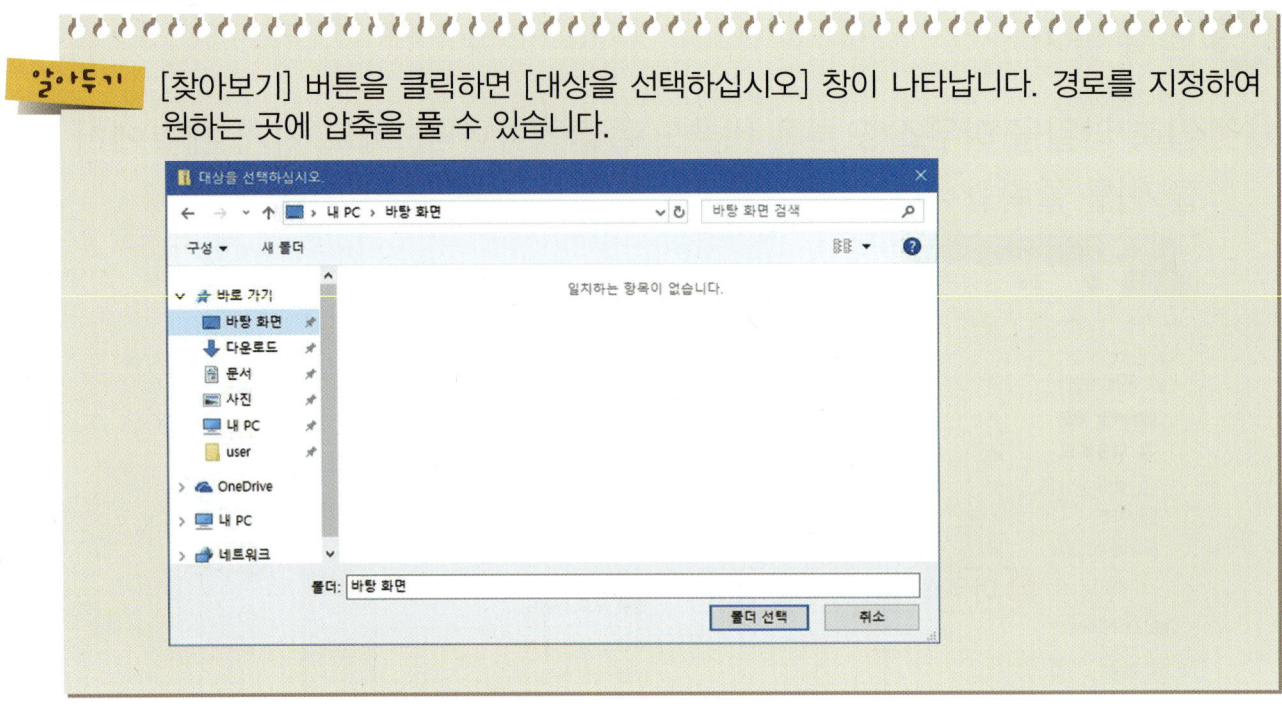

03 압축 풀기가 완료되고 해당하는 경로에 압축이 풀린 것을 확인할 수 있습니다.

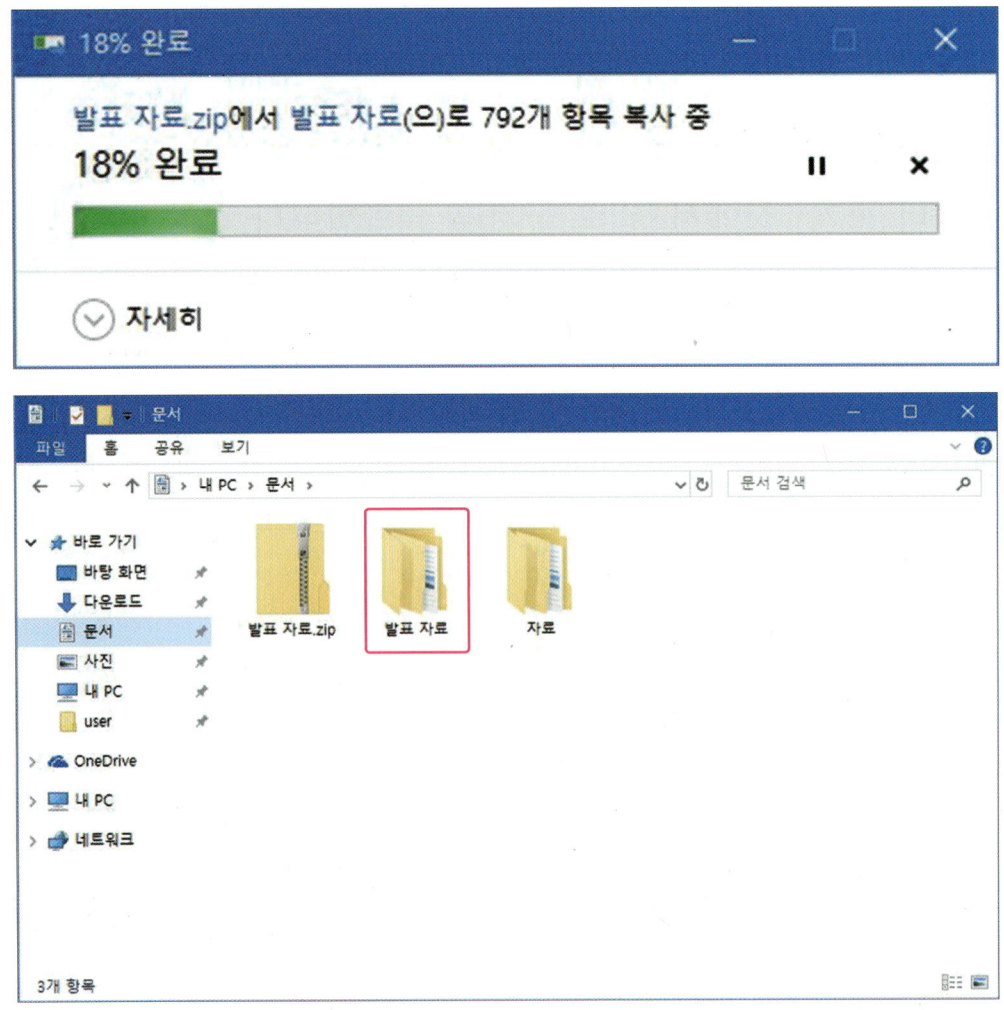

07 USB 메모리 연결 및 포맷하기

USB 메모리 연결하기

01 USB 메모리를 컴퓨터 본체의 USB 포트에 연결합니다.

알아두기 USB 메모리가 연결되면 작업 표시줄의 알림 영역에서 확인할 수 있습니다.

02 [내 PC]를 더블 클릭합니다. 장치 및 드라이브에서 [USB 드라이브]를 더블 클릭합니다.

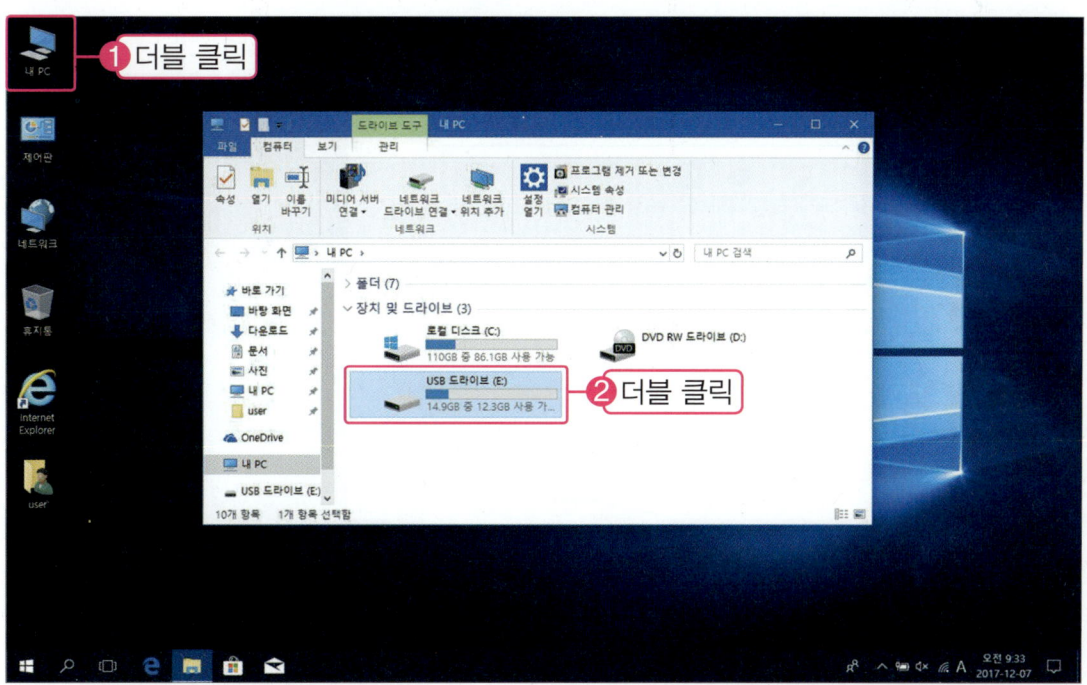

03 USB 메모리에 저장된 파일을 확인할 수 있습니다. [닫기(×)] 버튼을 클릭하여 창을 닫습니다.

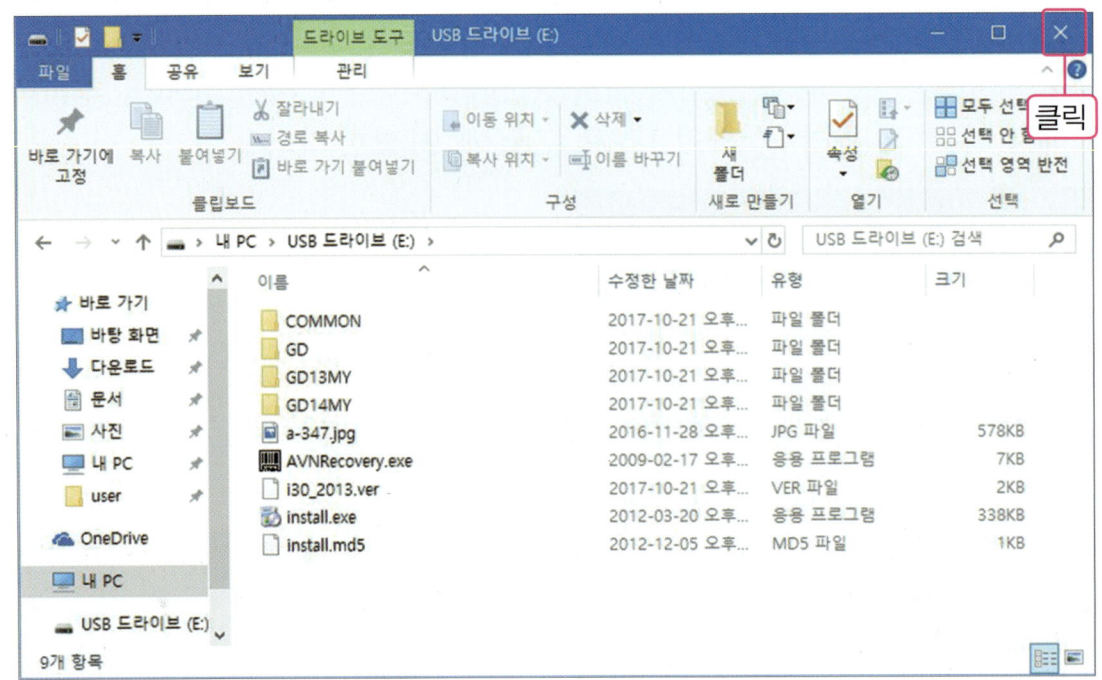

USB 메모리 포맷하기

01 바탕 화면의 [내 PC]를 더블 클릭합니다. [USB 드라이브]를 마우스 오른쪽 버튼으로 클릭하고 바로 가기 메뉴에서 [포맷]을 클릭합니다.

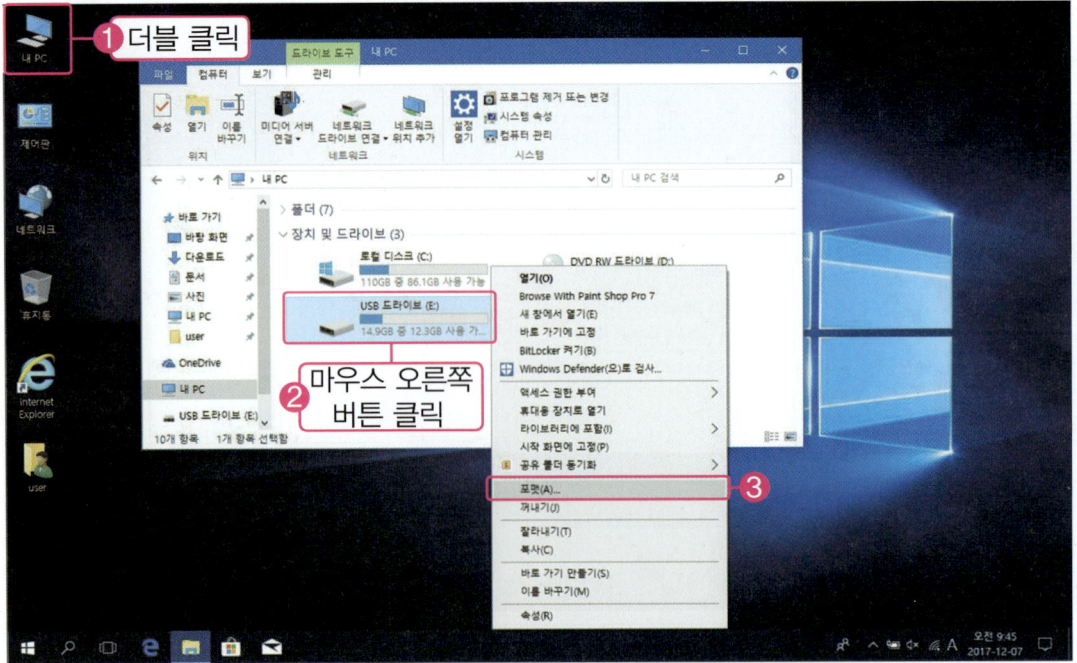

108 뚝딱뚝딱 배우는 윈도우 10

02 [USB 드라이브 형식] 창이 나타나면 [시작] 버튼을 클릭합니다.

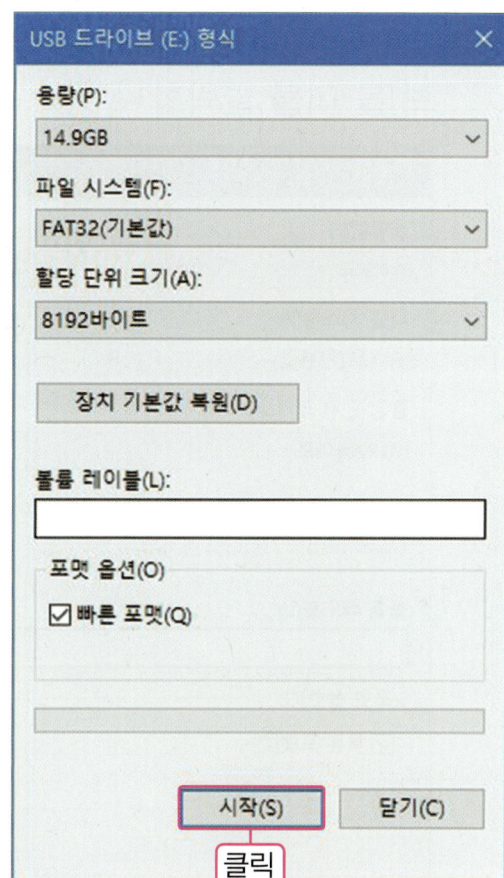

알아두기 USB 드라이버의 이름은 종류에 따라 다를 수 있습니다.

03 모든 데이터가 지워진다는 경고창이 나타나면 [확인] 버튼을 클릭합니다.

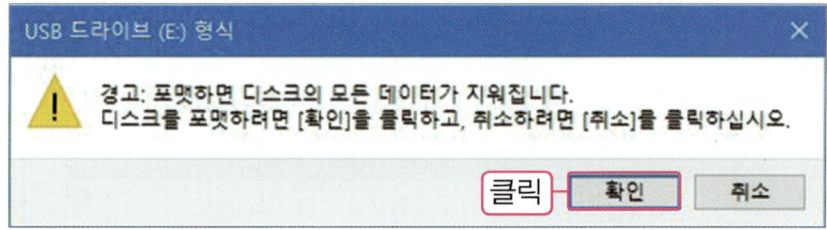

04 포맷이 완료되었다는 창이 나타나면 [확인] 버튼을 클릭합니다.

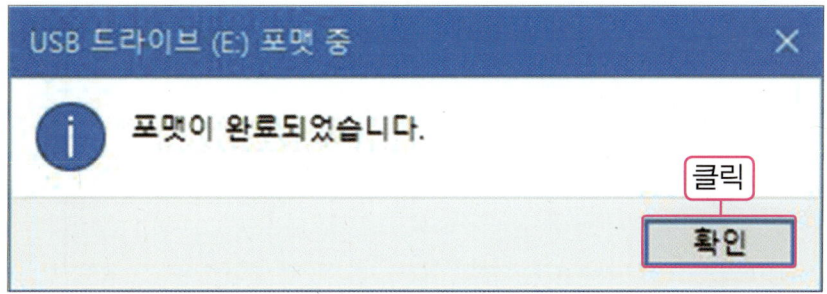

05 [USB 드라이브 형식] 창에서 [닫기] 버튼을 누릅니다. 이어서 [USB 드라이브]를 더블 클릭합니다.

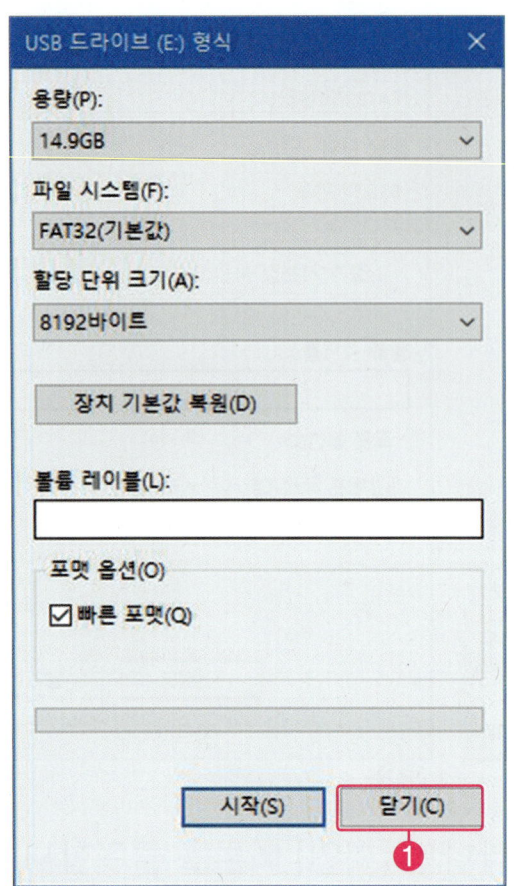

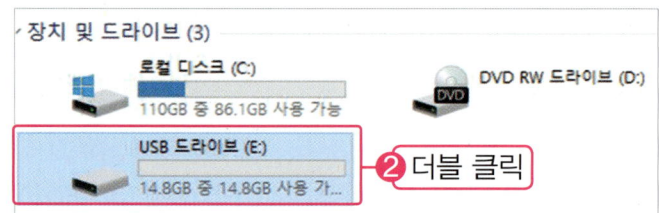

06 USB 메모리에 저장된 파일들이 포맷된 것을 확인할 수 있습니다.

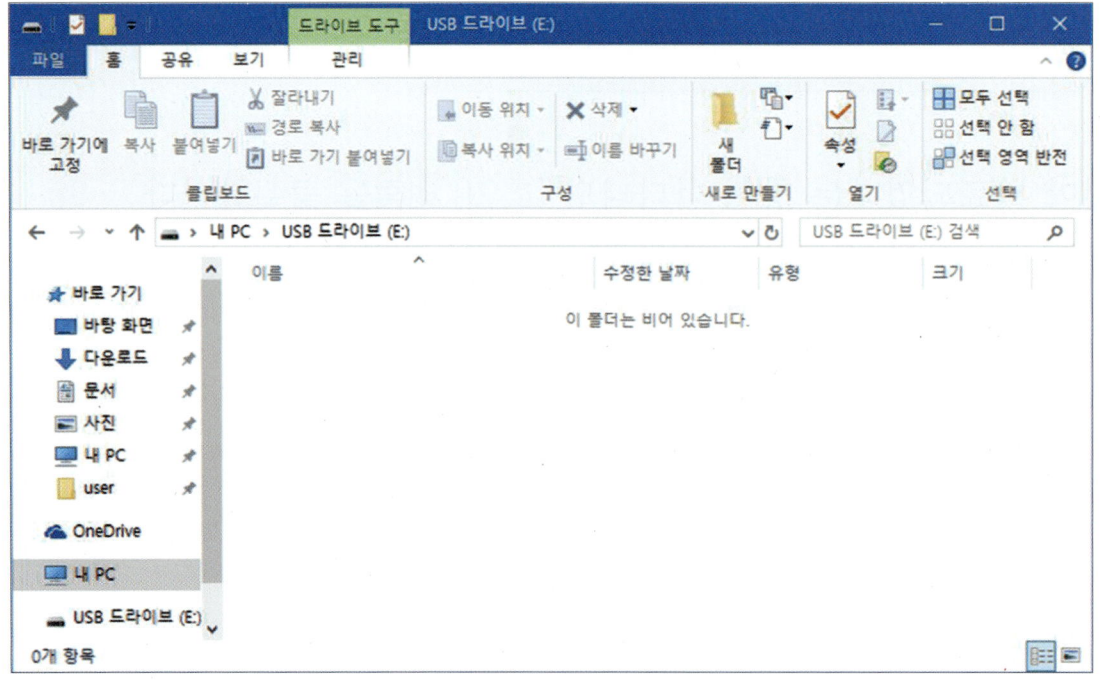

① 바탕 화면에 [자료] 폴더를 만들고 USB 메모리로 복사해 봅니다.

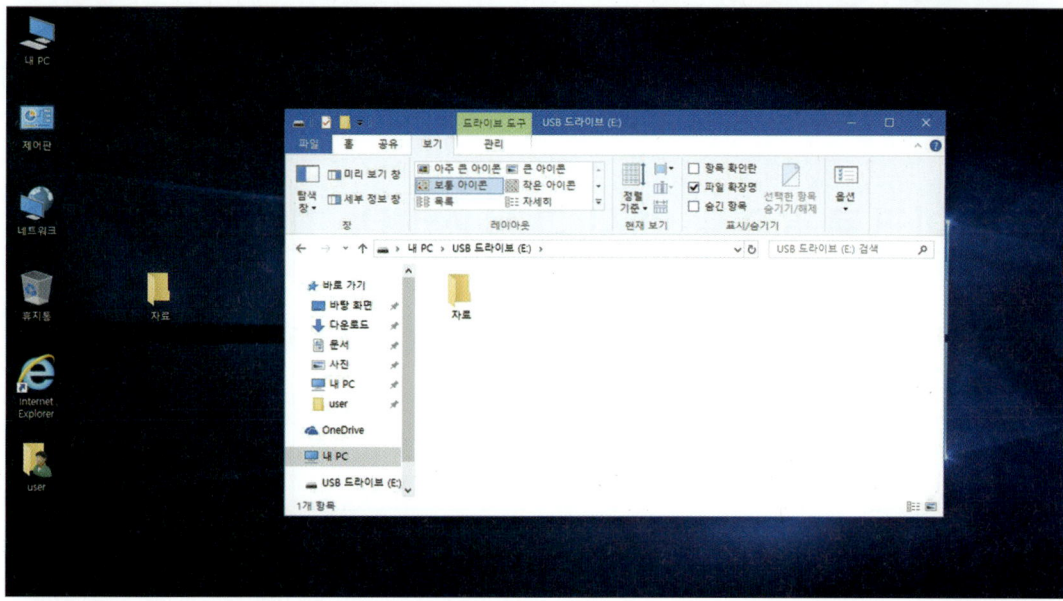

② USB 메모리의 포맷을 사용하지 않고 폴더를 삭제해 봅니다.

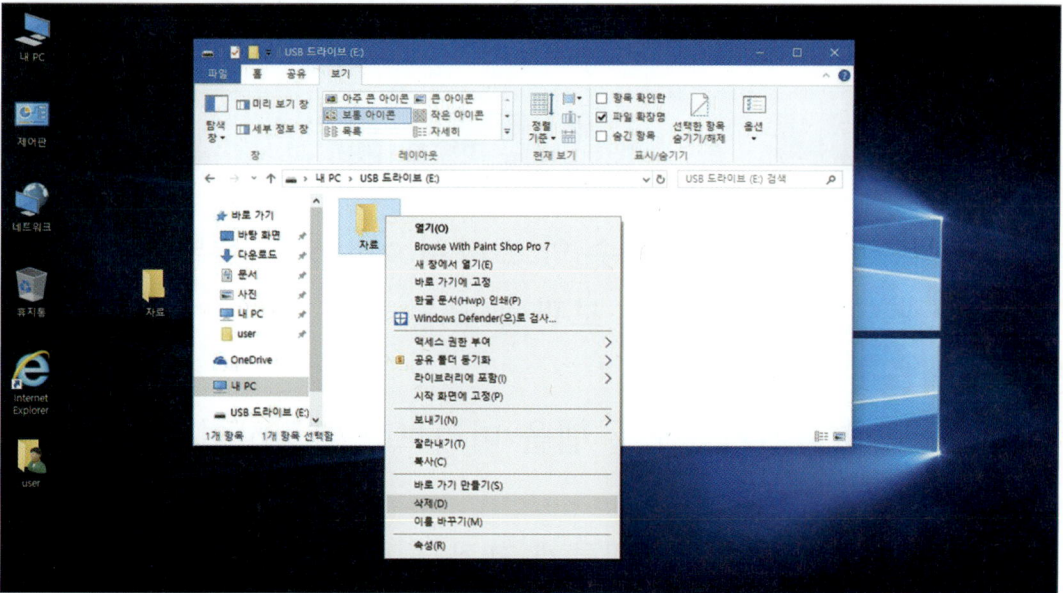

07 엣지 사용하기

01 마이크로소프트 엣지 구성 살펴보기

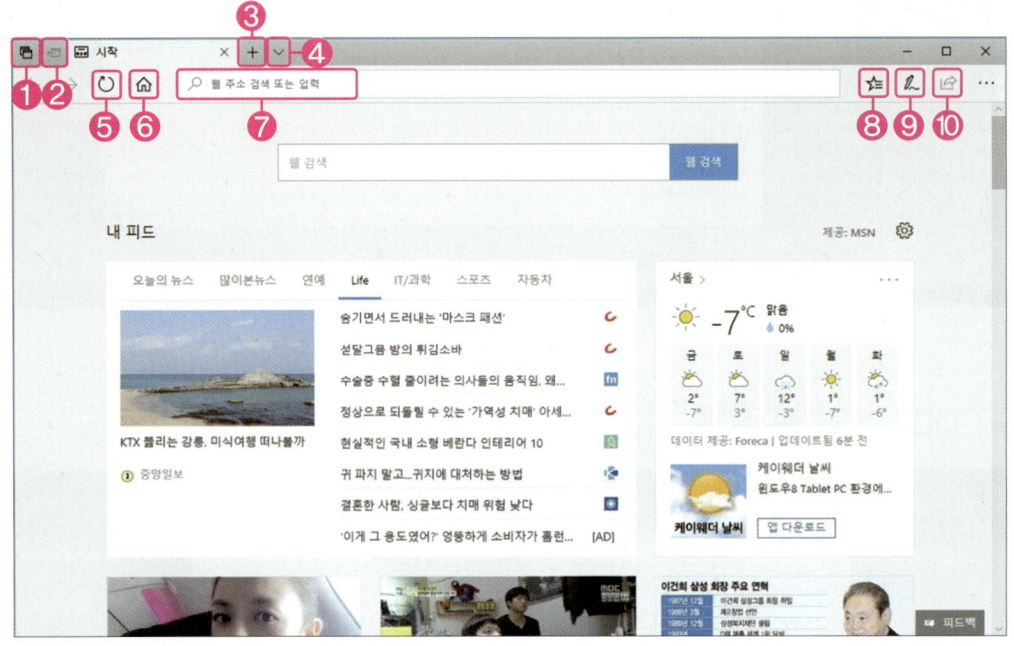

❶ 보관된 탭 : 보관된 탭을 확인할 수 있고 다시 이전상태로 복원할 수 있습니다.
❷ 이러한 탭 보관 : 클릭하면 탭이 보관됩니다.
❸ 새 탭 : 새 탭을 생성합니다.
❹ 탭 미리 보기 표시/숨기기 : 모든 탭을 미리보고 클릭하여 바로 이동할 수 있습니다.
❺ 새로 고침 : 웹페이지의 화면을 새롭게 고쳐서 서버의 원본과 동기화 시킵니다.
❻ 홈 : 설정한 홈화면으로 이동합니다.
❼ 웹 주소 검색 또는 입력 : 웹 주소나 검색어를 입력합니다.
❽ 허브 : 즐겨찾기, 읽기 목록, 검색 기록 및 다운로드를 확인할 수 있습니다.
❾ 메모 : 웹화면에서 바로 메모를 입력하고 저장할 수 있습니다.
❿ 공유 : 웹 사이트를 메일이나 SNS등으로 공유합니다.

02 마이크로소프트 엣지 시작하기

01 [시작(■)] 버튼을 클릭하고 [Microsoft Edge]를 클릭합니다.

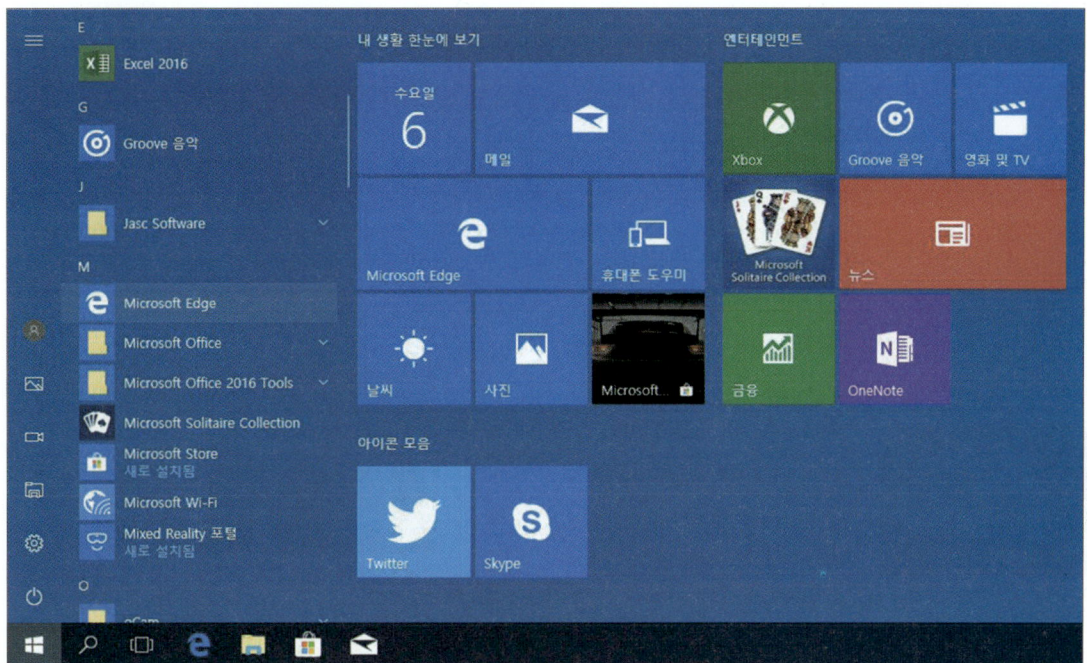

> **알아두기** 작업 표시줄의 엣지 아이콘(e)을 클릭하여 시작할 수도 있습니다.

02 엣지가 실행되면서 지정된 시작 페이지가 나타납니다.

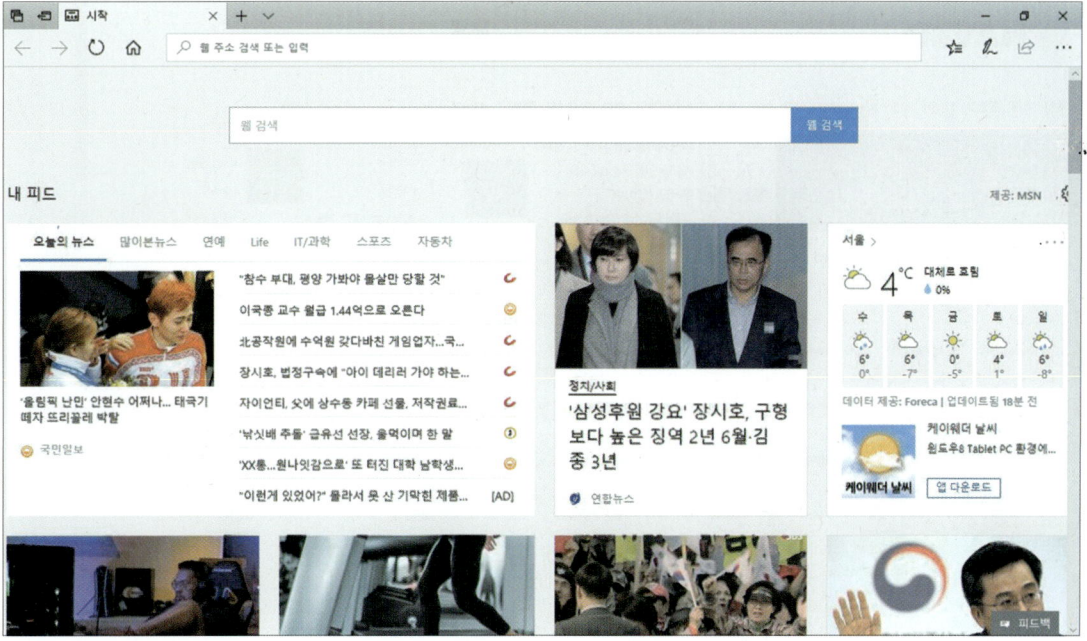

03 웹 페이지 이동하기

01 엣지를 실행한 후 [웹 주소 검색 또는 입력] 창을 클릭합니다. 'www.naver.com'을 입력하고 Enter 키를 누릅니다.

02 네이버 홈페이지가 나타납니다.

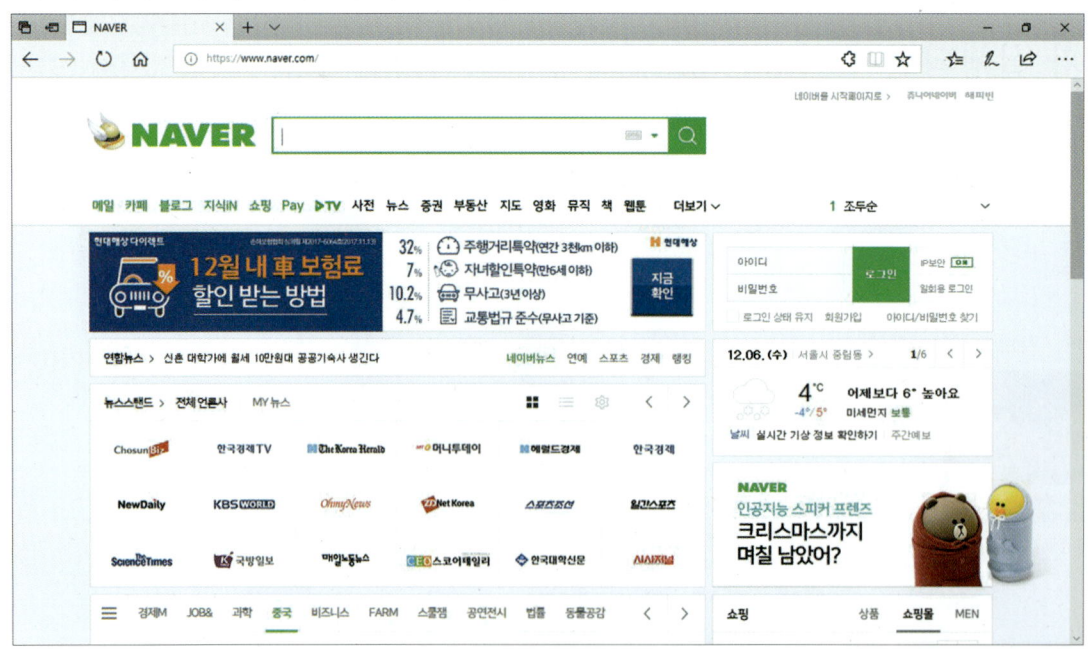

03 [웹 주소 검색 또는 입력] 창에 '라면'을 입력하고 Enter 키를 누릅니다.

04 검색된 결과를 확인할 수 있습니다. 검색 내용을 클릭하면 다른 웹 페이지로 이동합니다.

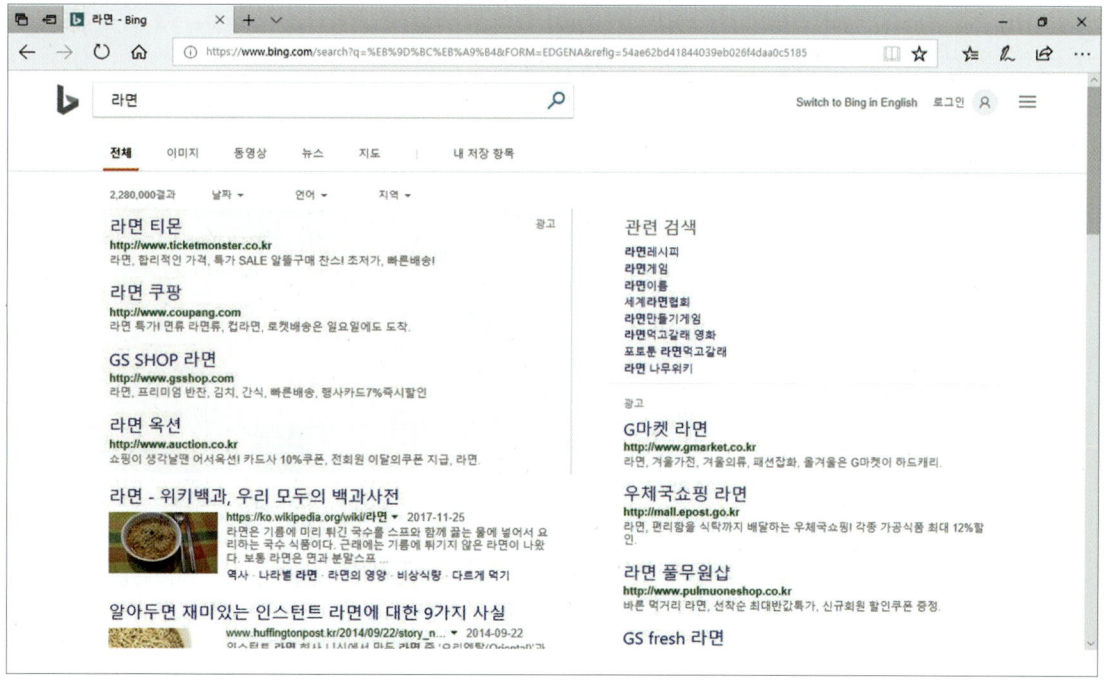

04 정보 검색하기

[단어로 정보 검색하기]

01 엣지를 실행하고 네이버 홈페이지로 이동합니다.

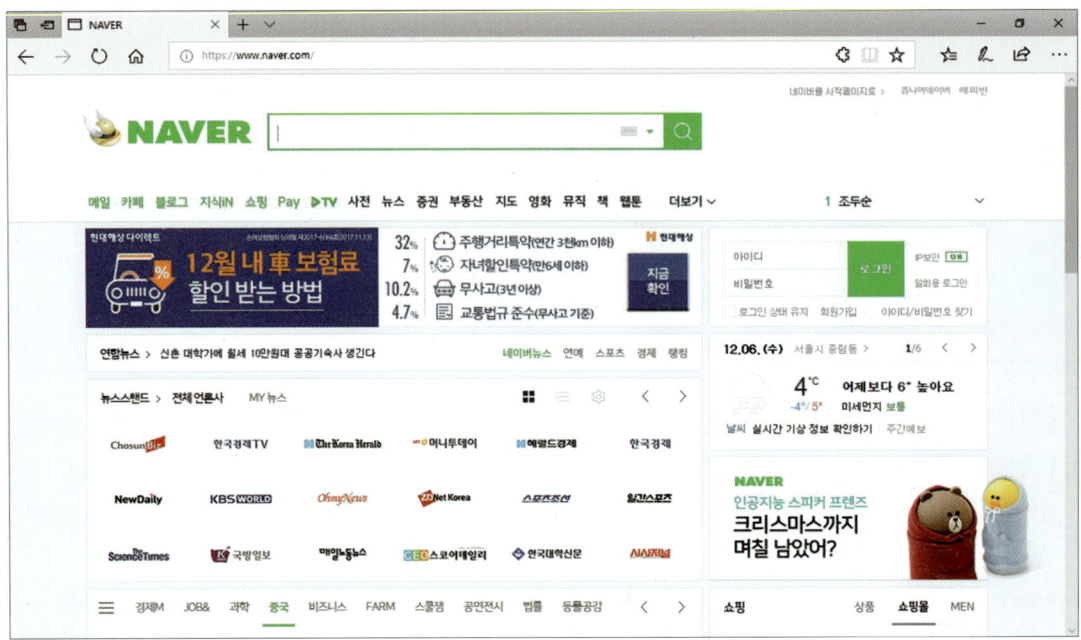

02 네이버 검색창을 클릭합니다. '자장면'을 입력하고 Enter 키를 누릅니다.

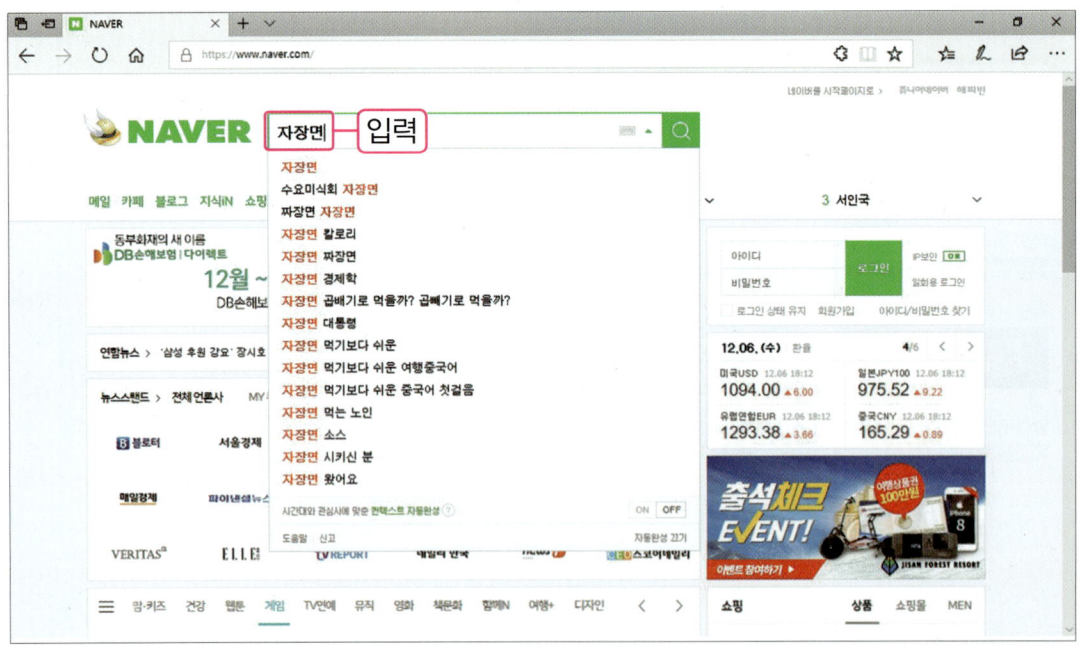

03 검색 결과 중 지식백과의 [자장면]을 클릭합니다.

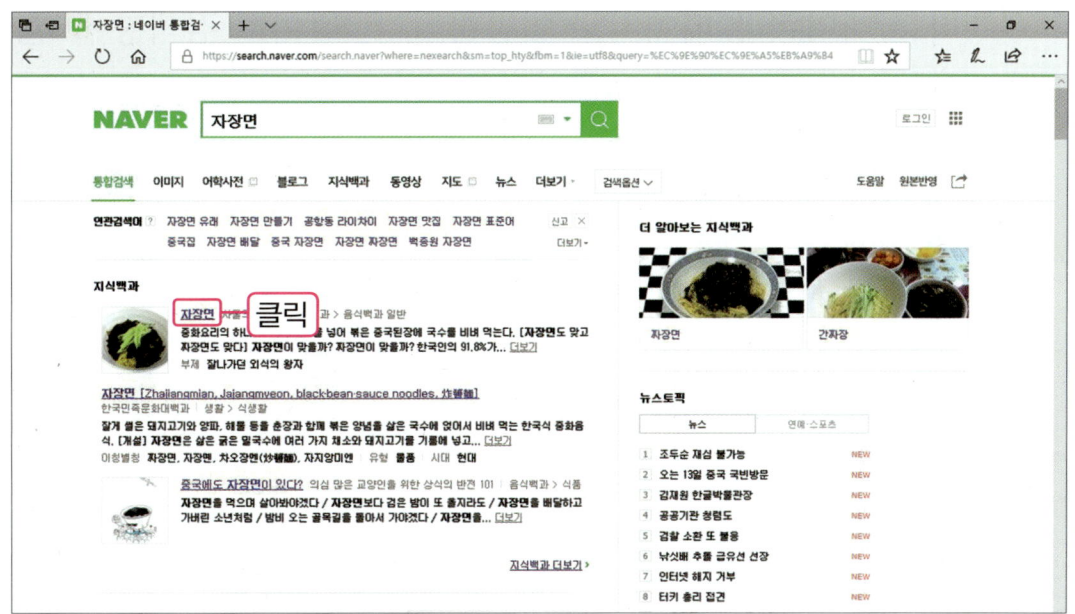

04 새 탭에서 자장면에 대한 정보를 확인할 수 있습니다. [닫기(✕)] 버튼을 클릭하여 엣지를 종료합니다.

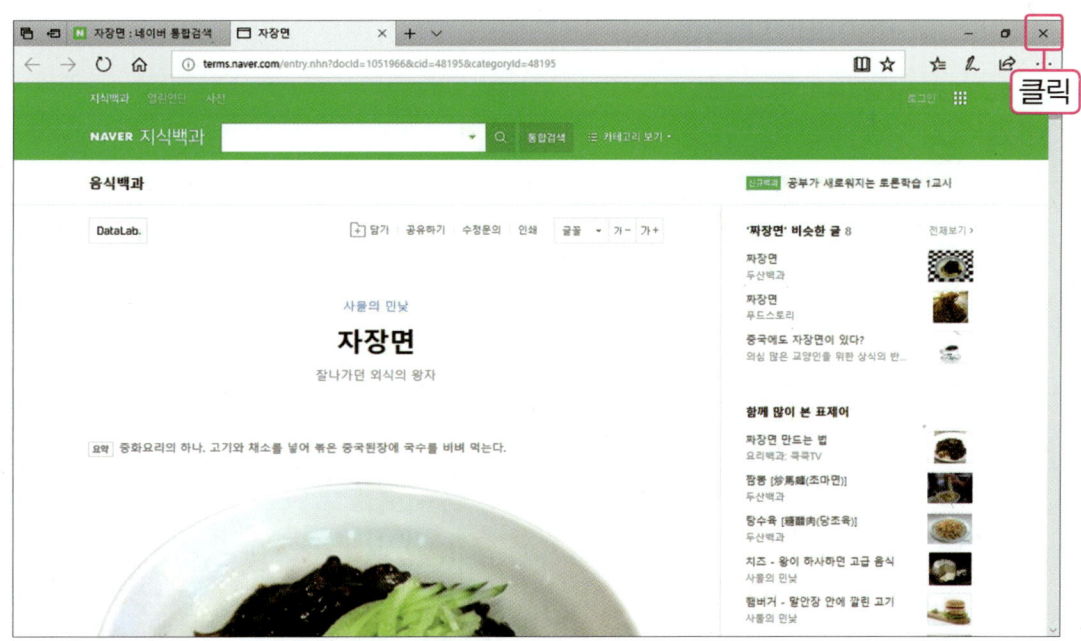

> **알아두기** 탭이 두 개 이상일 때 엣지를 종료하면 [모든 탭을 닫을까요?] 창이 나타납니다. [모두 닫기] 버튼을 클릭하면 종료됩니다.

[문장으로 정보 검색하기]

01 엣지를 실행하고 네이버 홈페이지로 이동합니다. 네이버 검색창에 '찜닭 만드는 법'을 입력하고 Enter 키를 누릅니다.

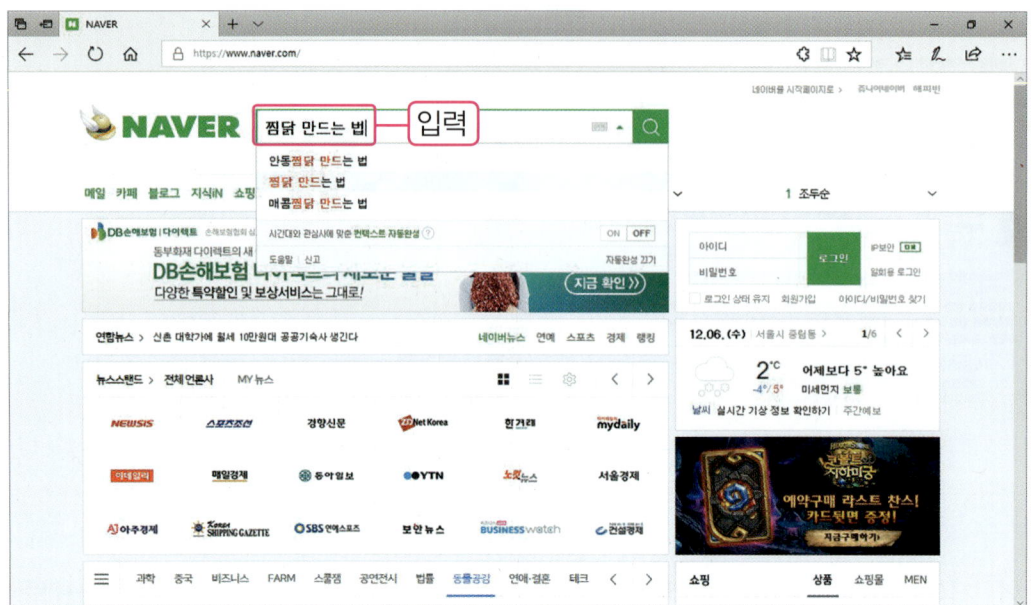

02 검색된 결과 중 원하는 내용을 클릭합니다.

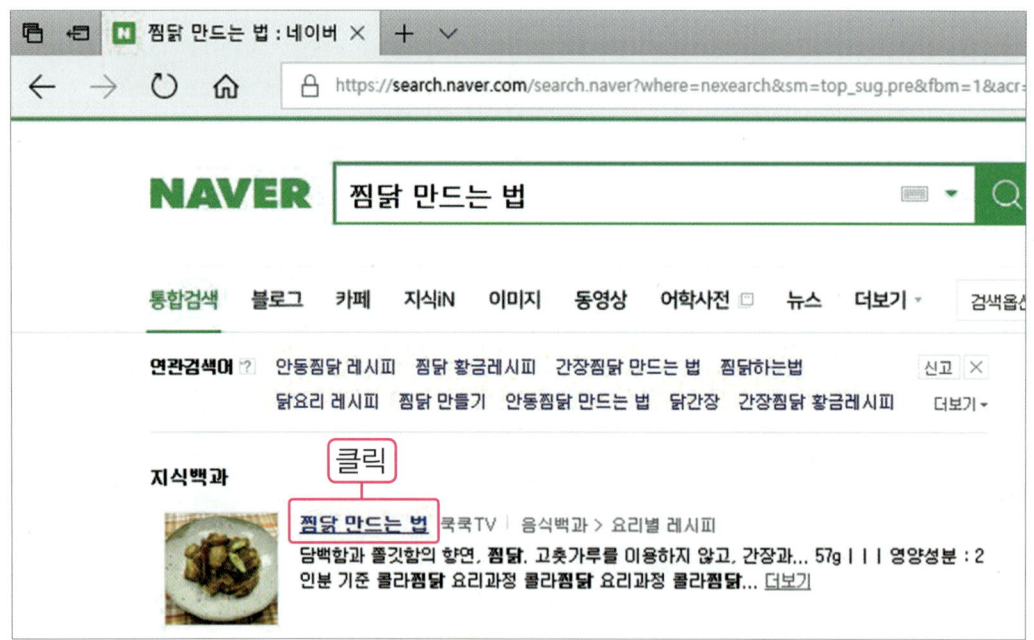

03 찜닭 만드는 법에 대한 요리 정보를 확인할 수 있습니다. 정보를 확인하고 [닫기(❌)] 버튼을 클릭하여 엣지를 종료합니다.

알아두기 - 스크롤 사용하기

마우스 휠을 돌리거나 오른쪽과 아래쪽의 스크롤바를 클릭하고 드래그하여 내용을 확인할 수 있습니다.

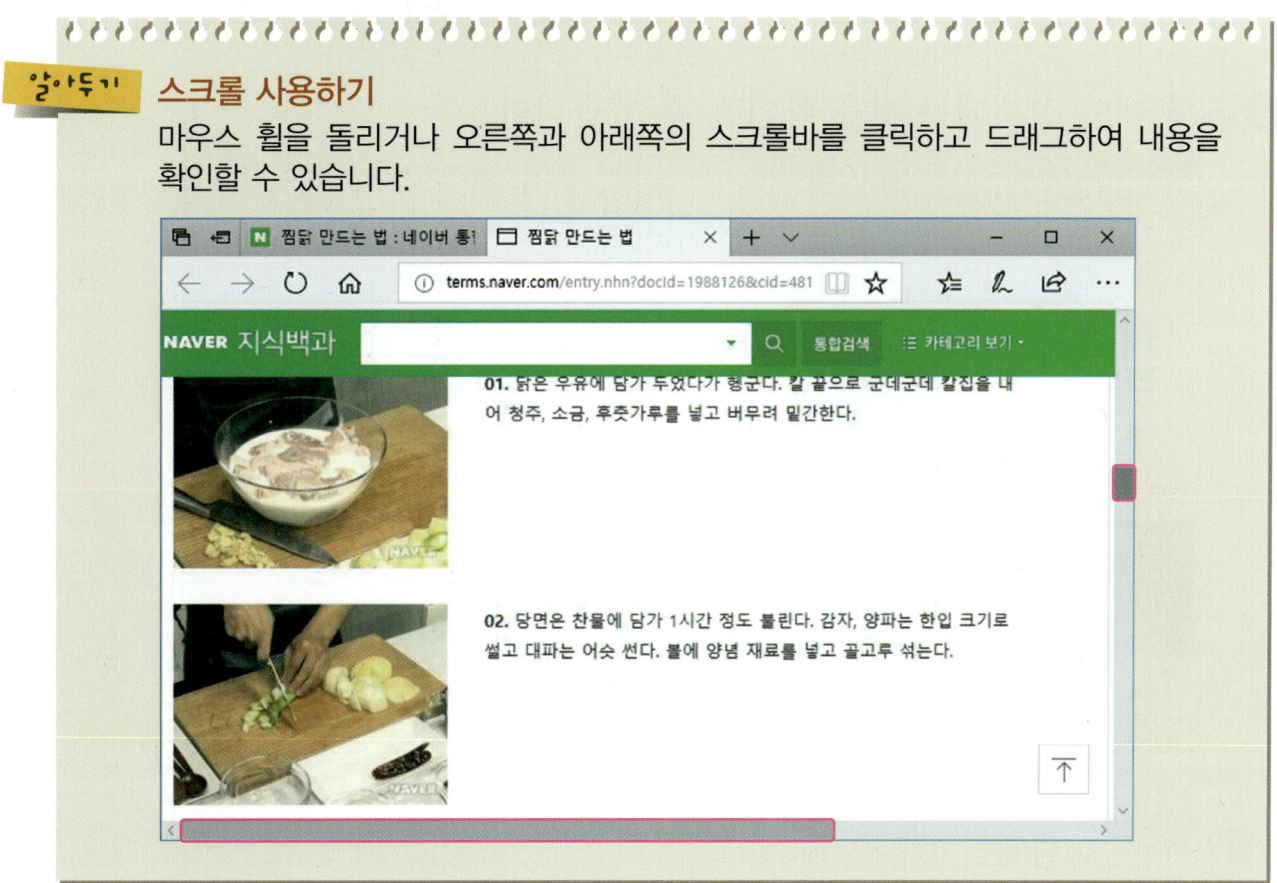

05 새로운 탭 열기

01 엣지를 실행합니다. [새 탭(+)]을 클릭합니다.

02 새 탭이 실행되는 것을 확인할 수 있습니다.

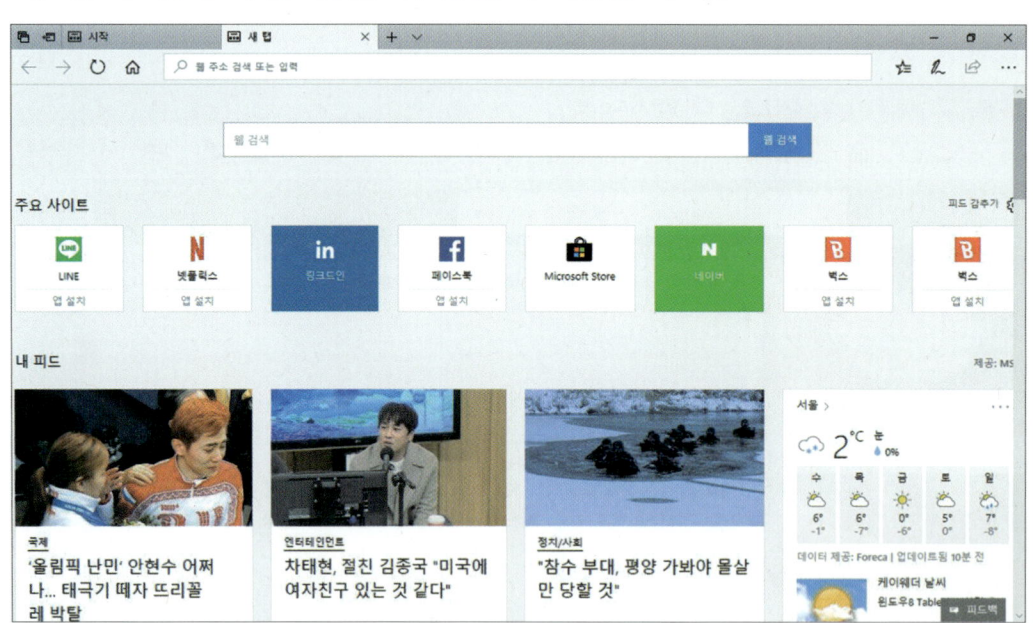

> **알아두기** 새 탭 바로 가기 키 : Ctrl + T

06 탭 보관하고 사용하기

01 엣지를 실행하고 새 탭을 추가합니다. 새 탭에서 네이버 홈페이지로 이동합니다.

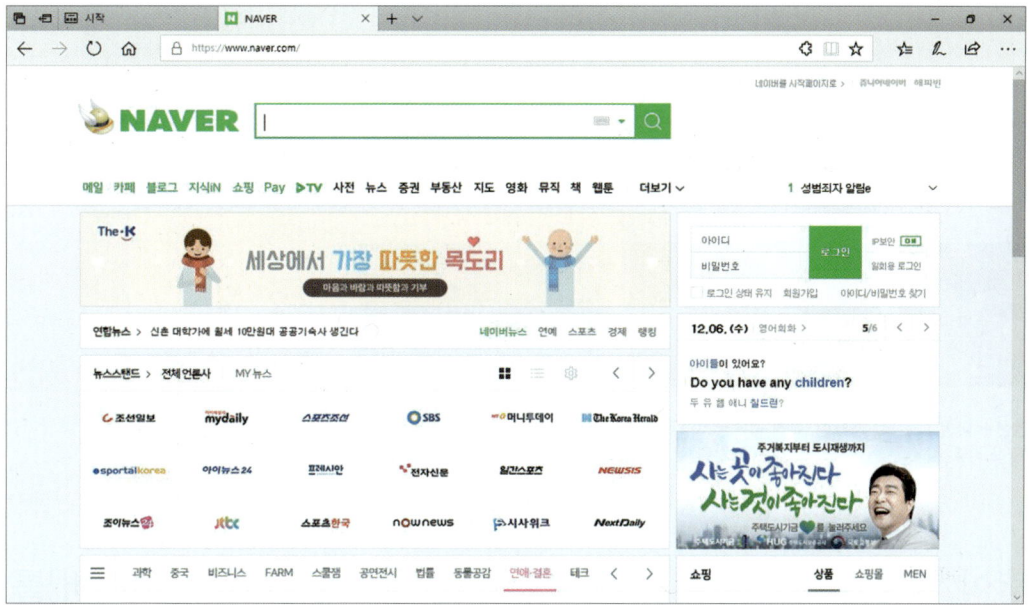

02 왼쪽 상단의 [이러한 탭 보관( )]을 클릭합니다.

03 현재 열려있던 탭이 [보관된 탭(▣)]으로 이동되면서 [보관된 탭(▣)] 아이콘이 변경됩니다. [보관된 탭(▣)]을 클릭합니다.

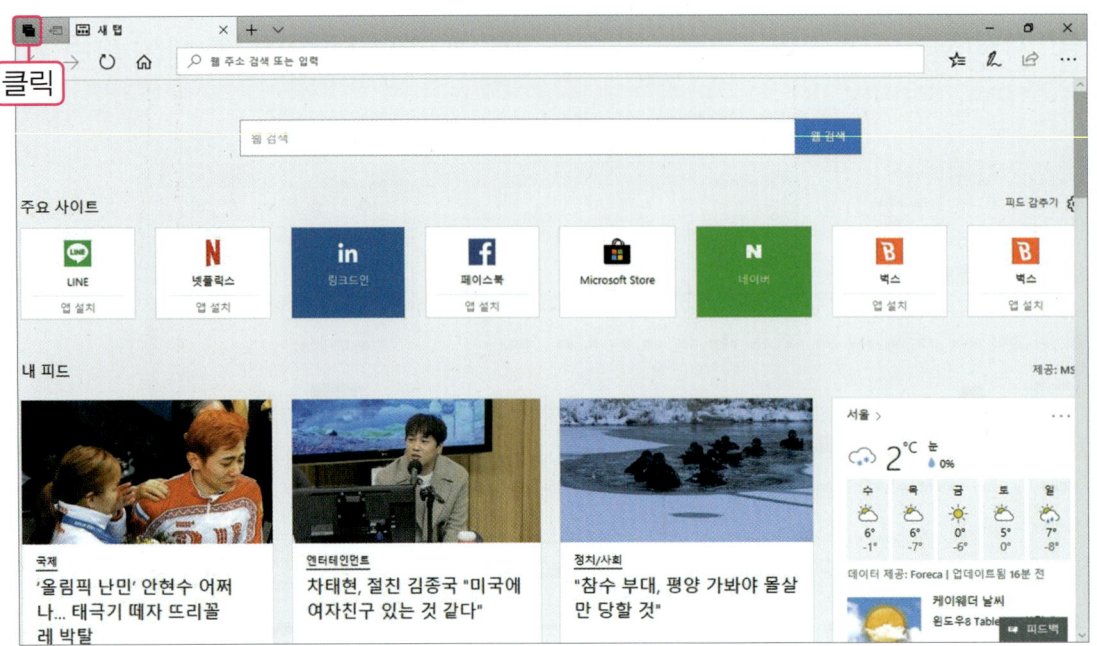

04 보관된 탭이 열리면 네이버 홈페이지가 보관되어 있습니다. [네이버]를 클릭합니다.

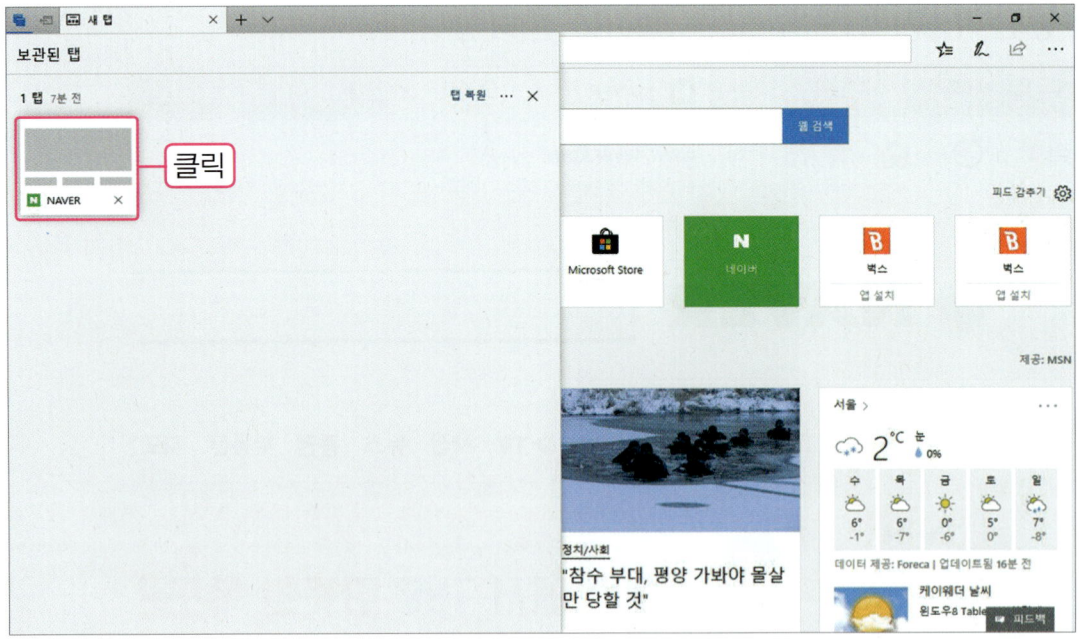

05 보관된 탭이 비워지면서 [네이버]가 나타납니다. [보관된 탭(📄)]을 클릭합니다.

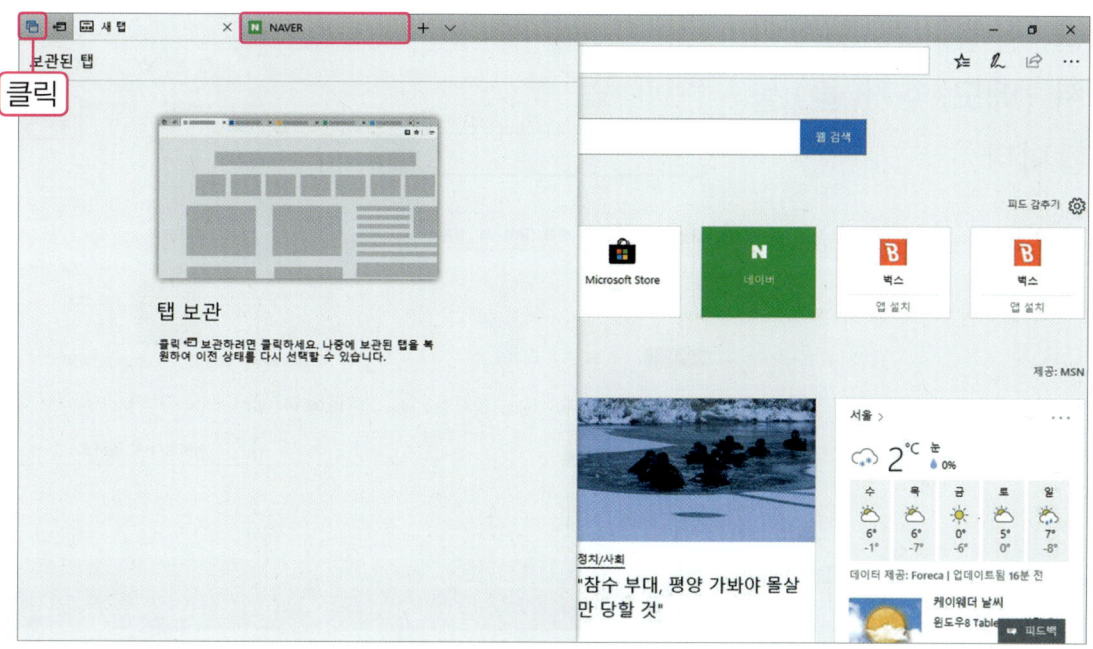

06 보관된 탭이 닫기면 [네이버] 탭을 클릭합니다. 네이버 홈페이지를 볼 수 있습니다.

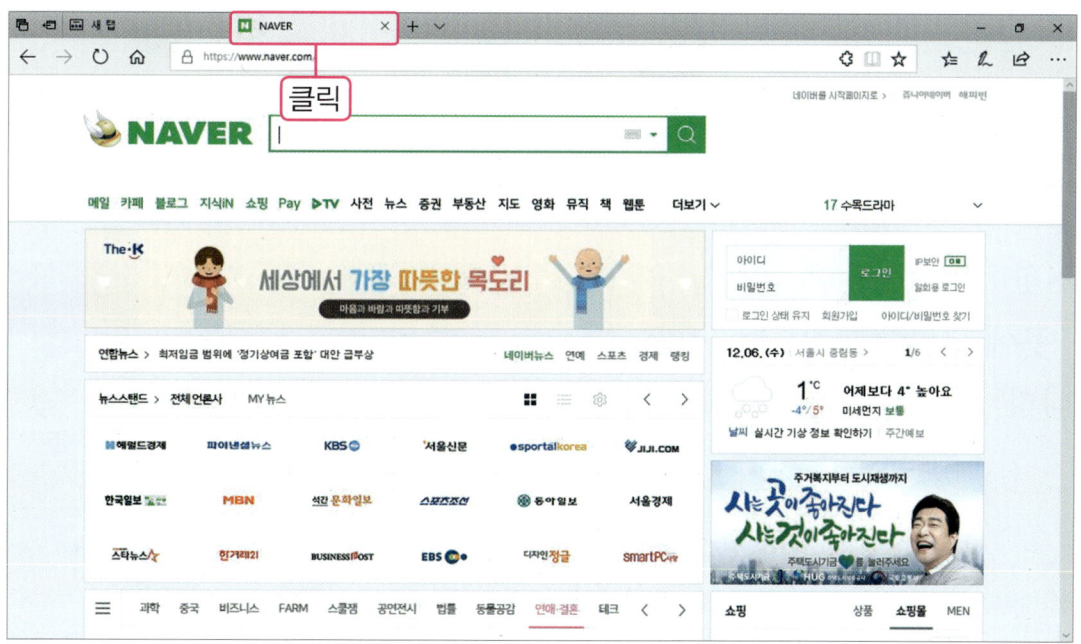

07 웹 메모 작성하기

01 엣지를 실행하고 웹페이지에서 [메모 추가( )]를 클릭합니다.

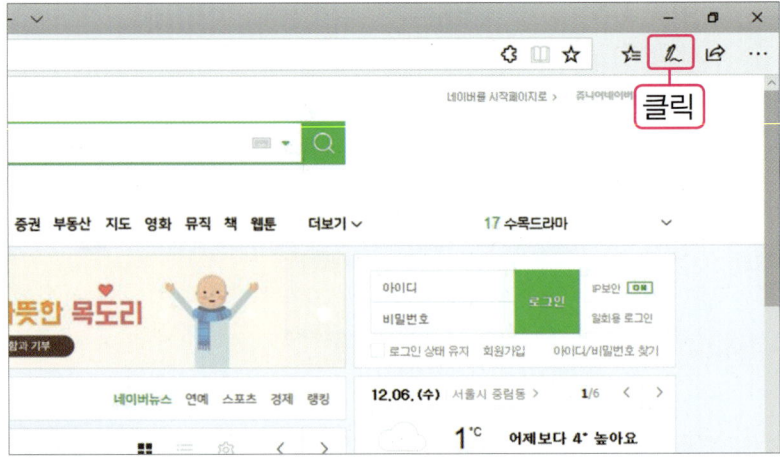

02 상단에 메뉴가 나타나며 기본적으로 볼펜이 선택되어 있습니다.

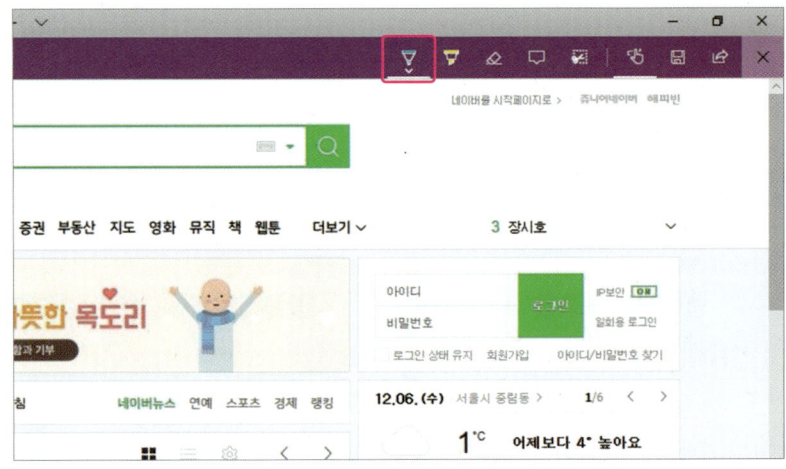

03 마우스로 드래그하면 원하는 곳에 선을 그을 수 있습니다.

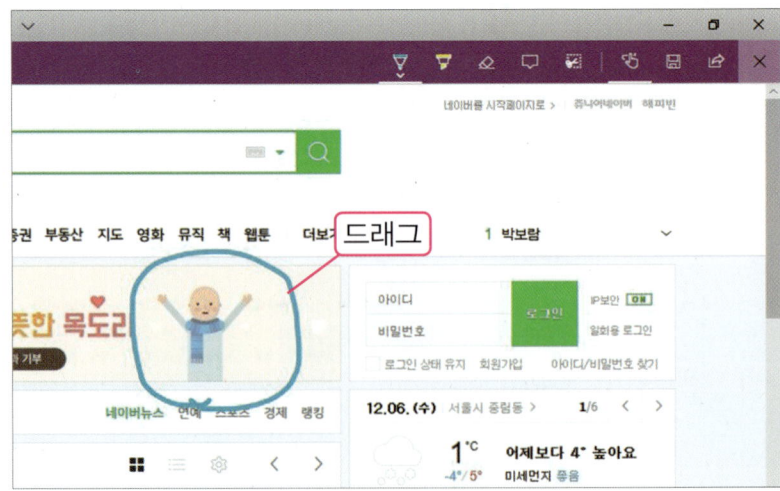

04 색이나 크기를 변경하려면 [볼펜(▽)]을 마우스 오른쪽 버튼으로 클릭합니다. 메뉴가 나타나면 색과 크기를 변경할 수 있습니다. 형광펜(▽)도 같은 방법으로 사용합니다.

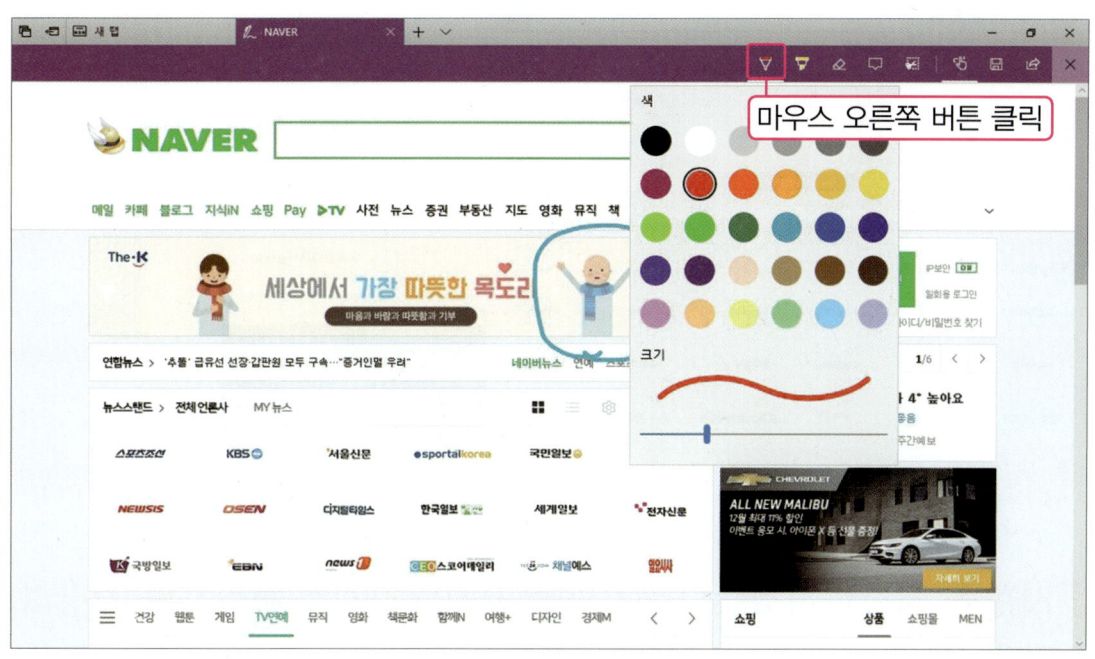

알아두기 지우개 사용하기

잘못 입력한 부분은 지우개(◇)를 사용해서 지울 수 있습니다. 지우개(◇)를 클릭하고 지울 선을 클릭하면 화면에서 사라집니다.

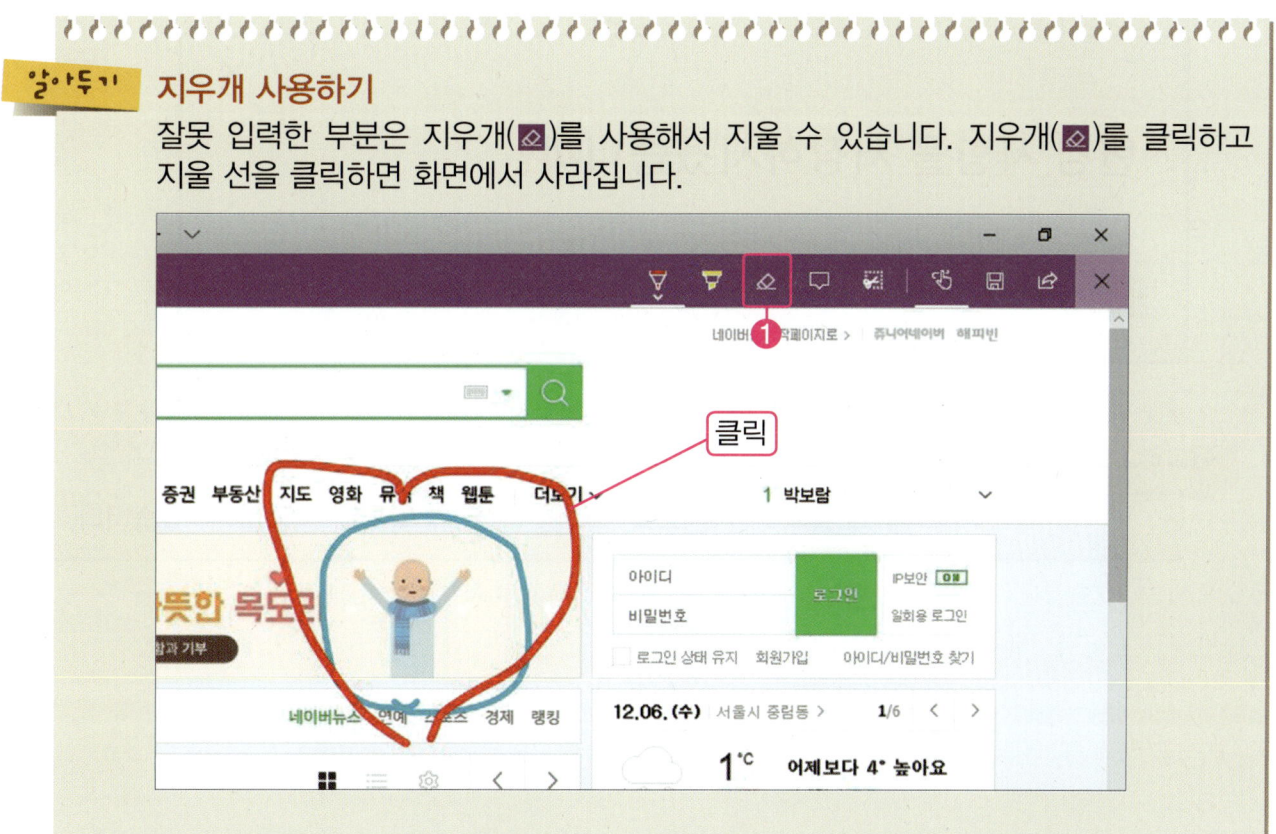

05 웹 메모를 종료하기 위해 [끝내기(☒)]를 클릭합니다.

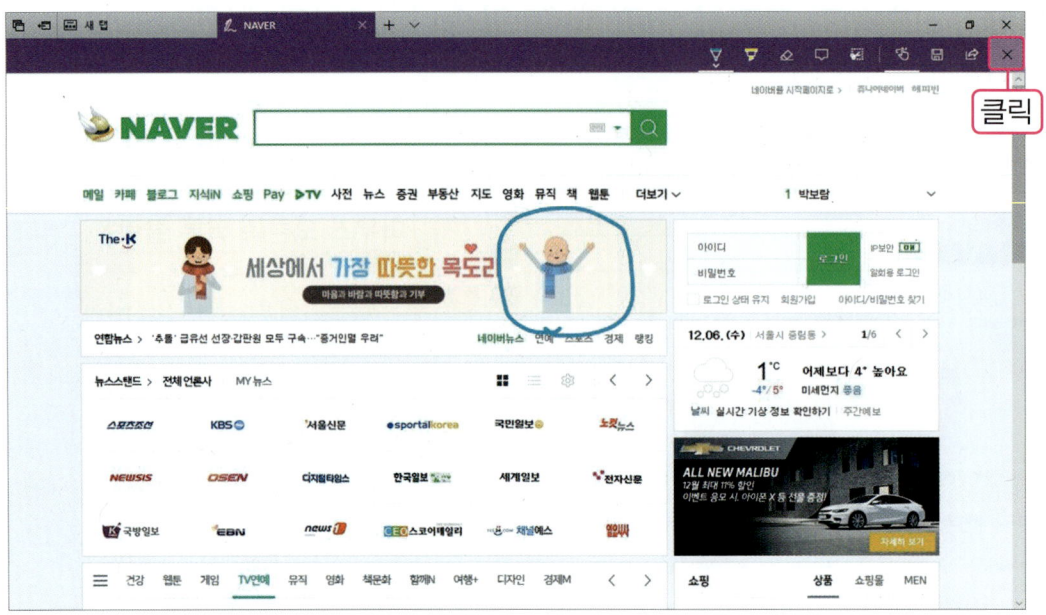

06 [변경 사항을 저장하시겠습니까?] 창에서 [아니요]를 클릭하면 저장하지 않고 종료됩니다.

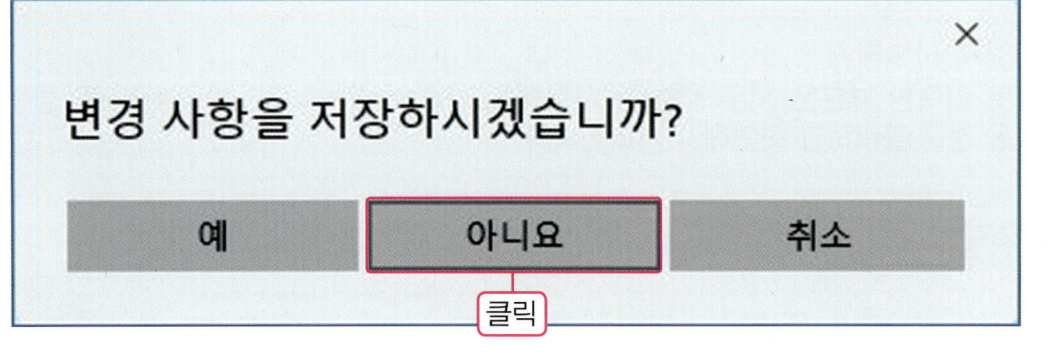

> **알아두기 저장하기**
> 웹 메모 저장(🖫)을 클릭하면 원노트, 즐겨찾기, 읽기 목록에 저장할 수 있습니다.

① 네이버(www.naver.com), 다음(www.daum.net), 네이트(www.nate.com)를 새 탭을 이용하여 방문해 봅니다.

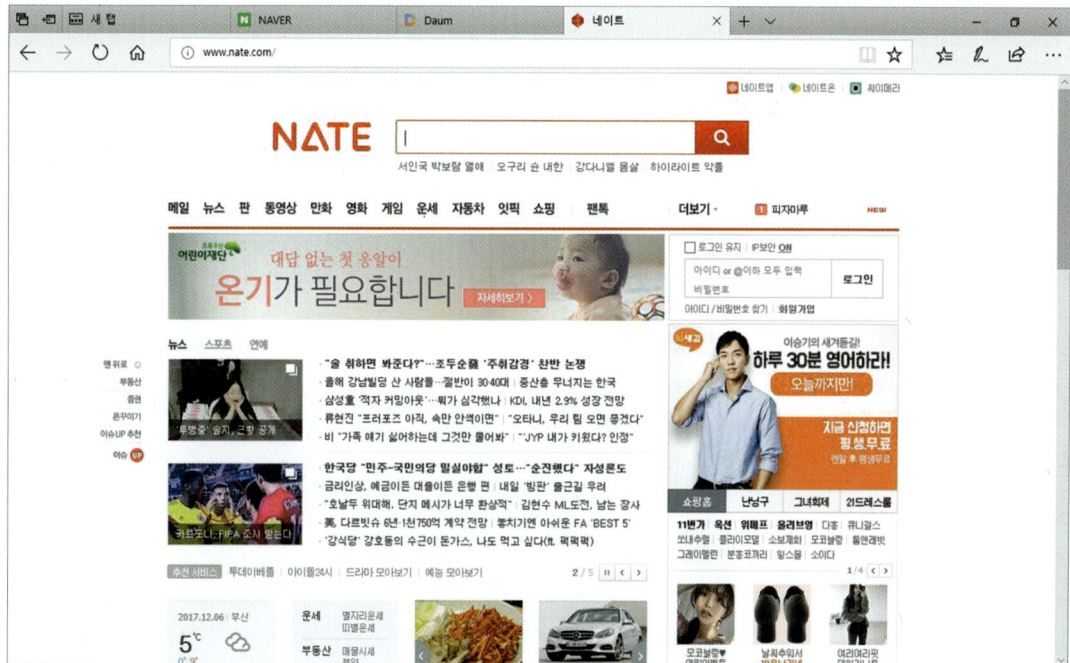

② 엣지에서 3곳의 웹페이지를 방문하고 보관된 탭에 저장해 봅니다.

08 앱 사용하기

01 앱 설치하기

💬 스토어 실행하기

01 윈도우에서 기본으로 제공하는 앱 외에도 스토어에서 사용자가 원하는 앱을 다운받아 설치할 수 있습니다. 작업 표시줄에서 [스토어(🏪)]를 클릭합니다.

02 마이크로소프트 스토어가 실행됩니다.

무료 앱 다운로드하기

01 스토어 메인화면에서 [인기 앱]을 클릭합니다.

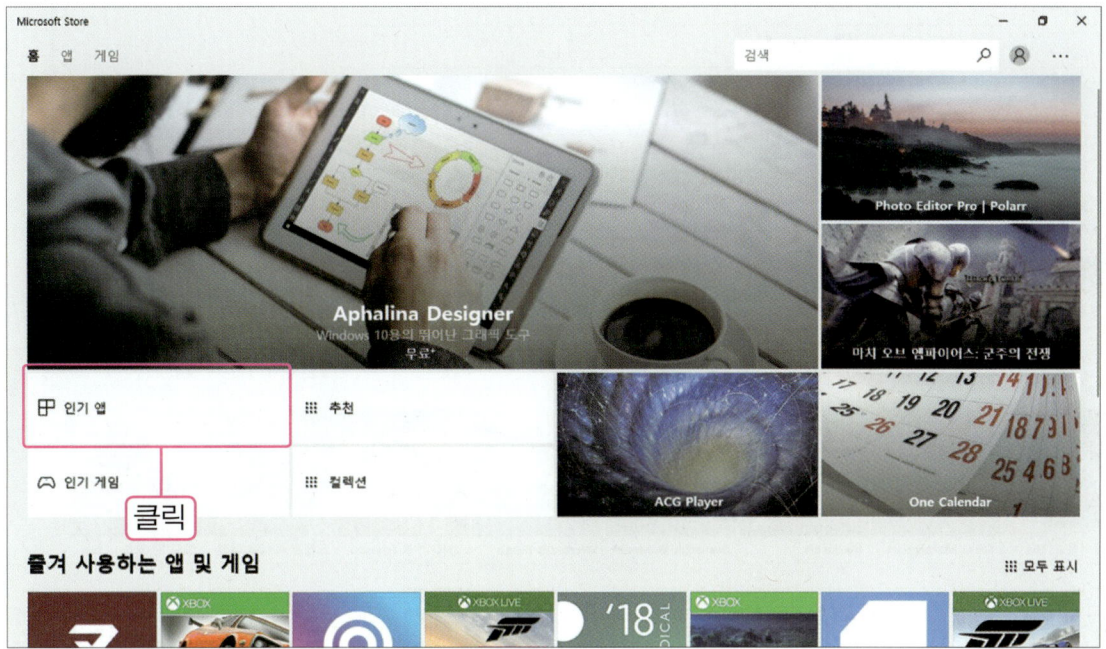

02 [차트]를 클릭하고 [인기 무료]를 선택합니다. 이어서 유형, 범주를 클릭하여 원하는 카테고리를 클릭합니다.

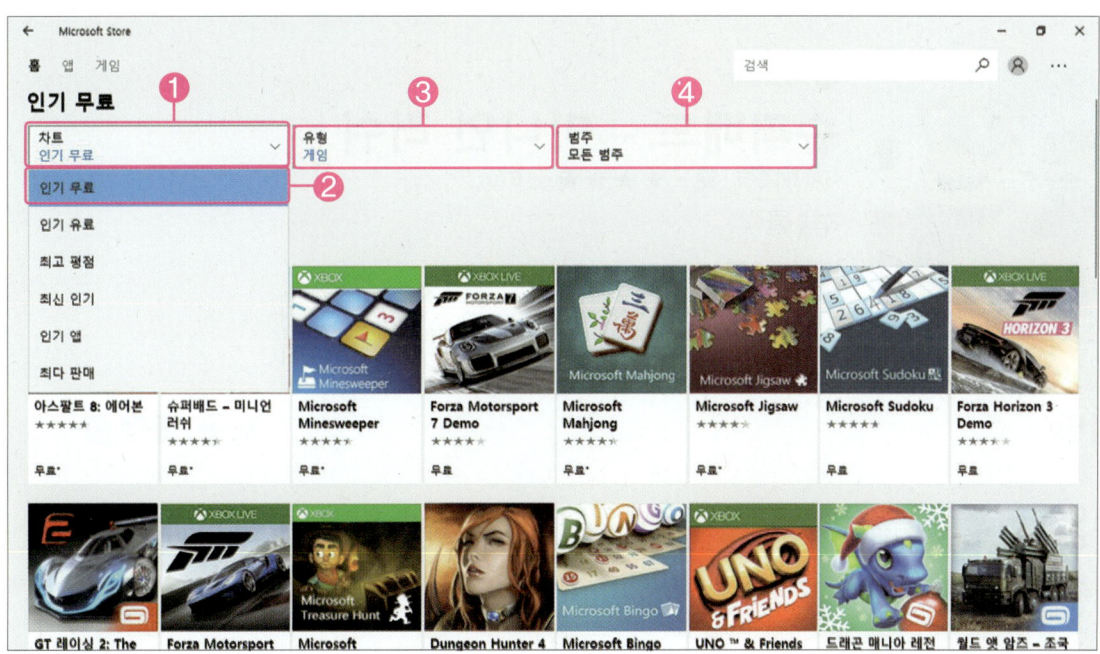

03 마음에 드는 앱을 클릭합니다.

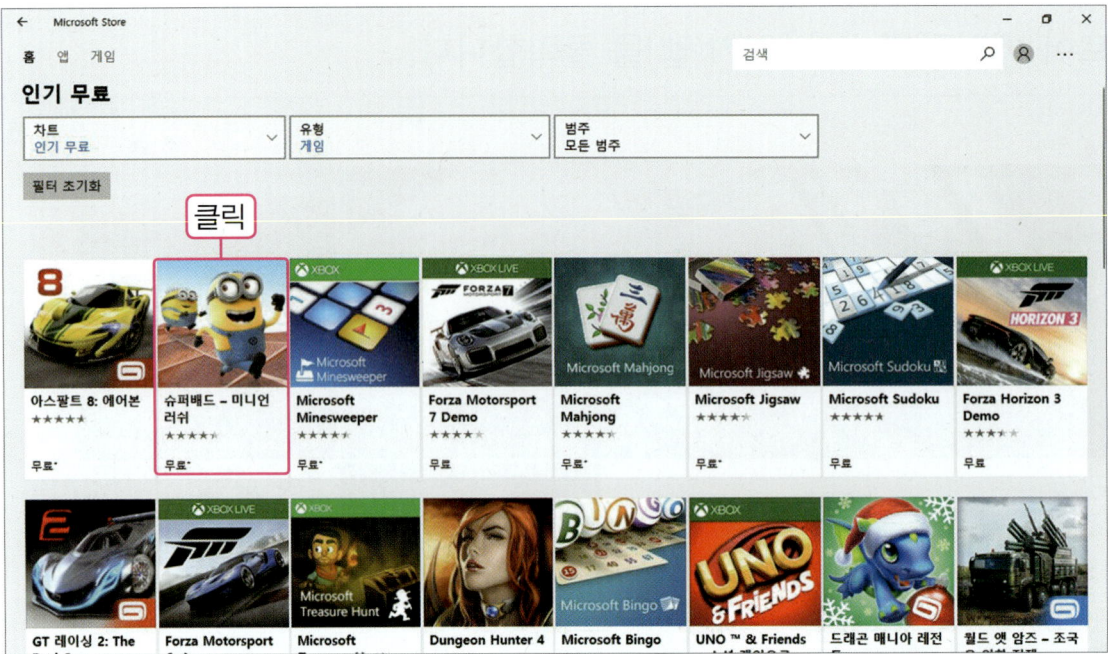

04 앱 설명을 읽어본 후 [다운로드]를 클릭합니다.

05 다운로드와 설치가 자동으로 완료됩니다. 설치까지 완료되면 [재생]을 클릭합니다.

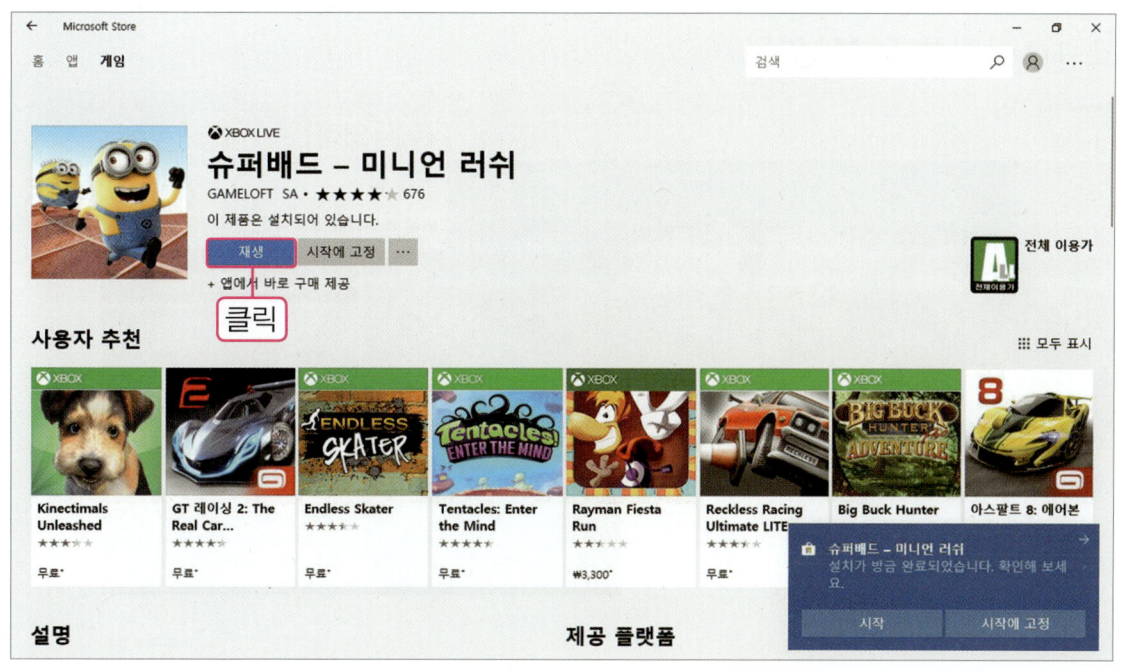

> **알아두기** 설치가 완료된 앱은 알림창이 나타납니다. [시작] 버튼을 클릭하여 바로 실행할 수 있습니다.

06 실행된 앱을 확인합니다.

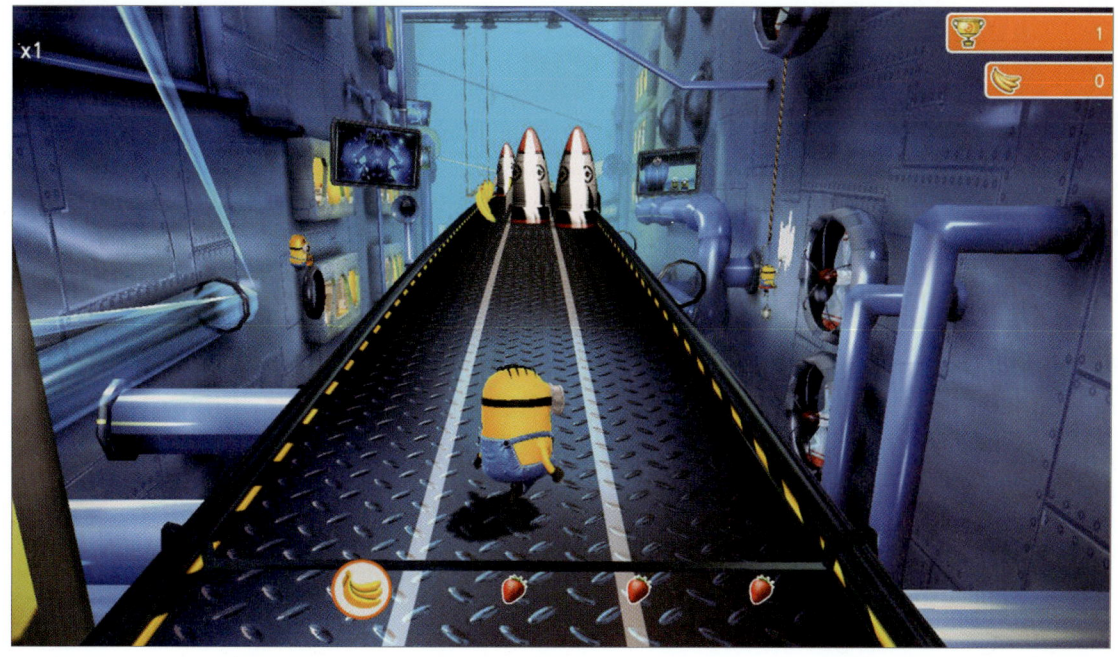

검색하여 다운로드하기

01 스토어 메인화면에서 오른쪽 상단의 [검색] 창을 클릭합니다. '달력'을 입력하고 Enter 키를 누릅니다.

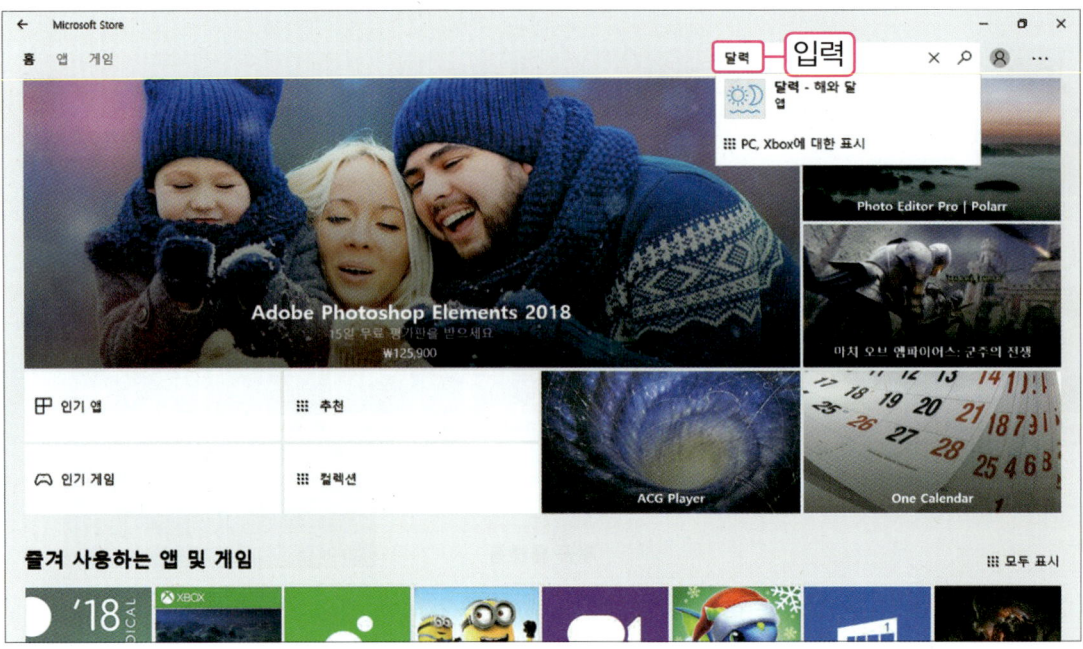

02 검색된 목록에서 설치할 앱을 클릭합니다.

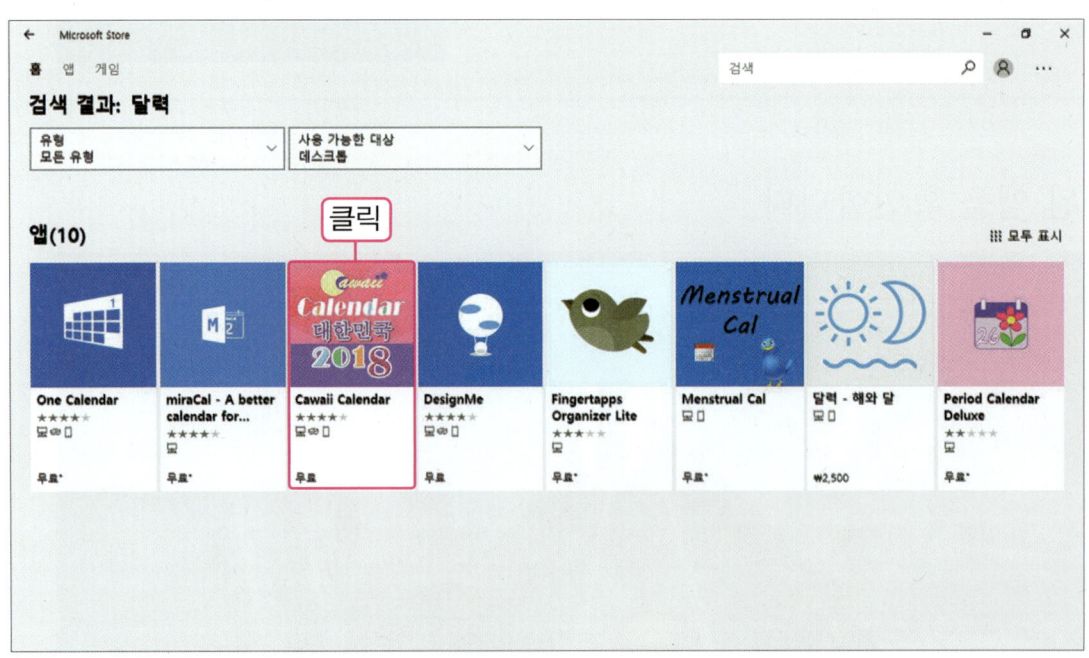

03 [다운로드]를 클릭하면 자동으로 설치가 진행됩니다.

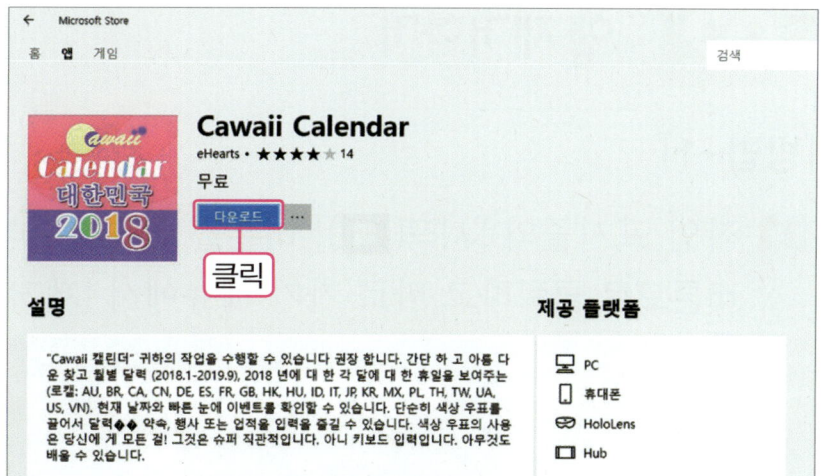

04 설치가 완료되면 실행을 클릭합니다.

> 알아두기 [시작에 고정] 버튼을 클릭하면 시작 화면의 라이브 타일에 고정됩니다.

05 다운로드 받은 [달력] 앱이 실행됩니다.

02 앱 제거하기

[방법-1]

01 작업 표시줄의 [시작(⊞)] 버튼을 클릭합니다. 삭제할 앱을 마우스 오른쪽 버튼으로 클릭하고 바로 가기 메뉴에서 [제거]를 클릭합니다.

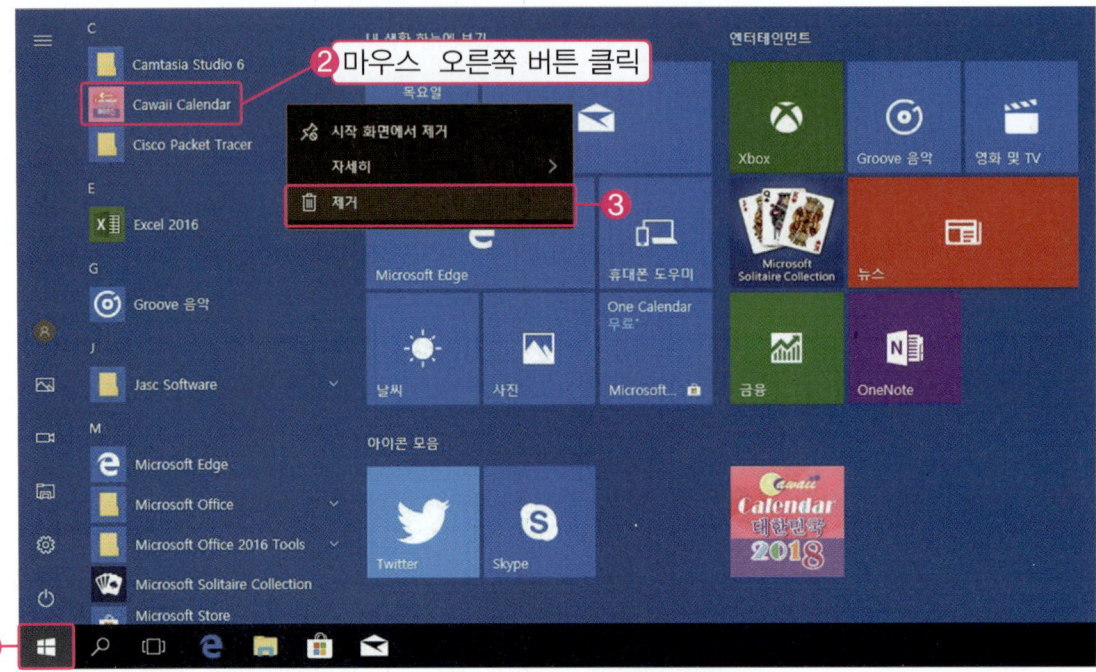

02 '이 앱 및 관련 정보가 제거됩니다.' 창이 나타나면 [제거] 버튼을 클릭합니다.

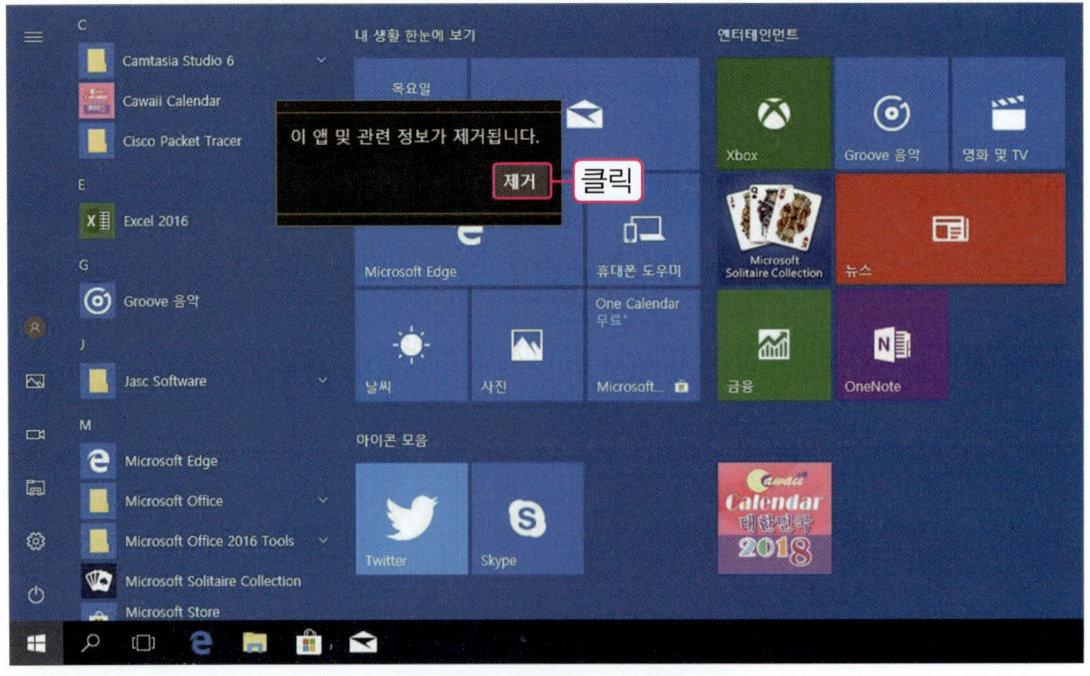

[방법-2]

01 [시작(⊞)]-[설정(⚙)]을 클릭합니다.

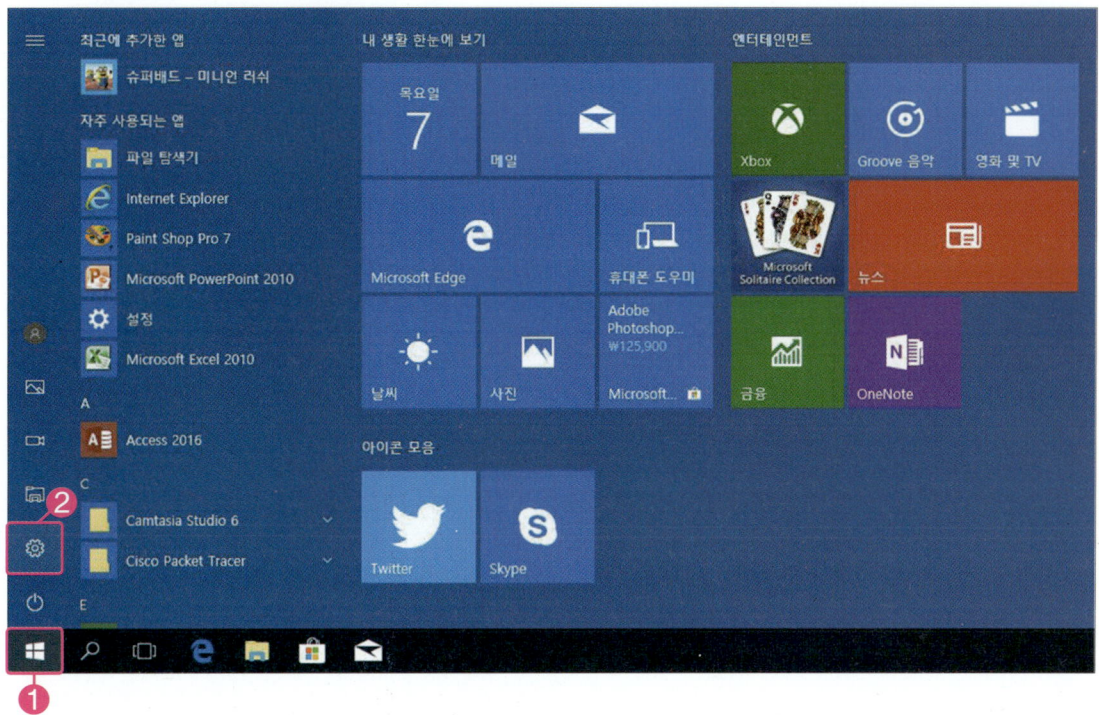

02 [설정]에서 [앱]을 클릭합니다.

03 [앱] 화면에서 [앱 및 기능]을 클릭합니다. 컴퓨터에 설치되어있는 앱이 간단한 정보와 함께 표시됩니다. 제거하고 싶은 앱을 클릭합니다.

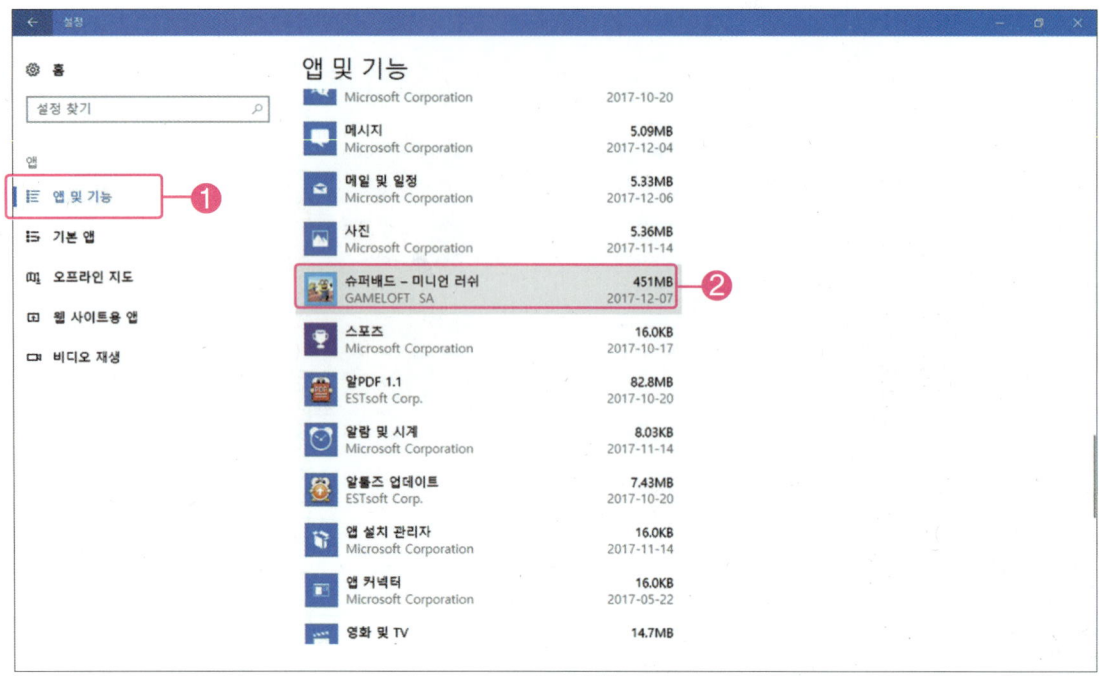

04 [제거] 버튼을 클릭하고 '이 앱 및 관련 정보가 제거됩니다' 창이 나타나면 [제거] 버튼을 클릭합니다.

03 날씨 앱 사용하기

01 [시작(⊞)]-[날씨(☀)]를 클릭합니다.

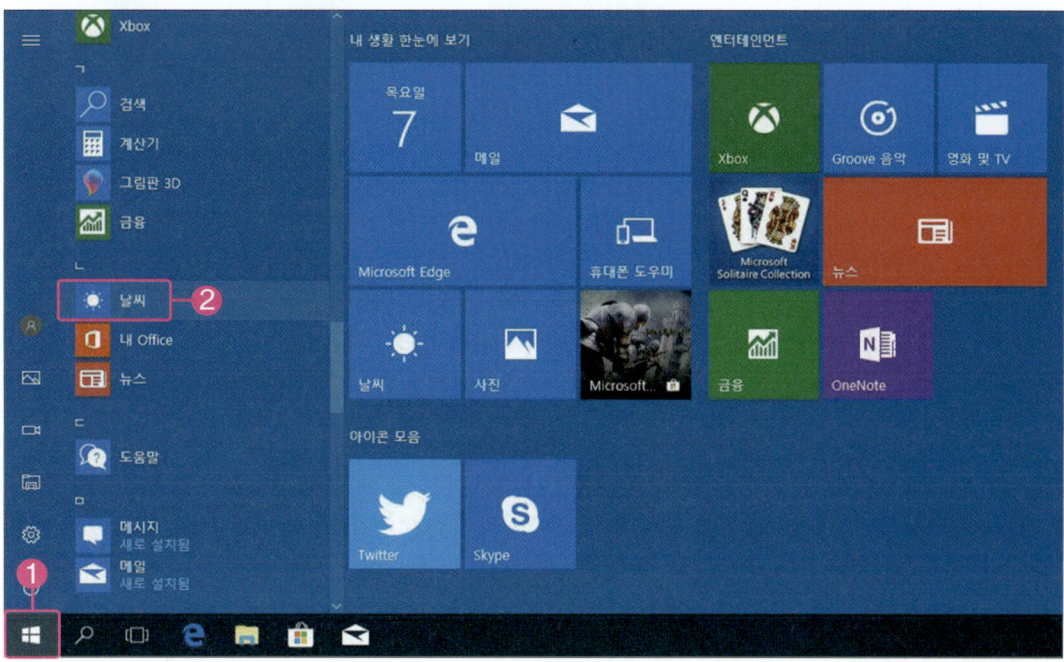

02 [날씨] 앱이 실행되면 [검색] 창을 클릭합니다.

> 알아두기 앱의 버전에 따라 디자인과 따라하기 방식이 달라질 수 있습니다.

03 '서울'이라고 입력하고 [서울(대한민국)]을 클릭합니다.

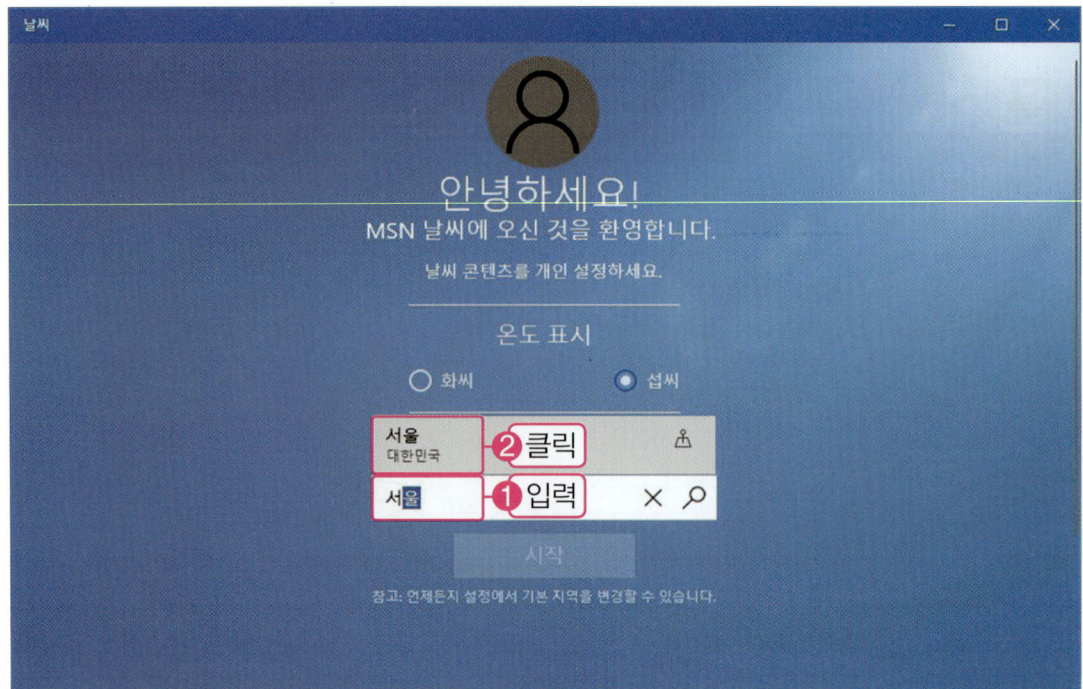

04 입력이 완료되었으면 [시작] 버튼을 클릭합니다.

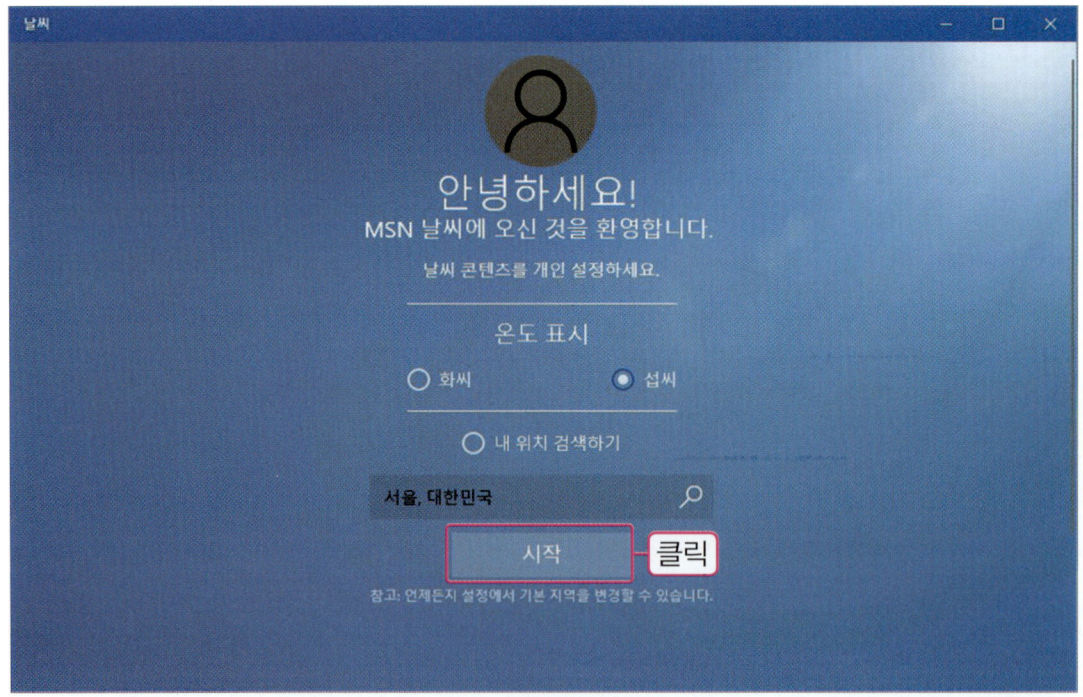

05 서울의 일일 날씨를 바로 알 수 있습니다.

💬 즐겨찾기 추가하기

01 [즐겨찾기(⭐)]를 클릭하고 (➕)을 클릭합니다.

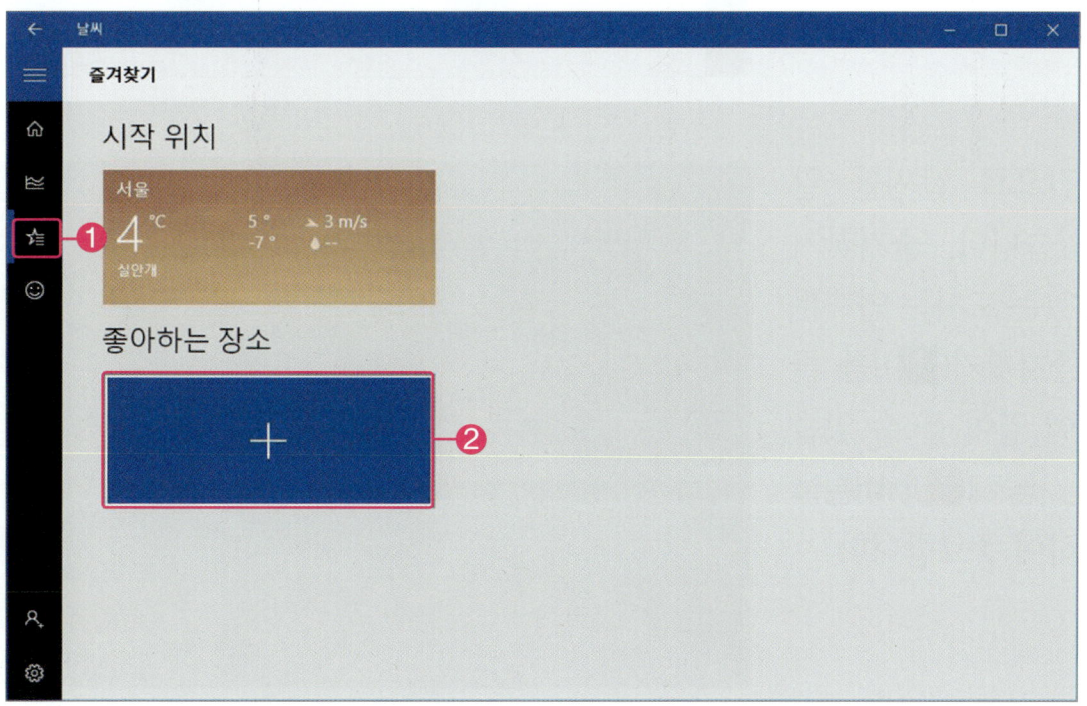

02 즐겨찾기하려는 도시를 입력하고 검색이 완료되면 클릭합니다.

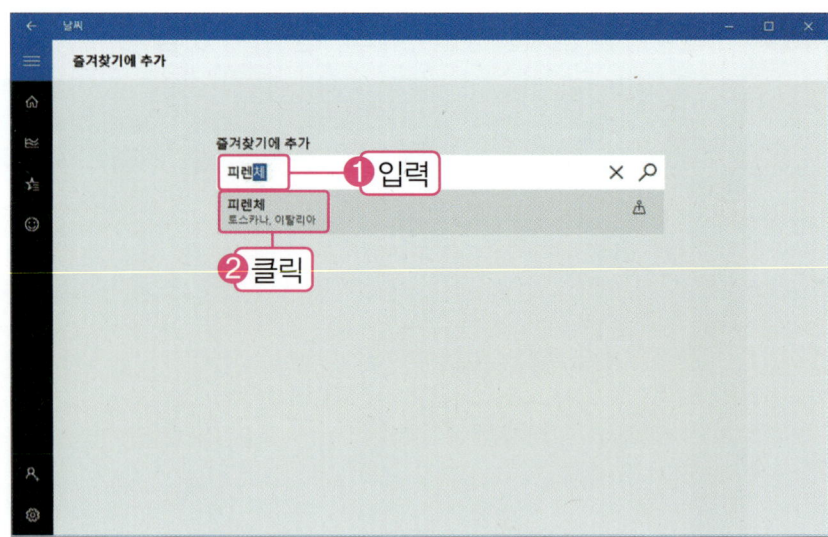

03 좋아하는 장소에 도시가 추가되었습니다. 추가된 도시를 클릭합니다.

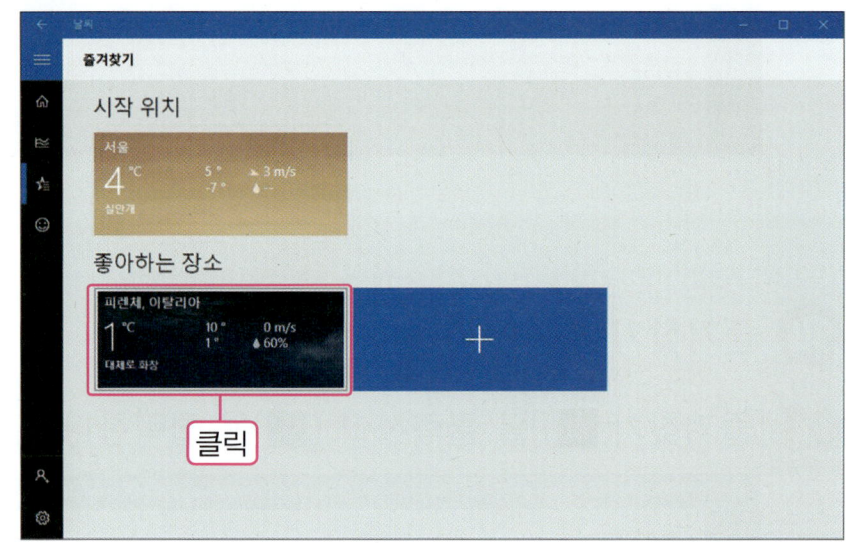

04 실시간으로 날씨를 알 수 있습니다. 즐겨찾기 되어있는 도시는 언제든지 [즐겨찾기(★)]를 클릭하여 열어 볼 수 있습니다. [닫기(×)] 버튼을 클릭하여 종료합니다.

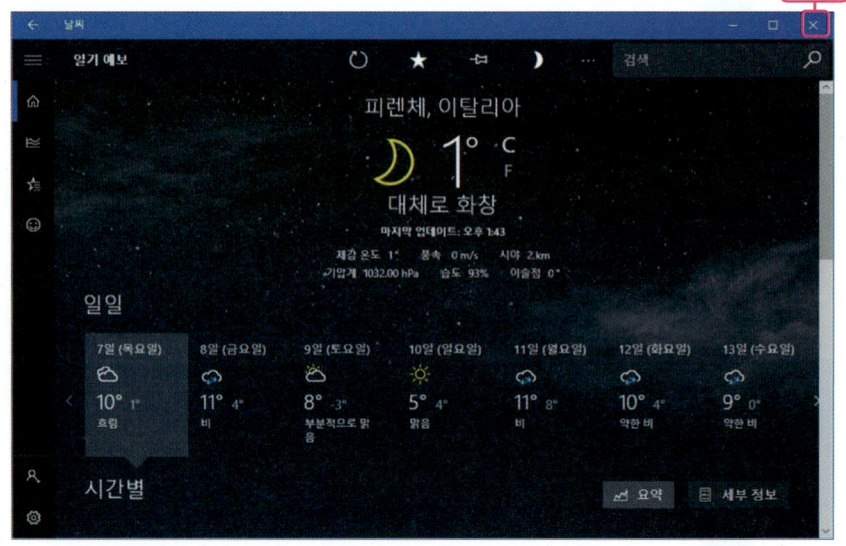

04 뉴스 앱 사용하기

01 [시작(■)]-[Microsoft 뉴스(■)]를 클릭합니다.

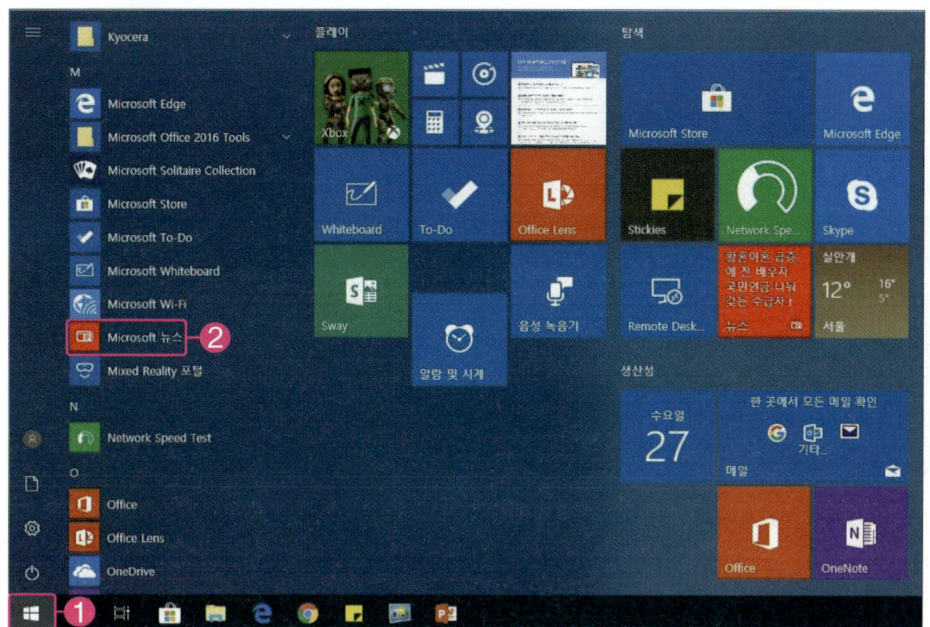

> 알아두기 : 앱의 버전에 따라 명칭이 [Microsoft 뉴스] 앱 또는 [뉴스] 앱으로 표시될 수 있습니다.

02 [Microsoft 뉴스] 앱이 실행됩니다. [시작] 버튼을 클릭하면 로그인을 해야 합니다. 원하지 않으면 [건너뛰기]를 클릭합니다.

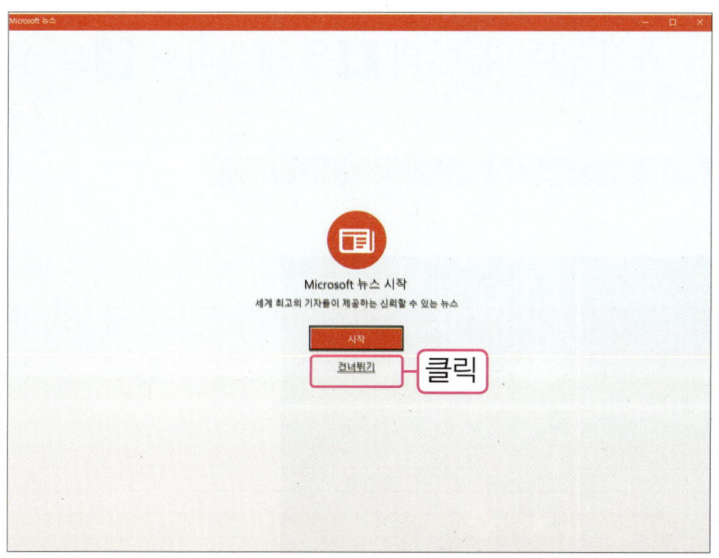

> 알아두기 : 로그인을 하면 관심 카테고리를 선택하고 관심 분야의 뉴스 위주로 볼 수 있습니다. 건너뛰기를 선택하더라도 [뉴스] 앱을 이용하는 것에는 문제가 없습니다.

03 홈 화면이 나타납니다. 원하는 뉴스를 클릭하면 기사를 읽을 수 있습니다. 정치/사회, 경제, 연예 등을 클릭하여 분야별로 뉴스를 볼 수 있습니다.

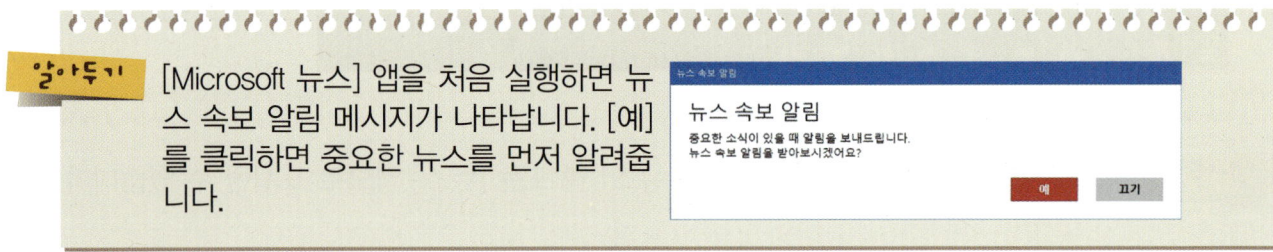

[Microsoft 뉴스] 앱을 처음 실행하면 뉴스 속보 알림 메시지가 나타납니다. [예]를 클릭하면 중요한 뉴스를 먼저 알려줍니다.

관심 분야 설정하기

01 [관심 분야]를 클릭합니다. 관심 없는 분야의 ★을 클릭하면 ☆로 색깔이 변하게됩니다.

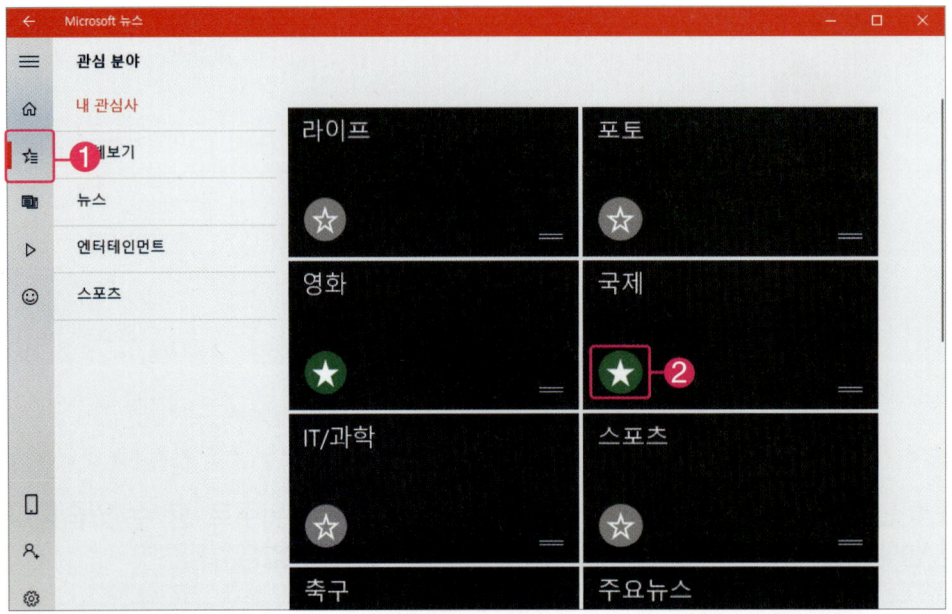

02 [홈(⌂)]을 클릭하면 홈 화면에서 바뀐 뉴스 목록을 확인할 수 있습니다.

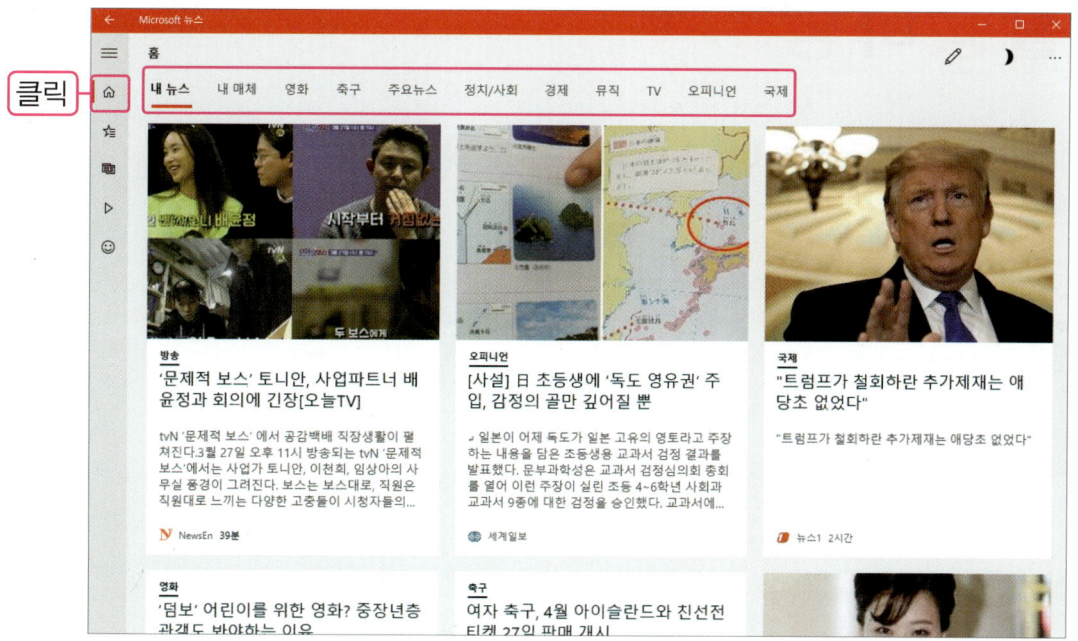

알아두기

어둠 모드
오른쪽 상단의 어둠 모드 켜기(☾), 어둠 모드 끄기(☀)를 사용하여 조절할 수 있으며 가독성을 높일 수 있습니다.

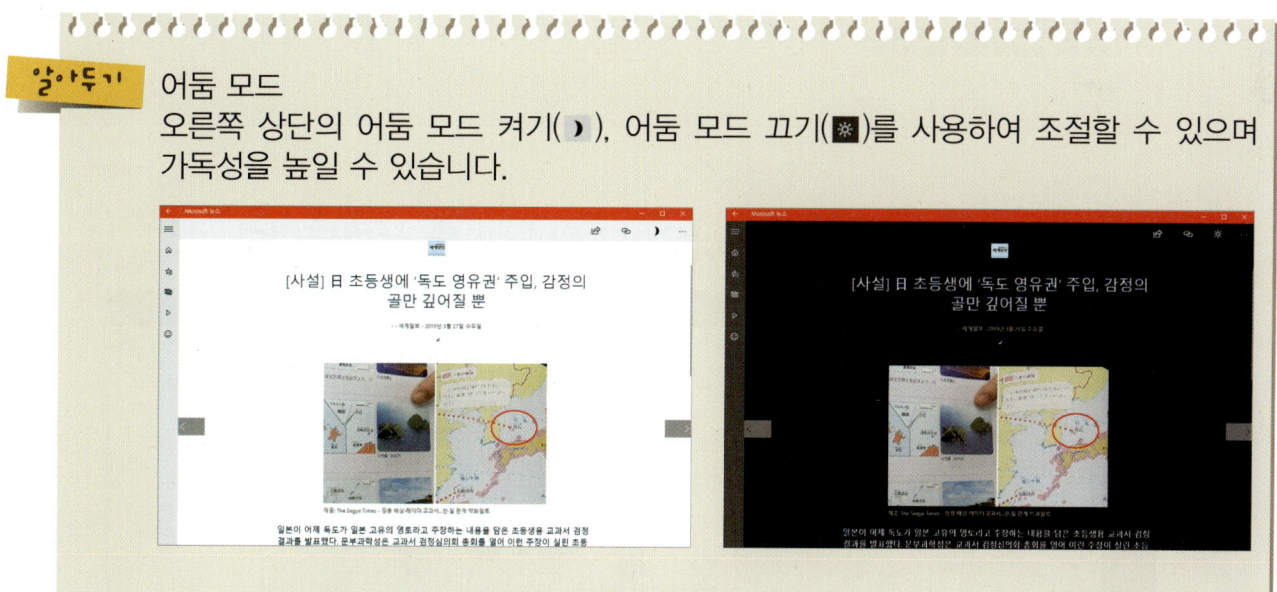

03 [닫기(✕)] 버튼을 클릭하여 뉴스 앱을 종료합니다.

# 활용마당

1 스토어에서 '요리'를 검색하여 앱을 다운로드해 봅니다.

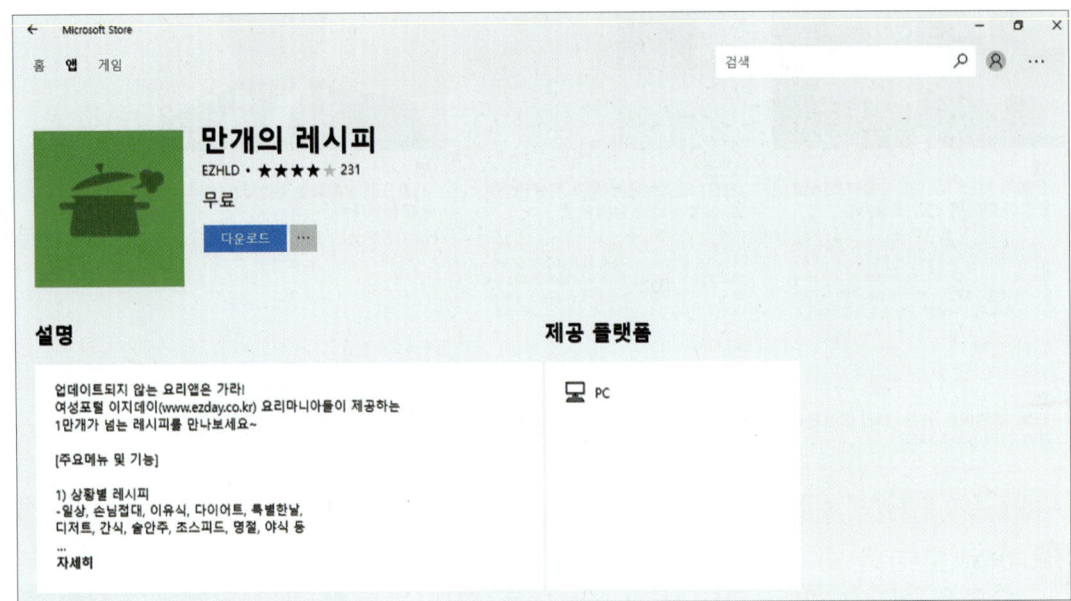

2 과거 날씨(≋)를 클릭하여 서울의 6월 날씨를 살펴봅니다.

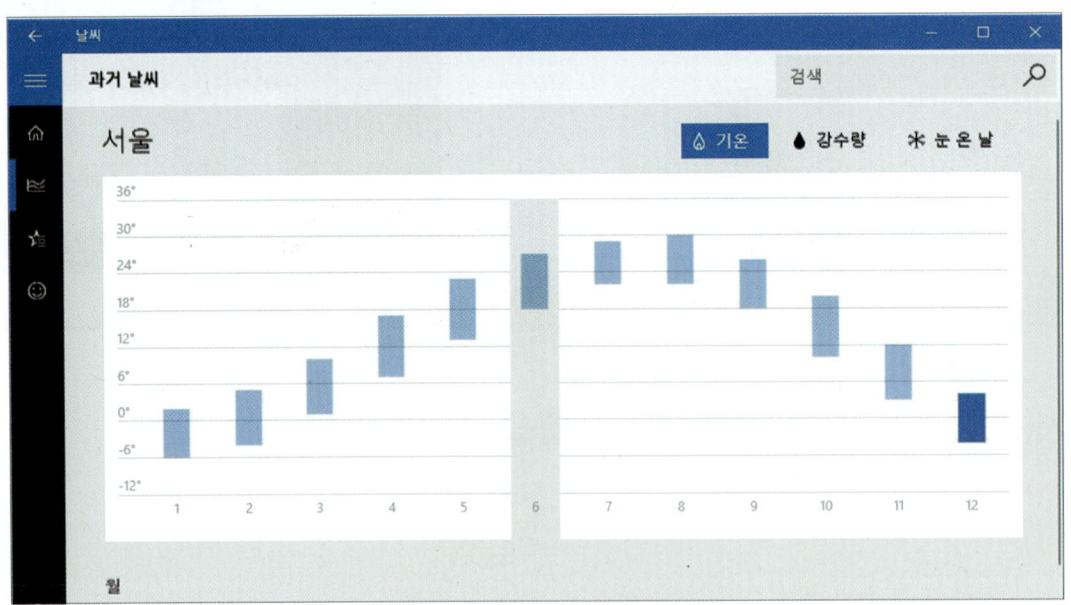

 # 보조프로그램 사용하기

01 그림판

01 그림판은 간단한 그림을 그리거나 이미지를 편집하는 프로그램입니다. [시작()]-[Windows 보조프로그램]에서 [그림판]을 클릭합니다.

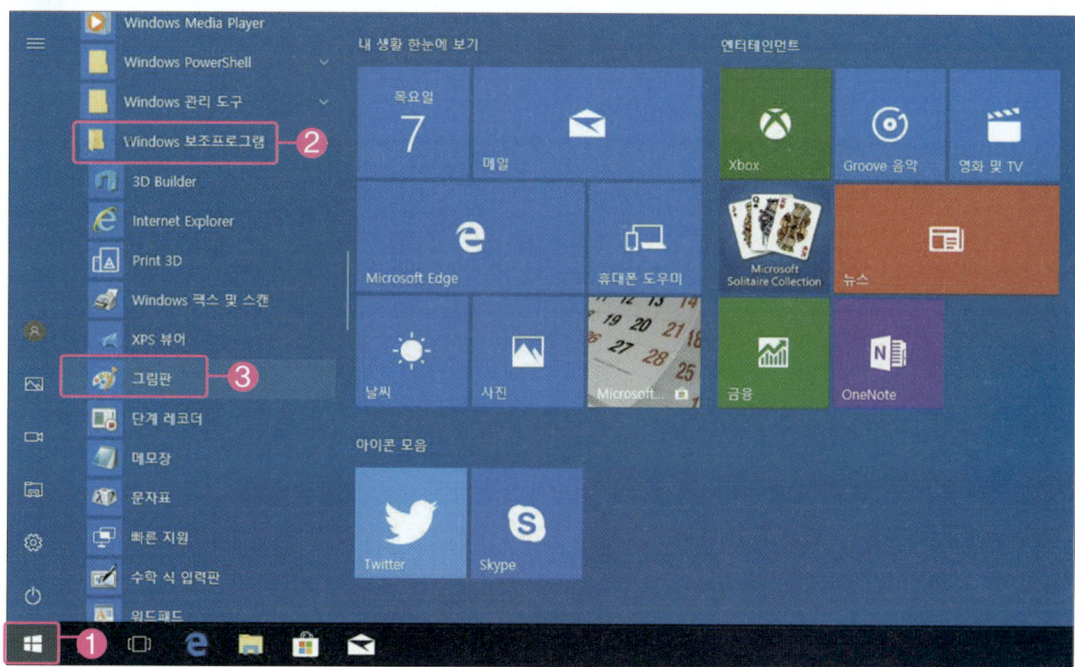

알아두기 Windows 검색에서 '그림판'을 입력하여 검색하면 빠르게 실행이 가능합니다.

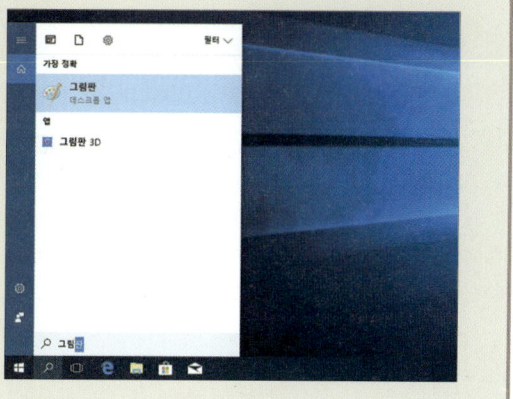

02 그림판이 실행됩니다. 그림판은 파일, 홈, 보기 탭으로 구성되어 있습니다.

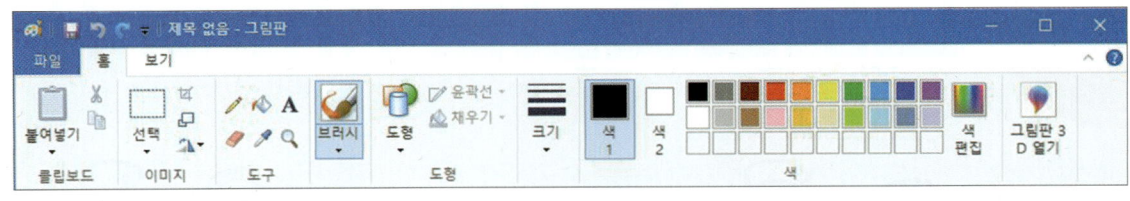

> **알아두기** 홈 탭에서는 도형이나 그림을 그리고, 이미지 붙여넣기, 자르기 등의 편집 작업을 할 수 있습니다.

03 그림판을 [최소화(　)]하고 [Print Screen] 키를 누릅니다. 다시 그림판에서 [홈] 탭 - [클립보드]에서 [붙여넣기(　)]를 클릭합니다.

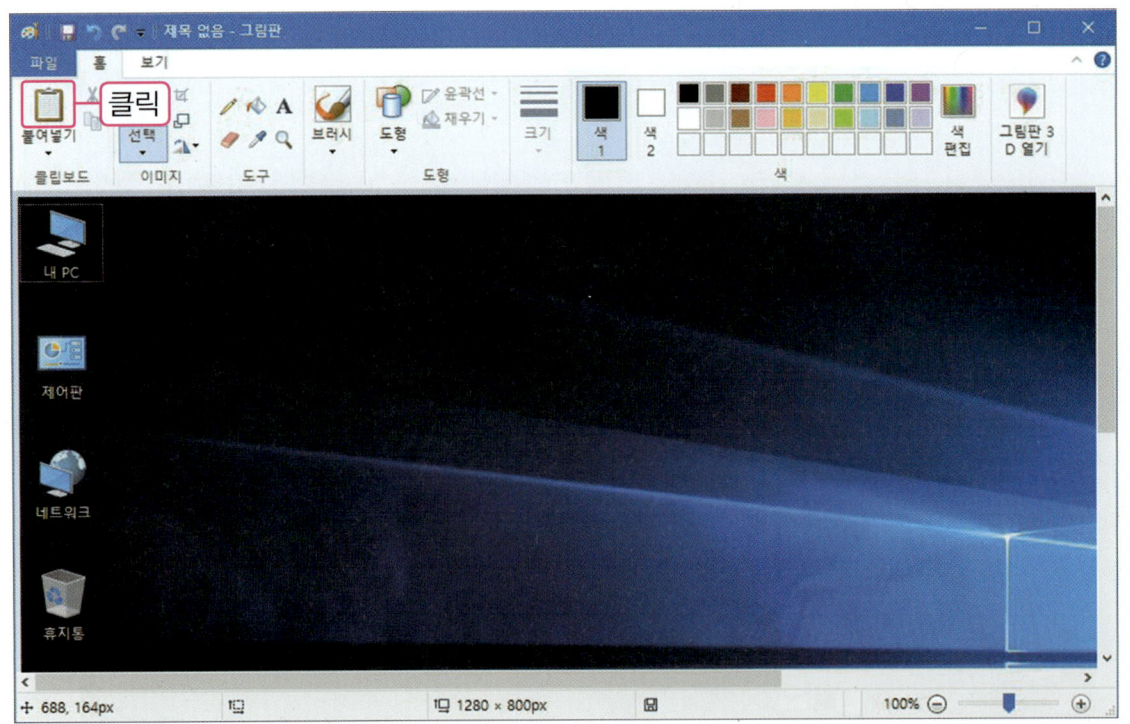

> **알아두기** [Print Screen] 키는 화면 캡처 단축키입니다. 이 키를 누르면 화면에 보이는 모든 영역을 캡처하게 됩니다.

04 오른쪽 하단의 [축소(⊖)]를 클릭하여 전체 화면이 보이게 조절합니다.

05 [홈] 탭-[도구]에서 [연필(✏)]을 클릭합니다. 이어서 [홈] 탭-[색]에서 [색 1]을 클릭하고 원하는 색을 선택합니다. 마우스를 드래그하여 그림이나 글자를 입력합니다.

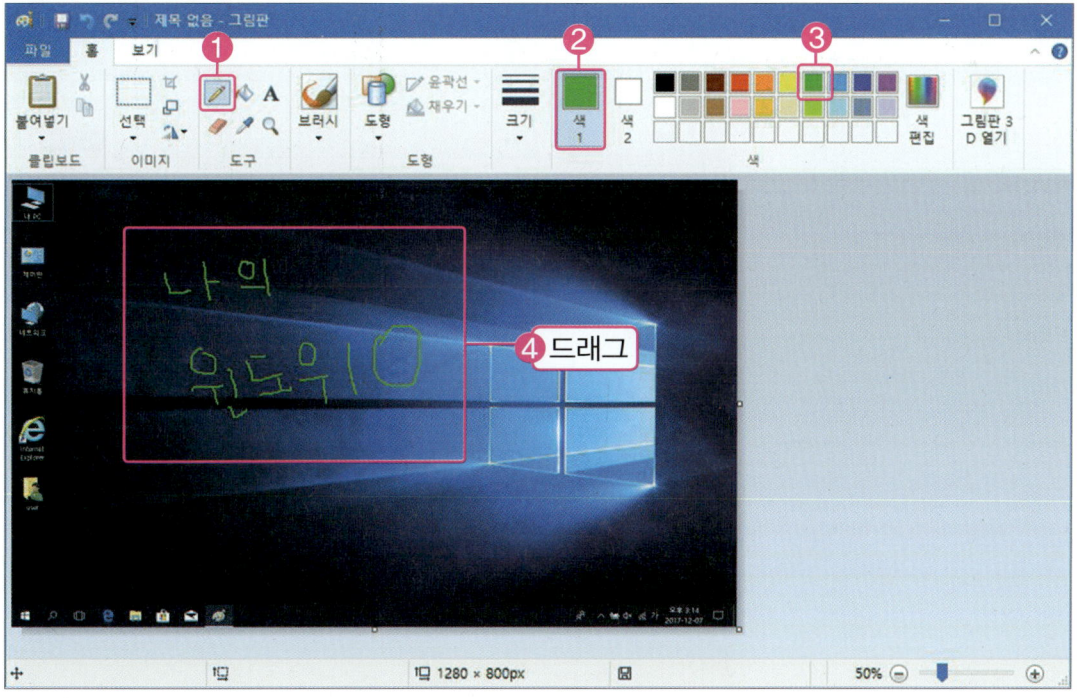

알아두기 [보기] 탭에서는 눈금자, 격자, 이미지의 확대 축소 등을 할 수 있습니다.

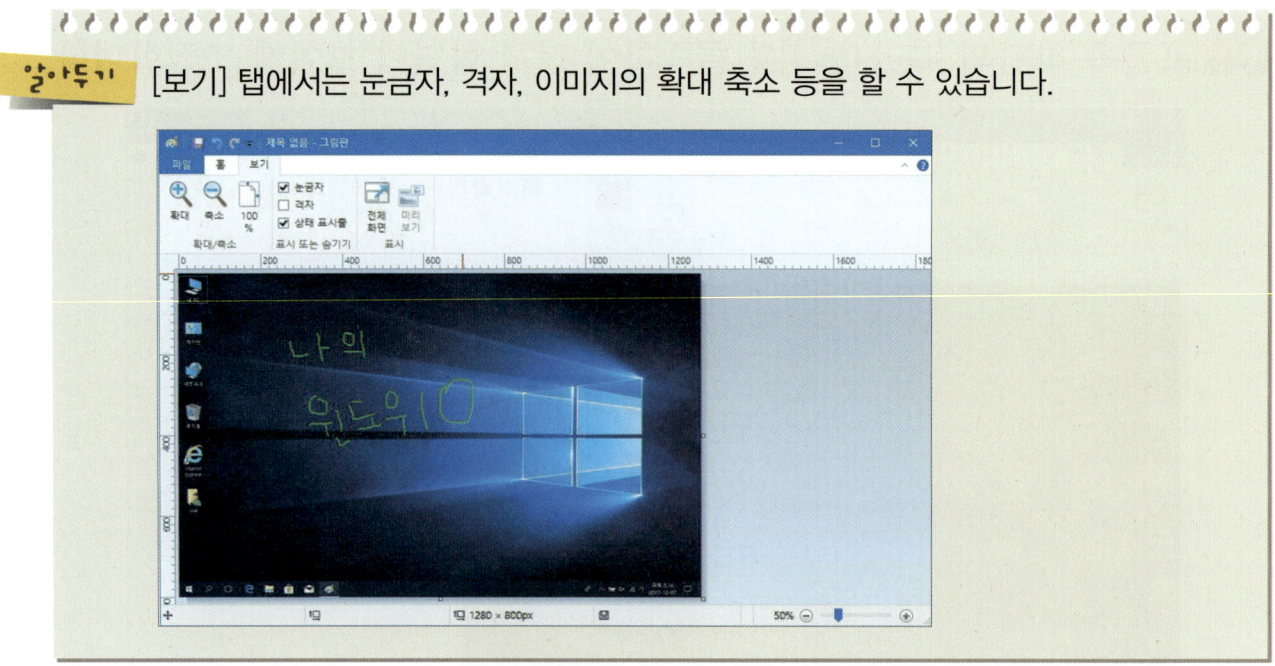

06 [파일] 탭에서 저장을 클릭합니다. [다른 이름으로 저장] 창이 나타나면 경로를 지정하고 [저장] 버튼을 클릭합니다.

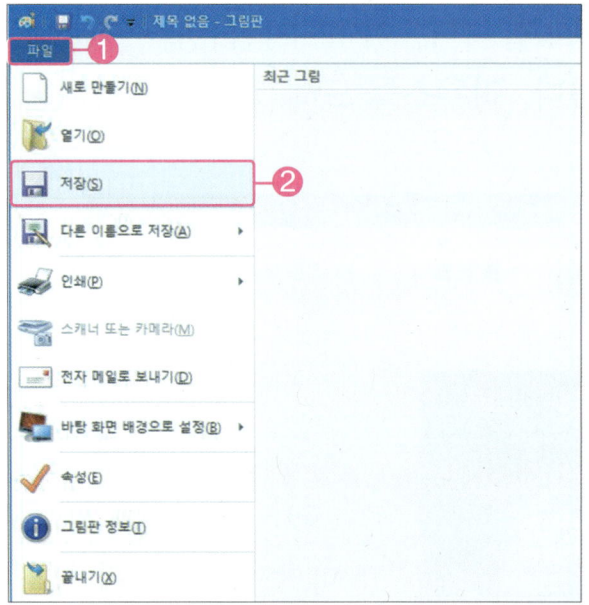
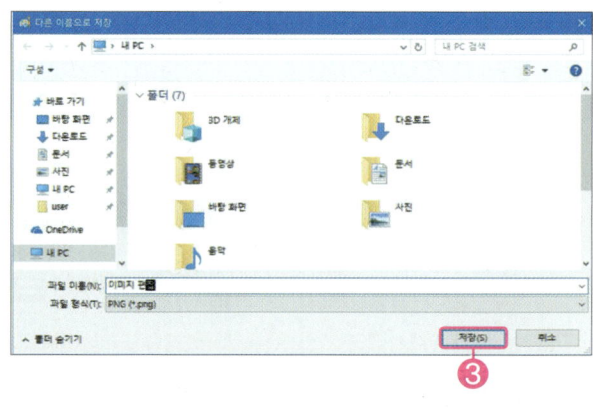

02 워드패드

01 문서를 작성할 수 있는 윈도우 기본 프로그램입니다. [시작(⊞)]-[Windows 보조프로그램]에서 [워드패드]를 클릭합니다.

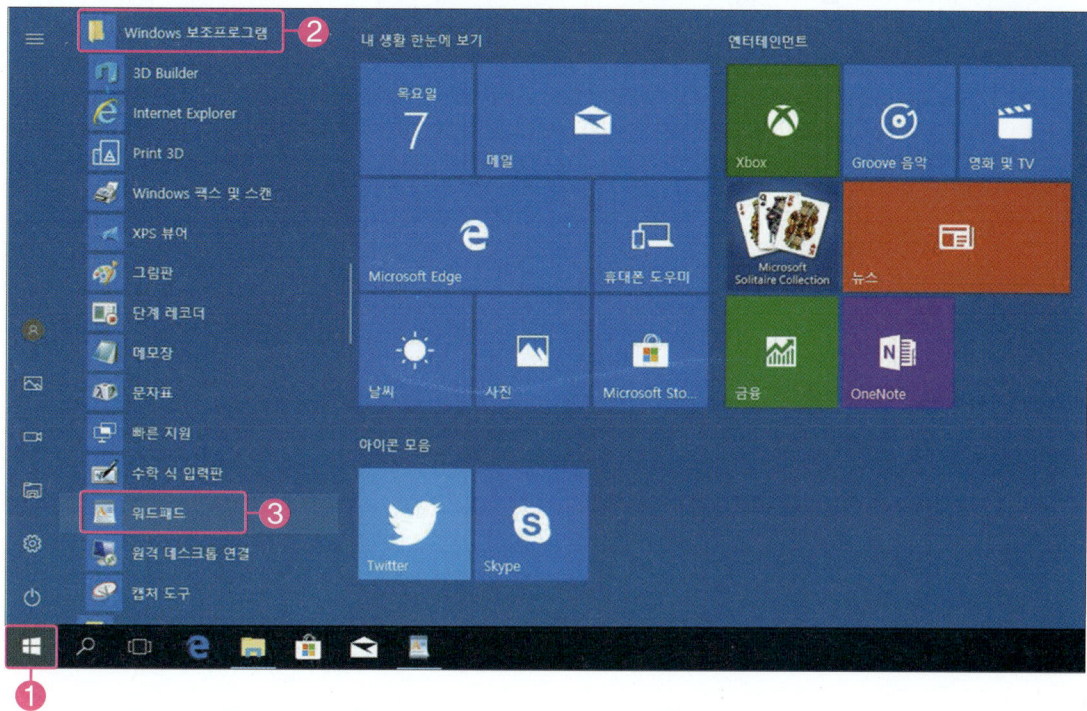

02 워드패드가 실행됩니다. 워드패드는 워드프로세서 보다는 단순한 작업이 가능하고 글꼴, 단락, 그림 삽입 등을 지원합니다.

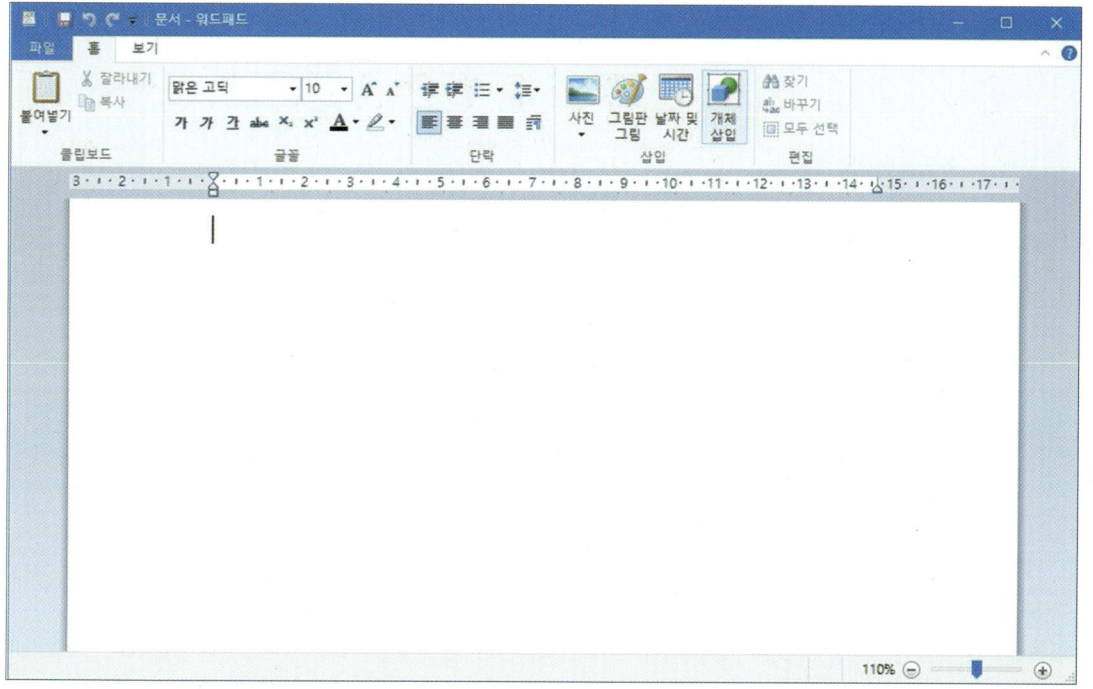

03 그림과 같이 **텍스트를 입력**하고, '윤동주' 앞에서 **마우스를 클릭**하여 커서를 이동합니다.

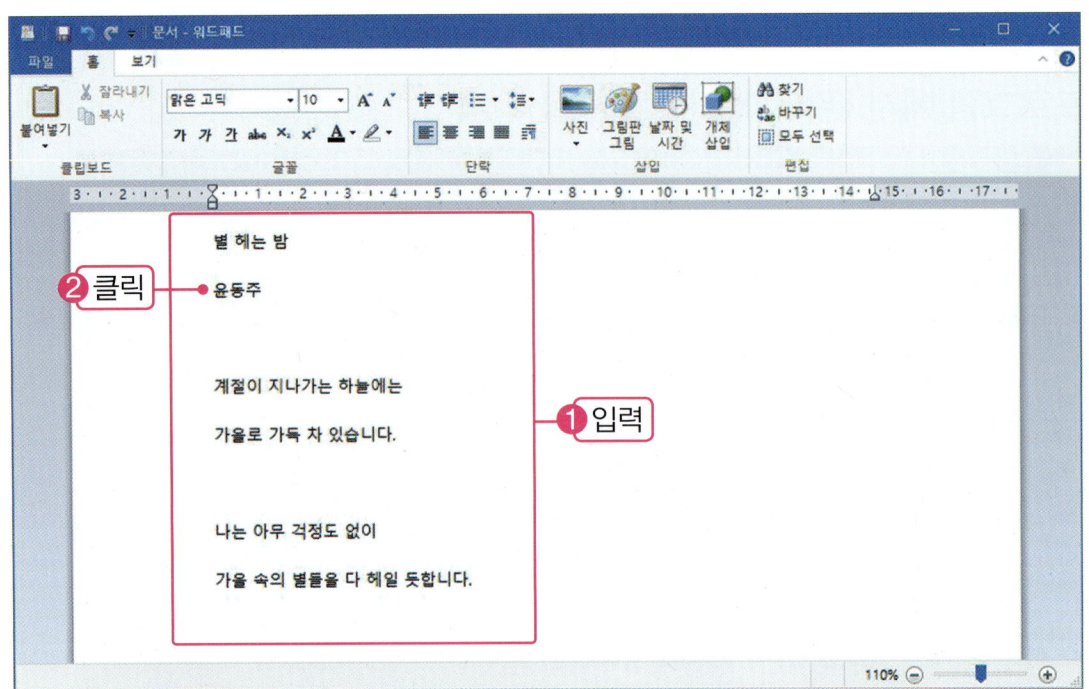

04 [홈] 탭-[단락]의 [오른쪽 텍스트 맞춤(▤)]을 클릭합니다.

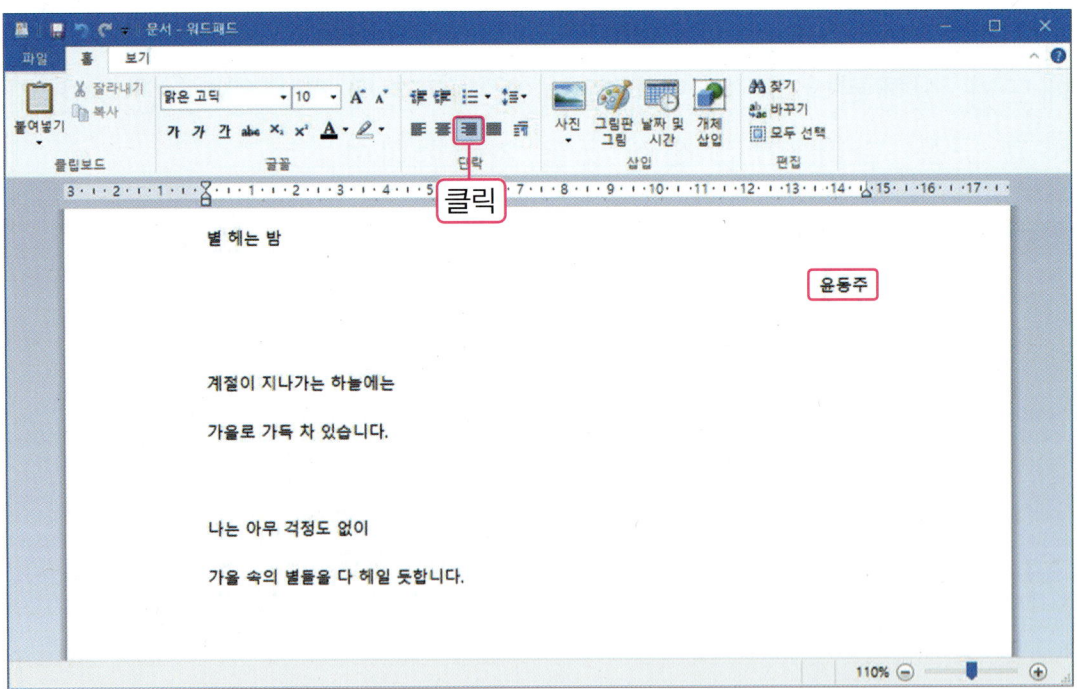

05 [홈] 탭-[편집]에서 [모두 선택(▦)]을 클릭합니다.

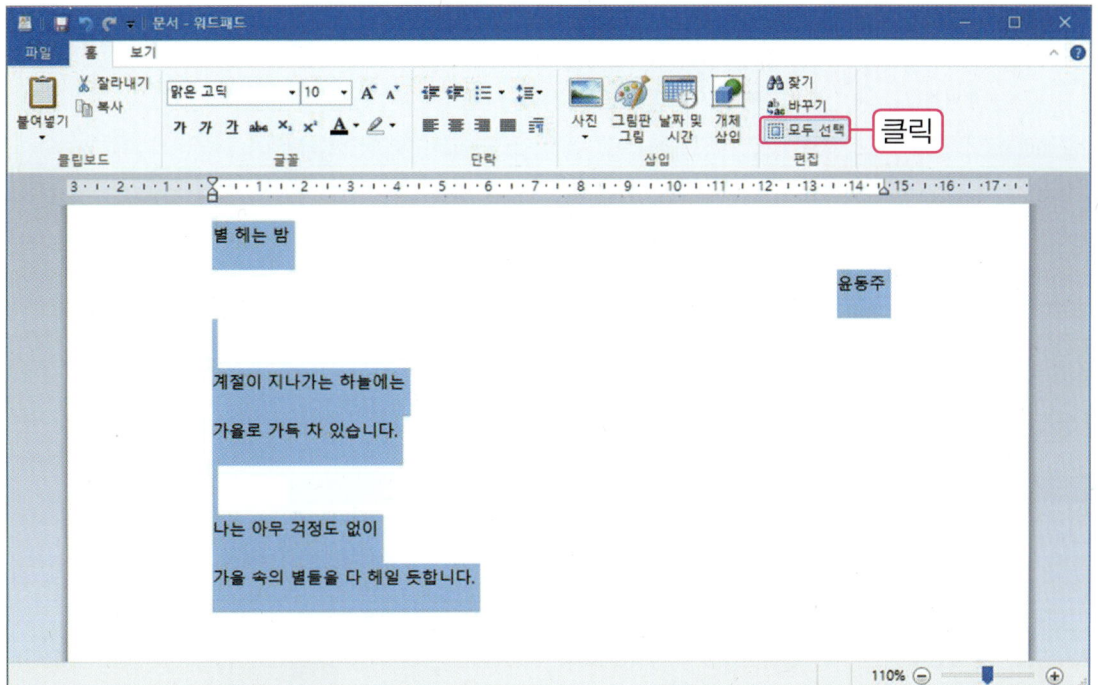

06 [홈] 탭-[글꼴]에서 글꼴을 [궁서]로 선택합니다.

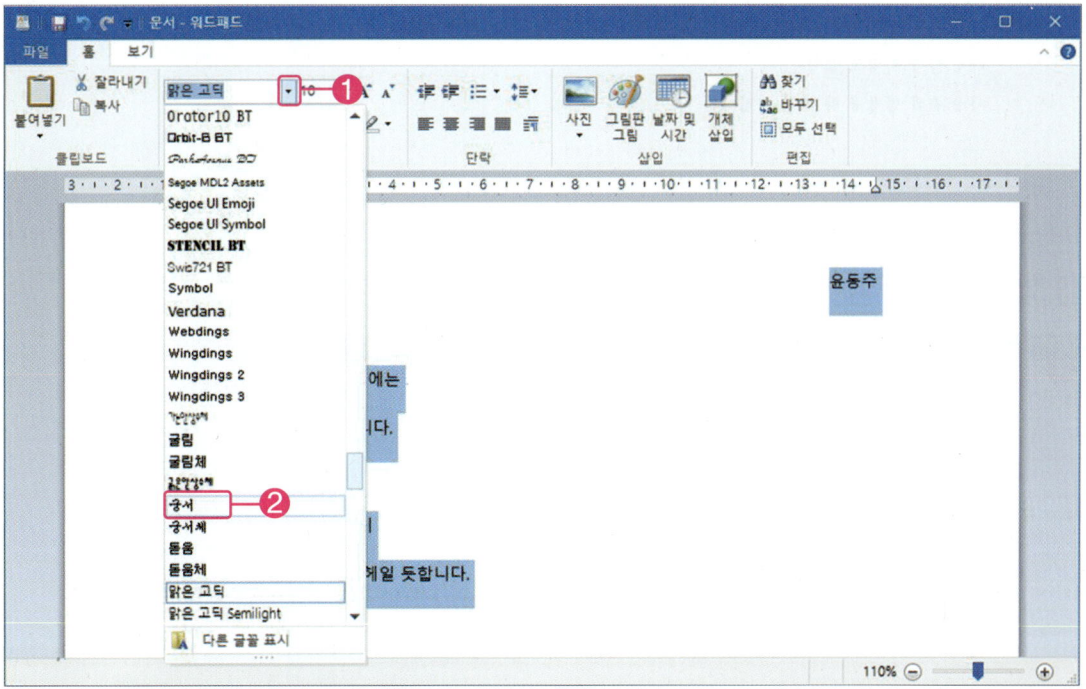

07 [홈] 탭-[글꼴]에서 크기를 [14]로 선택합니다.

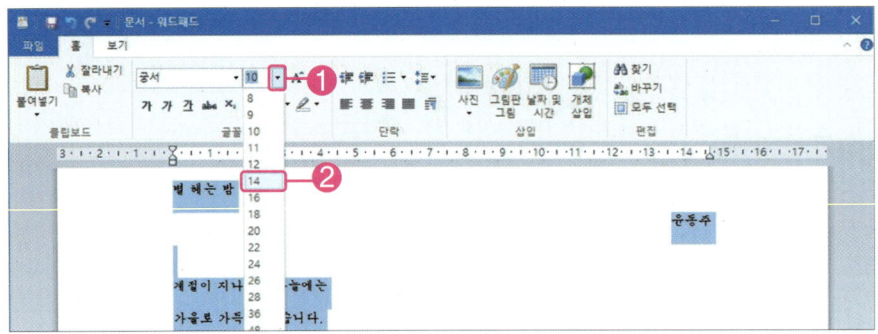

08 변경된 글꼴과 글자 크기를 확인할 수 있습니다.

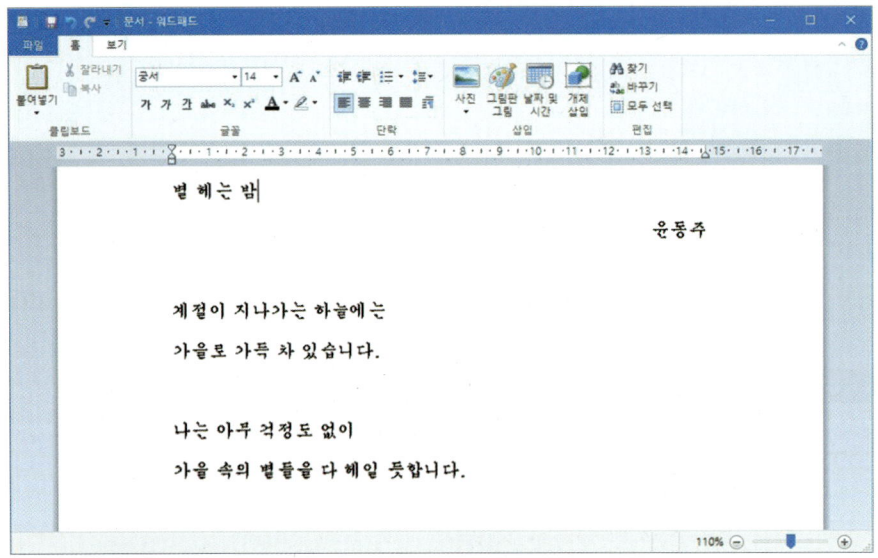

09 [파일] 탭에서 [저장]을 클릭합니다.

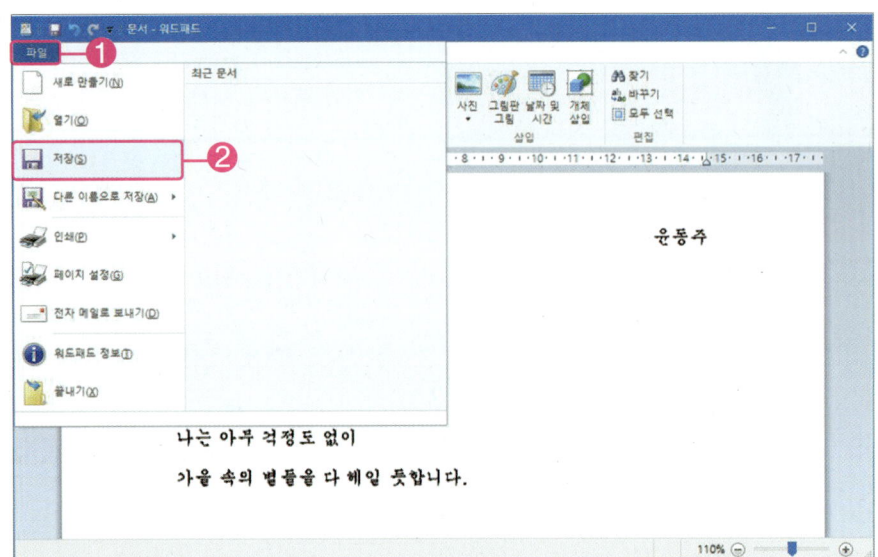

10 [다른 이름으로 저장] 창이 나타나면 파일 이름을 '윤동주'로 입력하고 [저장] 버튼을 클릭합니다.

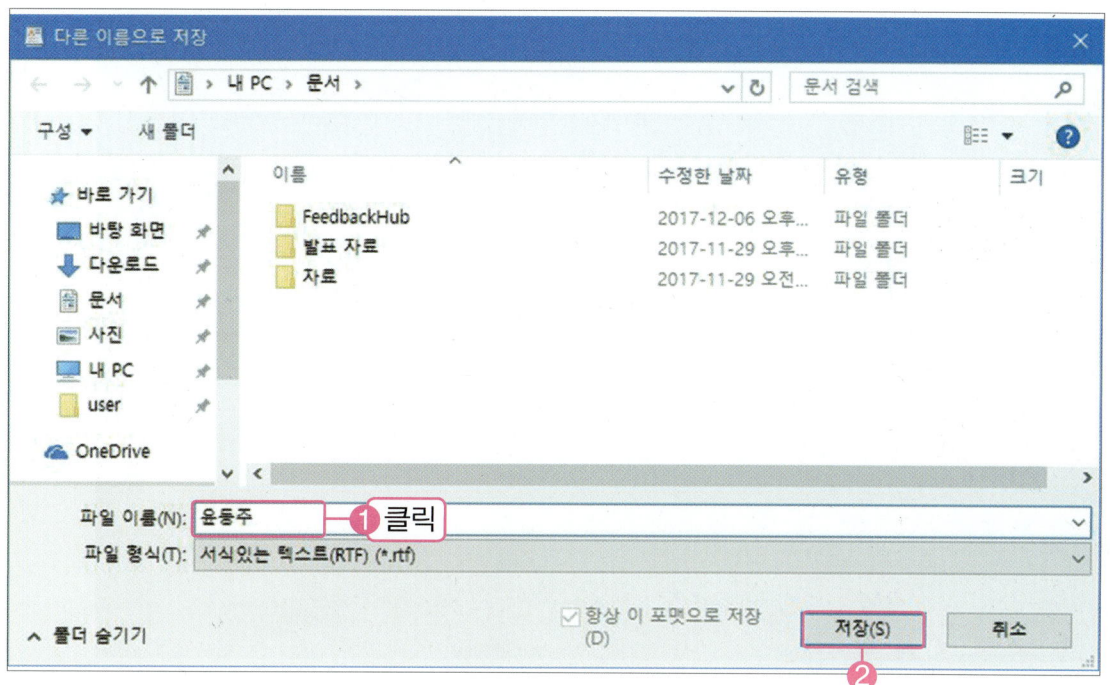

03 Sticky Notes

01 Sticky Notes는 포스트잇처럼 간단하게 메모 내용을 입력하여 바탕 화면에 보여줍니다. [시작(⊞)]-[Sticky Notes]를 클릭합니다.

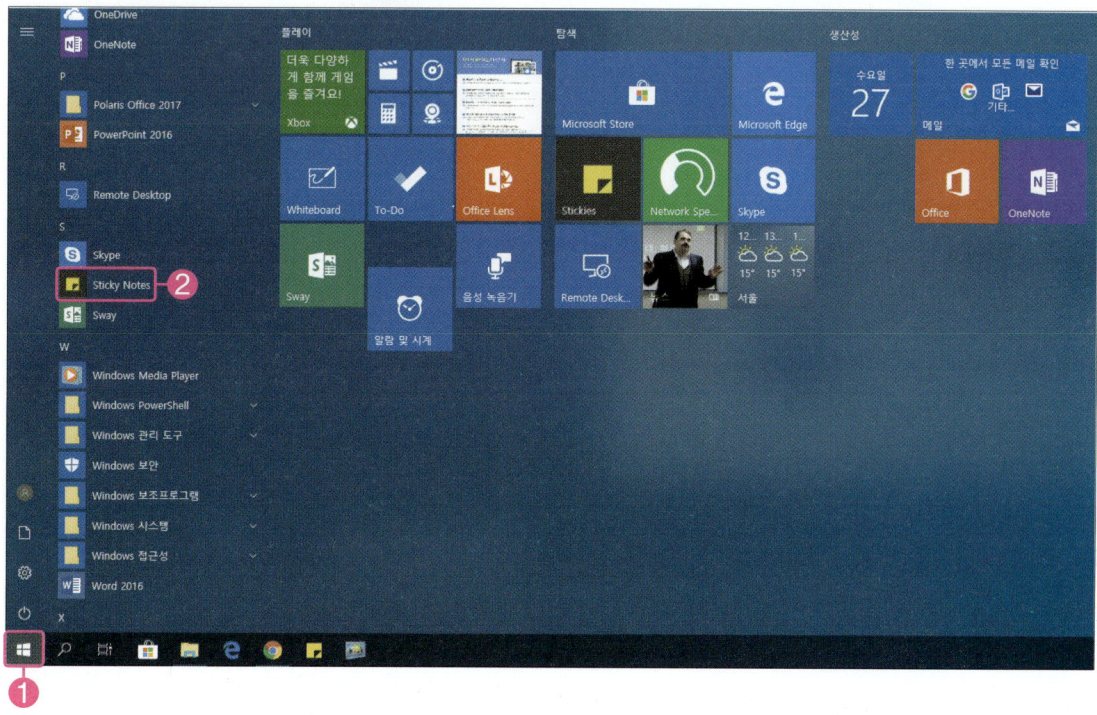

02 바탕 화면에 Sticky Notes가 실행되면 텍스트를 입력해 봅니다. 이어서 [메뉴(…)]를 클릭합니다.

03 원하는 색상을 클릭하면 Sticky Notes의 색상을 변경할 수 있습니다. 색상을 변경하고 다른 부분을 클릭하면 메뉴가 사라집니다. [메모 삭제(🗑)]를 클릭하면 Sticky Notes가 종료됩니다.

> **알아두기** 새 메모(➕)를 클릭하면 새로운 Sticky Notes를 생성할 수 있습니다.

① 워드패드에 다음과 같이 텍스트를 입력하고 서식을 적용해 봅니다.
(제목 글꼴 크기 : 20, 글꼴 색 : 생생한 빨강)

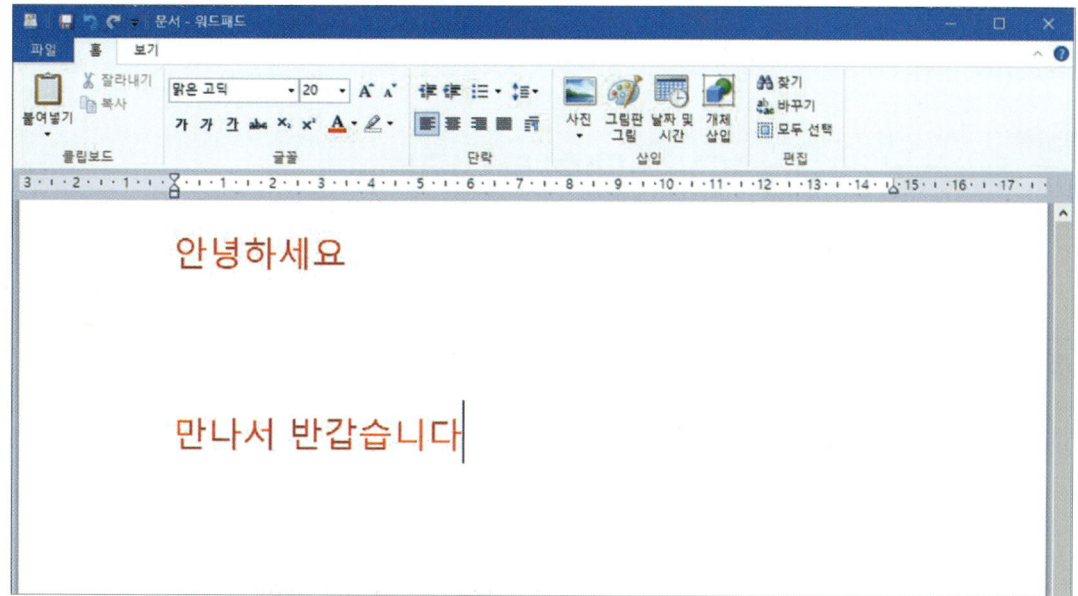

② Sticky notes를 2개를 더 추가하고 기억해야 할 일정을 입력해 봅니다.

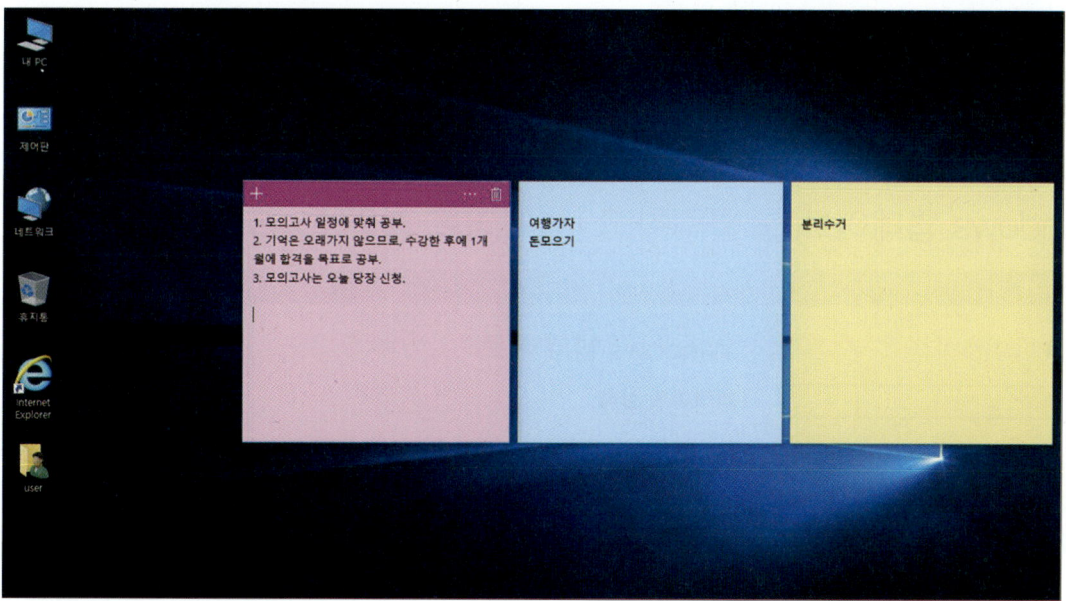

10 윈도우 10 관리하기

01 Windows 10 업데이트하기

01 [시작(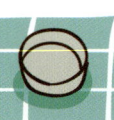)]-[설정 ()]을 클릭합니다. 이어서 [업데이트 및 보안]을 클릭합니다.

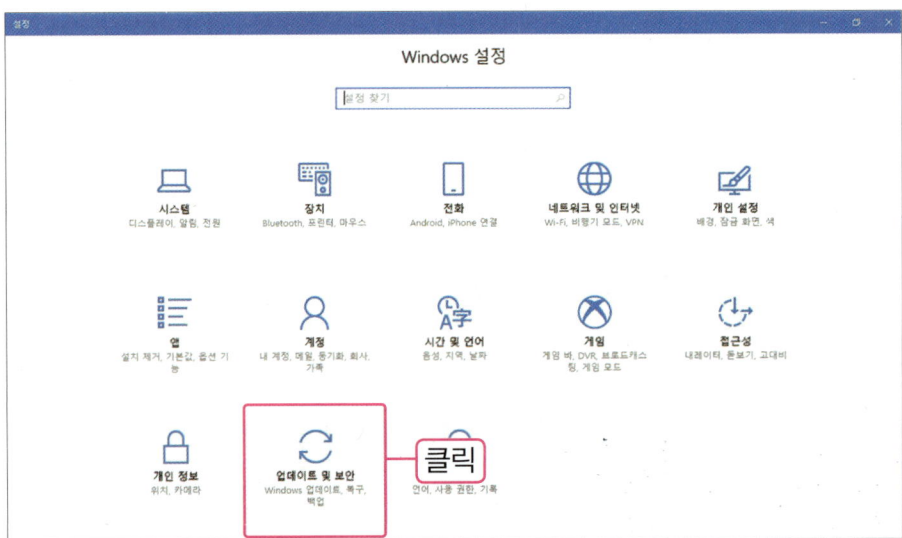

02 [Windows 업데이트]를 클릭하고 [업데이트 확인]을 클릭합니다.

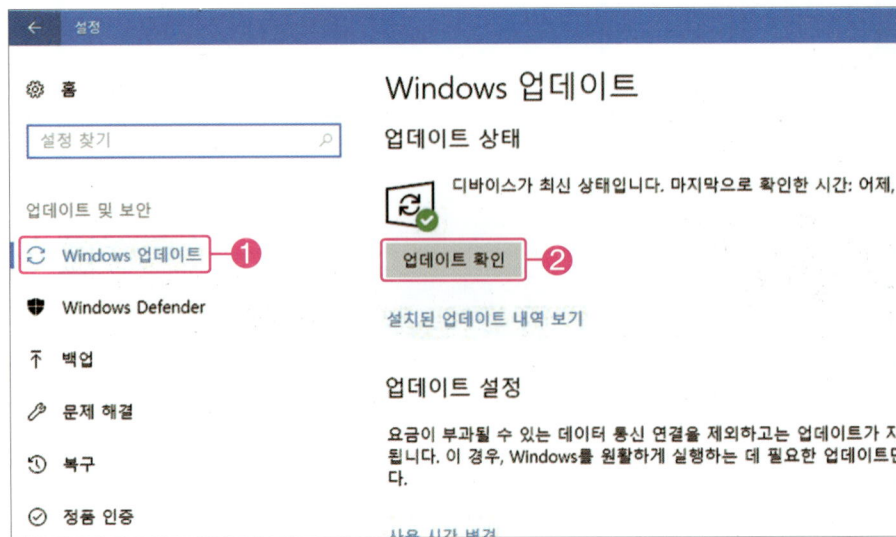

03 컴퓨터에서 최신 업데이트 정보가 있는지 확인합니다.

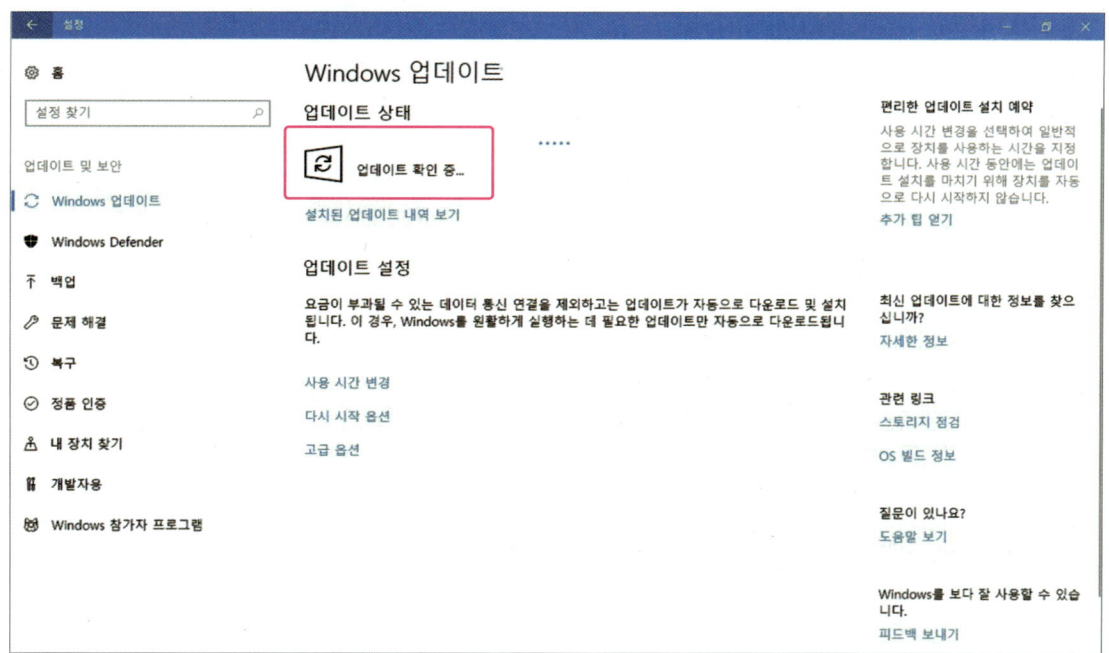

04 업데이트가 있으면 자동으로 다운로드하고 설치됩니다. 업데이트 과정 중에 자동으로 컴퓨터가 재부팅 될 수 있습니다.

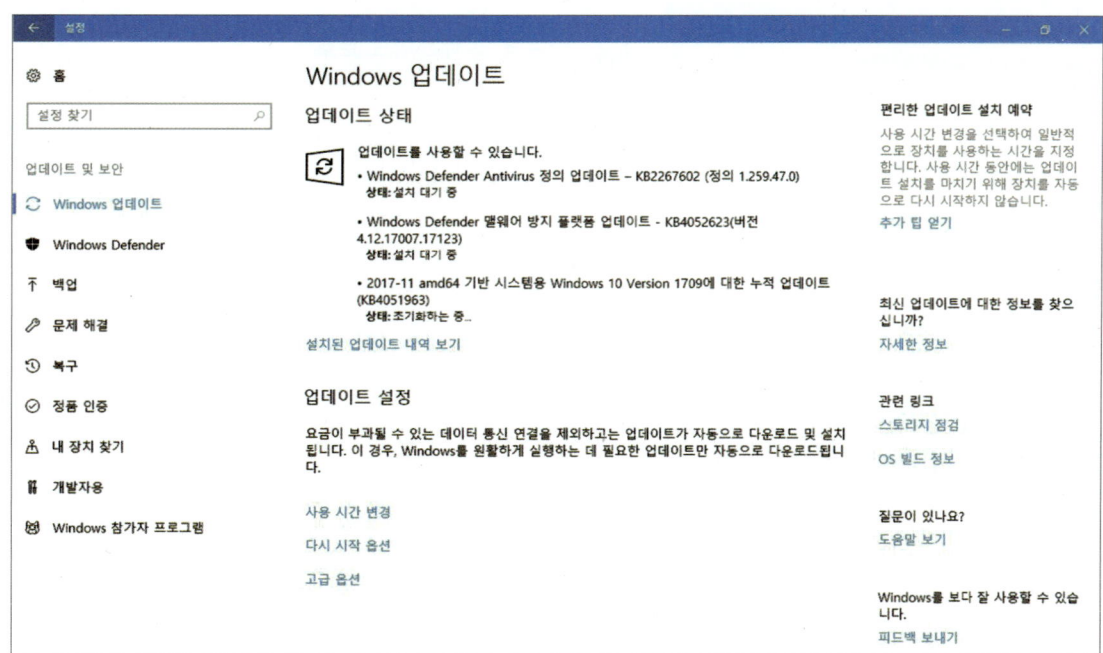

02 Windows Defender 보안 센터 사용하기

Windows Defender 보안 센터 시작하기

01 [업데이트 및 보안 화면]에서 [Windows Defender]를 클릭하고 [Windows Defender 보안 센터 열기]를 클릭합니다.

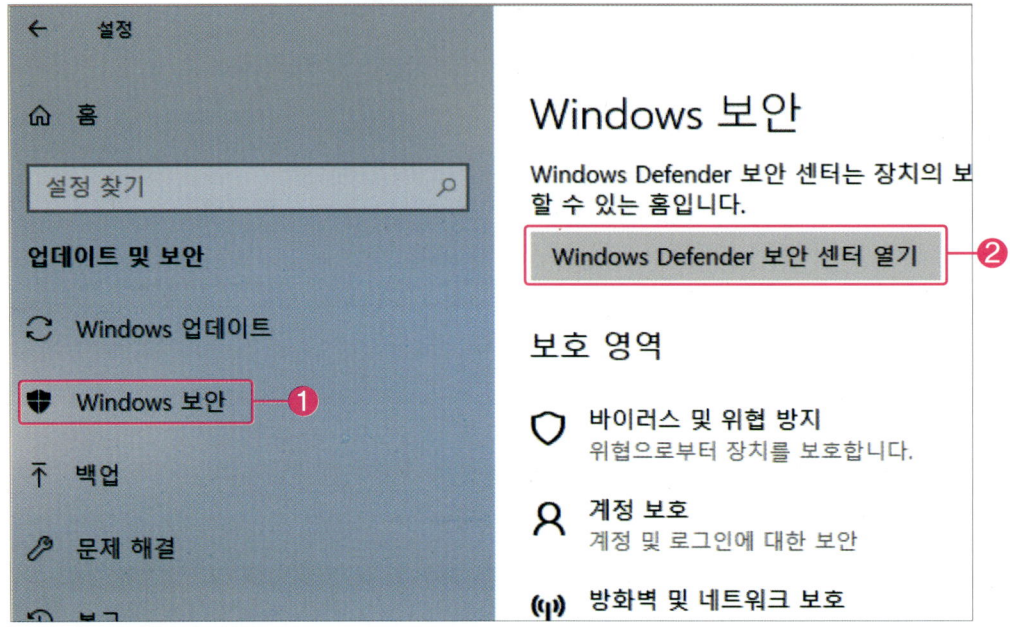

02 [Windows Defender 보안 센터] 창이 나타납니다. [바이러스 및 위협 방지]를 클릭합니다.

바이러스 및 위협 방지

01 [바이러스 및 위협 방지] 창에서 [지금 검사]를 클릭합니다.

02 검사가 진행됩니다. 파일을 개수에 따라 시간이 달라질 수 있습니다.

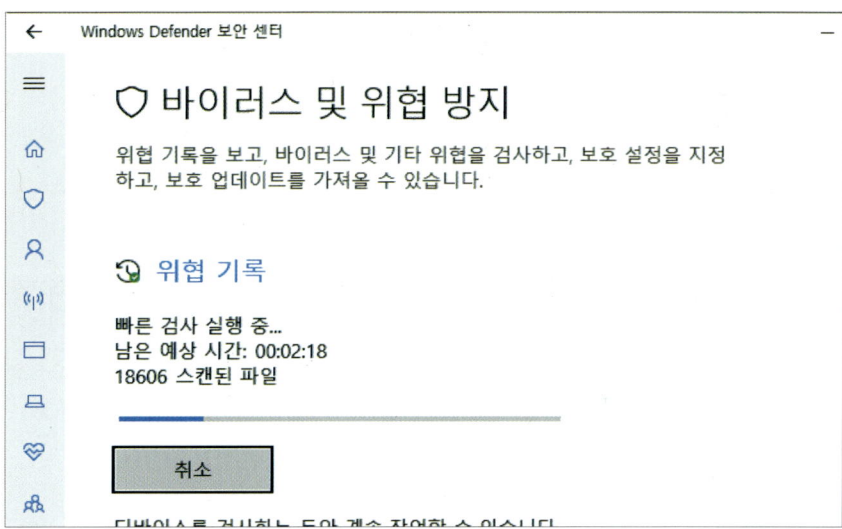

03 검사가 완료되면 위협이 있는 파일의 개수가 표시됩니다.

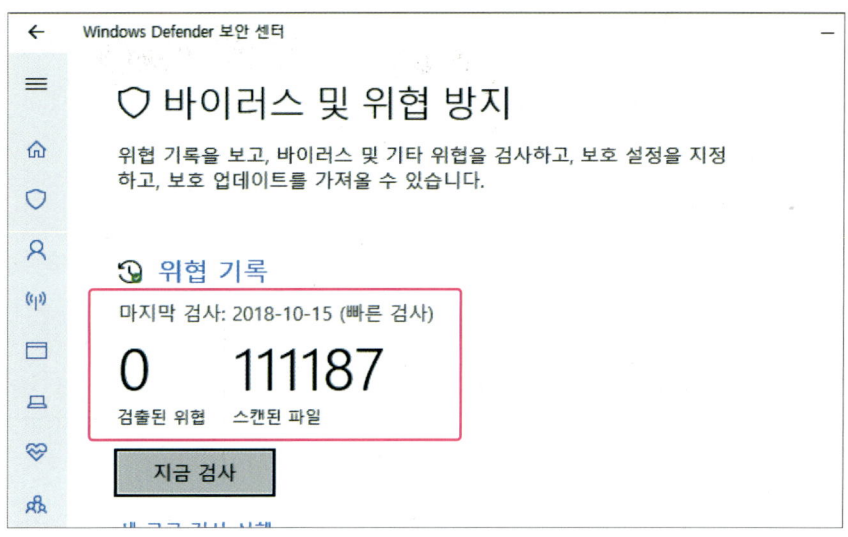

디바이스 성능 및 상태 확인하기

01 [Windows Defender 보안 센터] 창에서 [디바이스 성능 및 상태]를 클릭합니다.

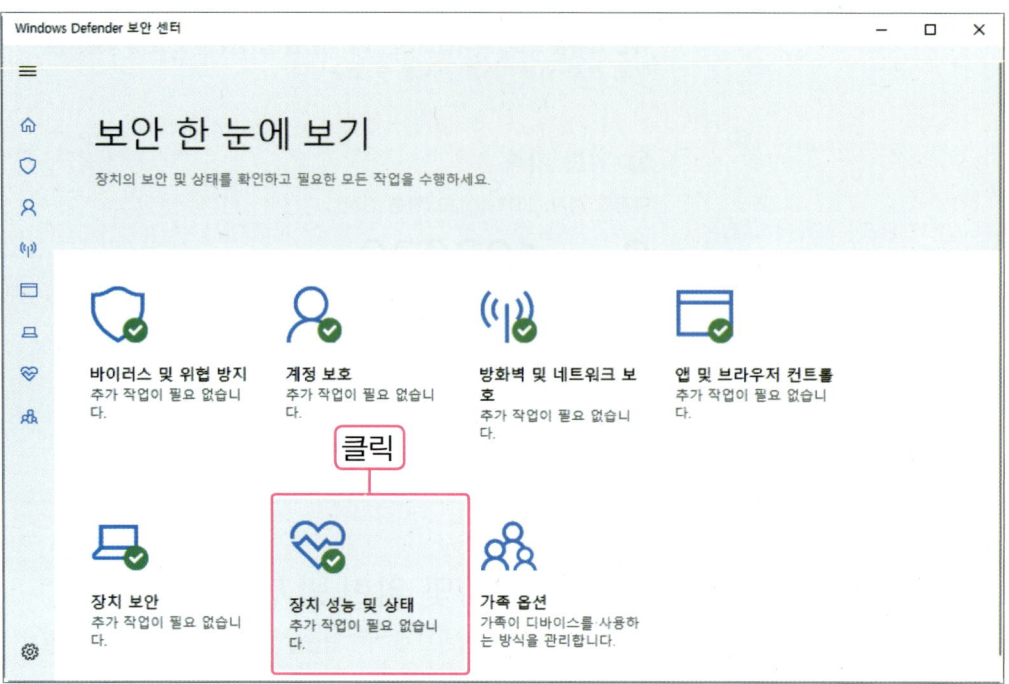

02 컴퓨터의 상태를 한눈에 확인할 수 있습니다.

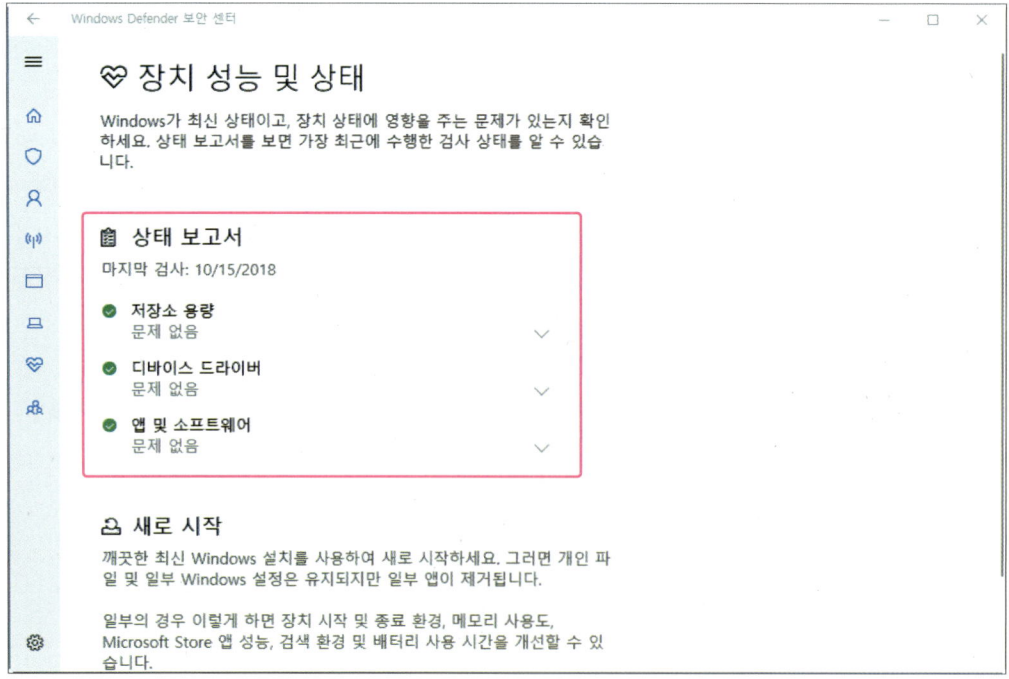

 백업과 복구하기

💬 백업하기

01 [내 PC]를 마우스 오른쪽 버튼으로 클릭합니다. 바로 가기 메뉴에서 [속성]을 클릭합니다.

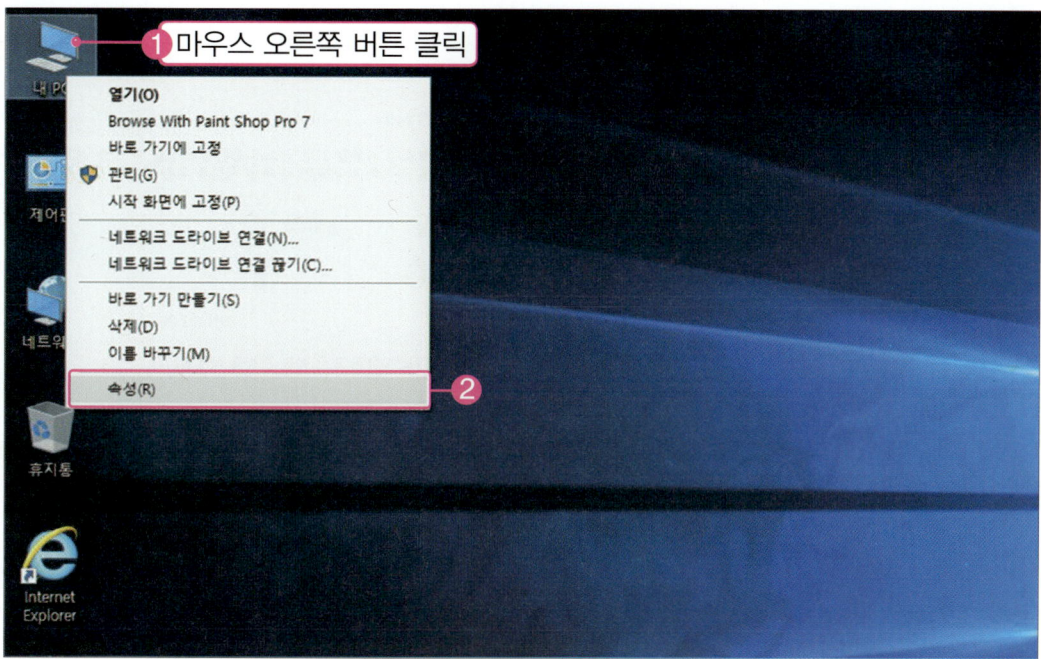

02 [시스템] 창에서 [시스템 보호]를 클릭합니다.

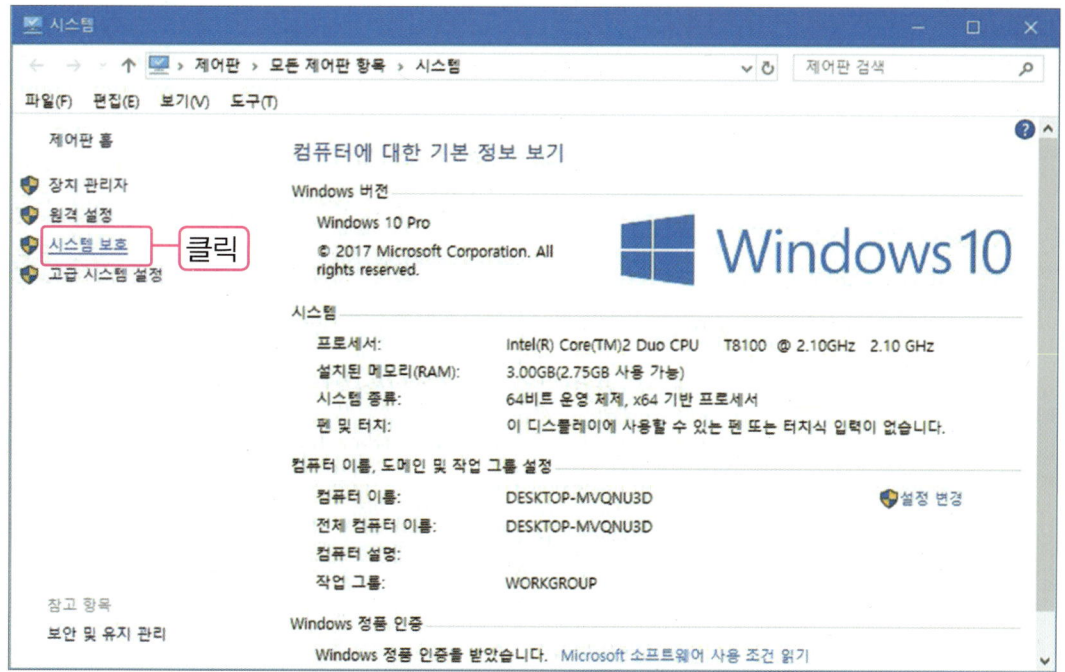

03 [시스템 속성] 창의 [시스템 보호] 탭에서 [구성]을 클릭합니다. [시스템 보호 대상 로컬 디스크] 창이 나타나면 [시스템 보호 사용]을 체크하고 [확인] 버튼을 클릭합니다.

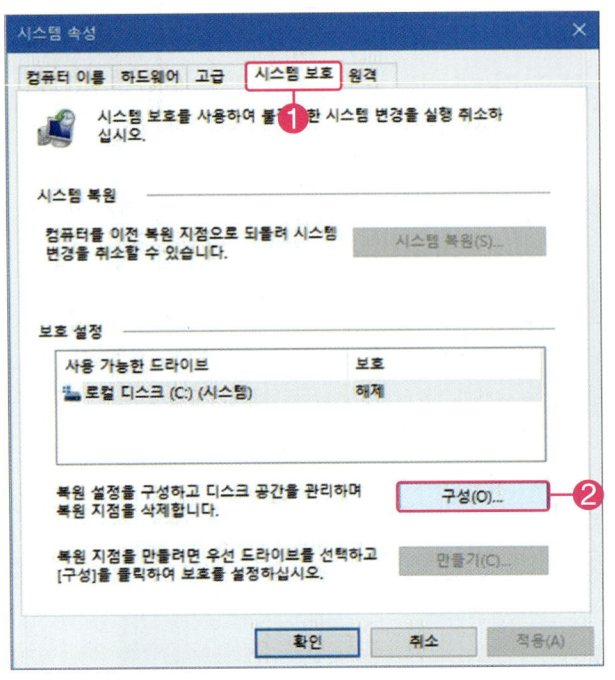
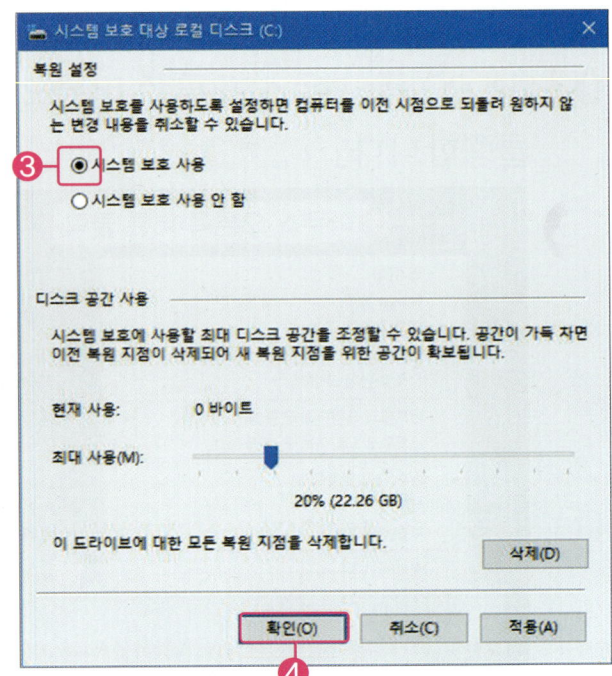

04 다시 [시스템 속성] 창에서 [만들기]를 클릭합니다. [시스템 보호] 창에서 식별할 수 있는 텍스트를 입력하고 [만들기] 버튼을 클릭합니다.

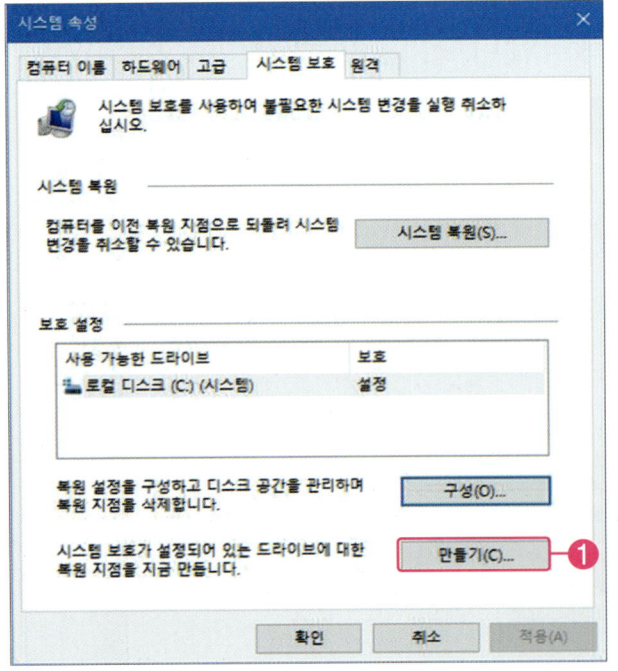
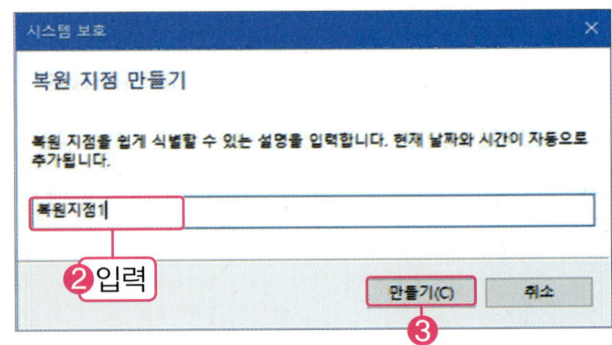

05 복원 지점이 만들어지면 [닫기] 버튼을 클릭합니다.

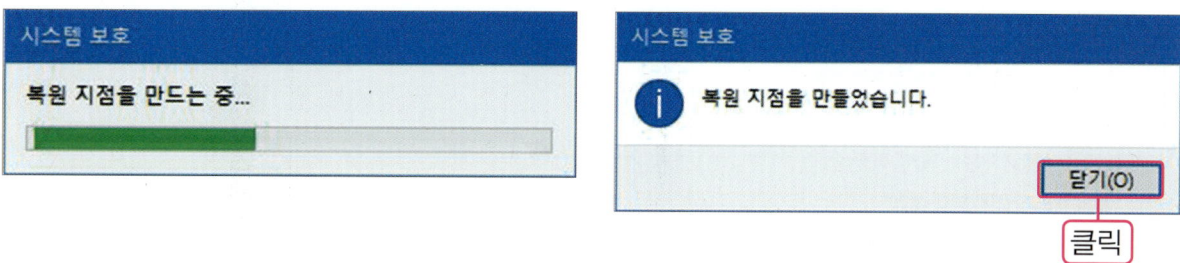

💬 복원하기

01 [시스템 속성] 창에서 [시스템 복원]을 클릭합니다.

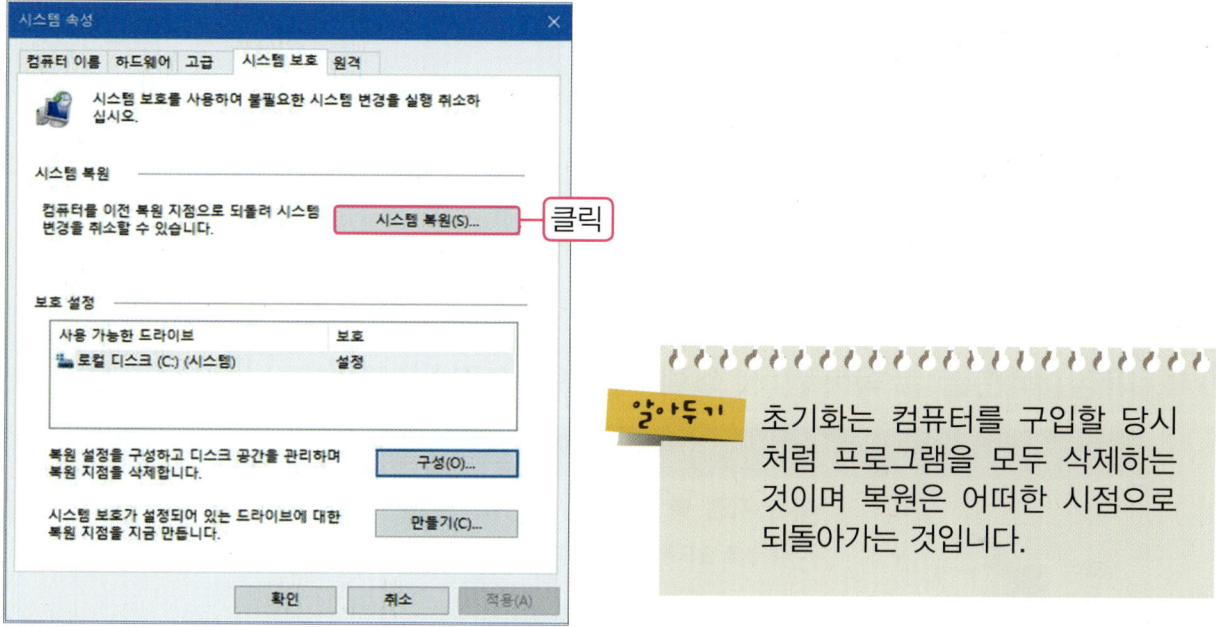

> **알아두기** 초기화는 컴퓨터를 구입할 당시처럼 프로그램을 모두 삭제하는 것이며 복원은 어떠한 시점으로 되돌아가는 것입니다.

02 [시스템 복원] 창이 나타나면 [다음] 버튼을 클릭합니다.

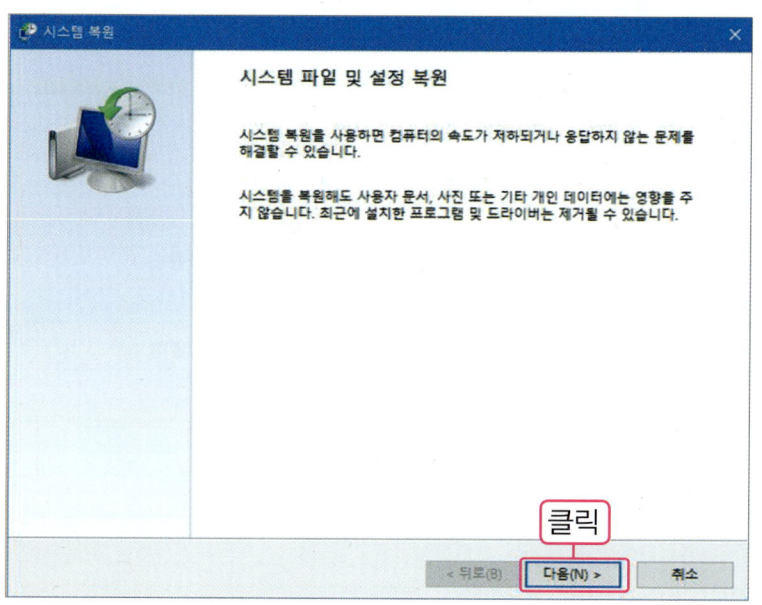

03 [복원 지점]을 선택하고 [다음] 버튼을 클릭하면 복원이 시작됩니다.

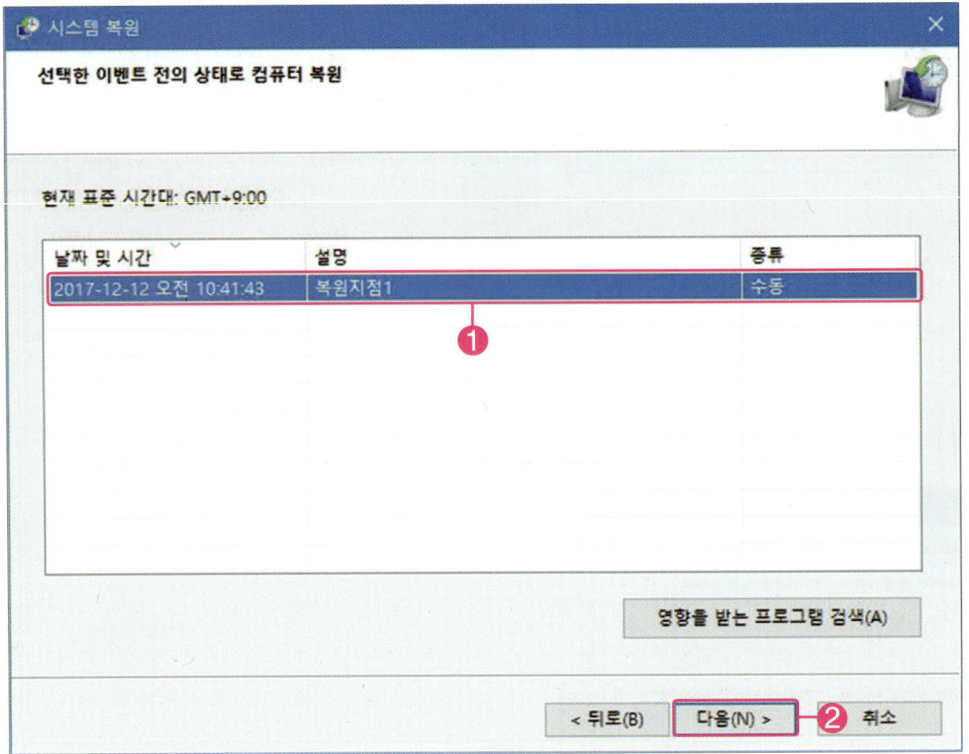

04 [마침] 버튼을 클릭하면 시스템 복원이 시작됩니다.

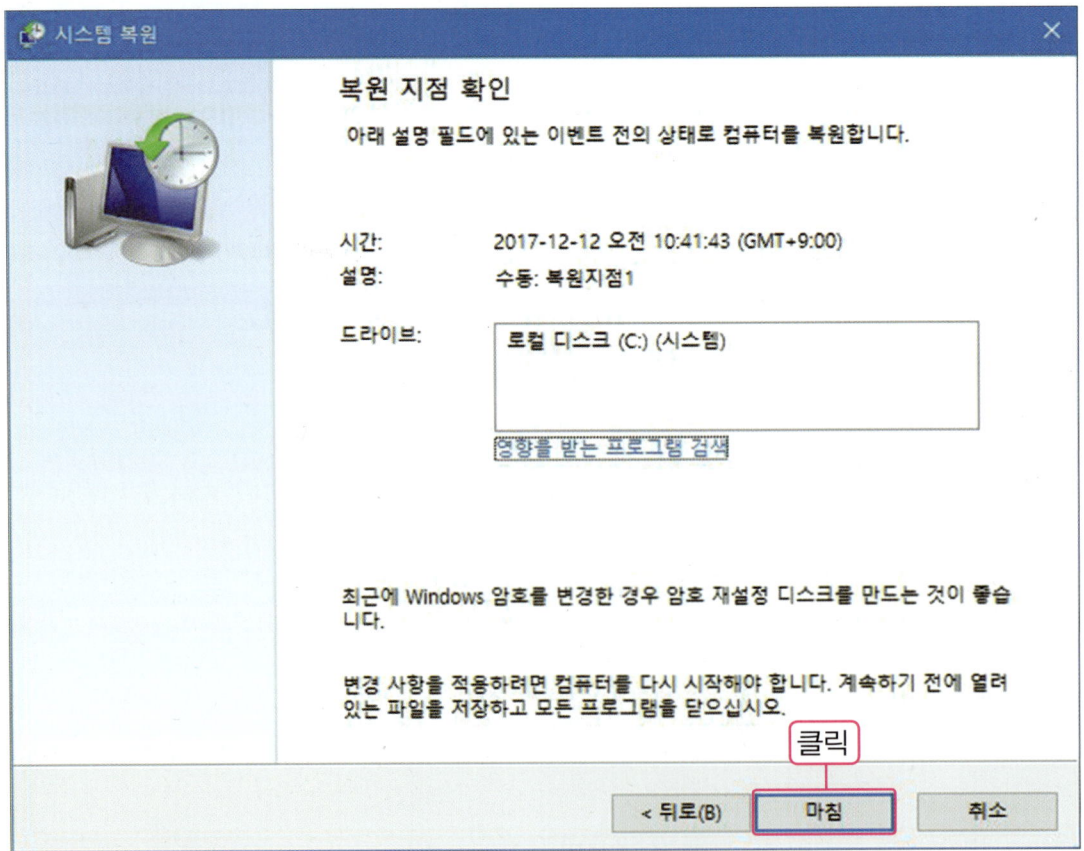

04 디스크 정리하기

01 [내 PC]를 더블 클릭한 후, [로컬 디스크(C드라이브)]를 마우스 오른쪽 버튼으로 클릭합니다. 바로 가기 메뉴에서 [속성]을 클릭합니다.

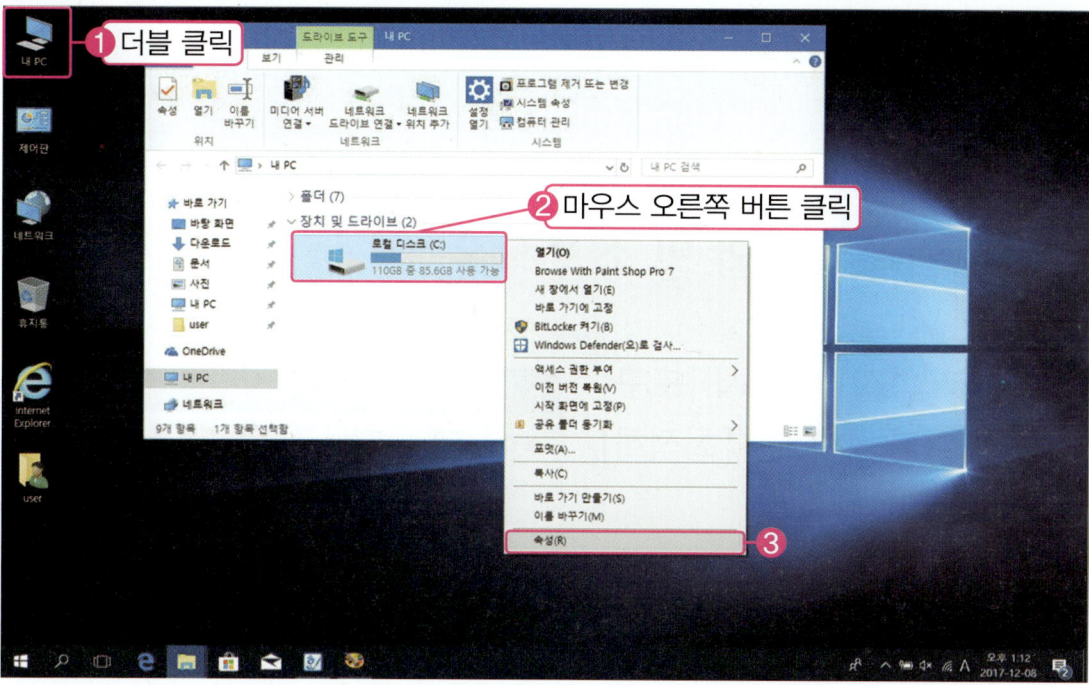

02 [로컬 디스크 속성] 창에서 [디스크 정리]를 클릭합니다. [디스크 정리]가 완료되면 삭제할 파일을 체크하고 [확인] 버튼을 클릭합니다.

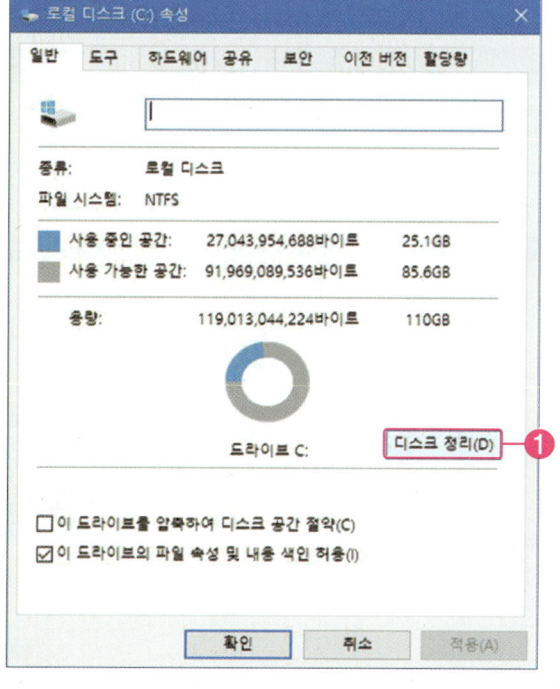
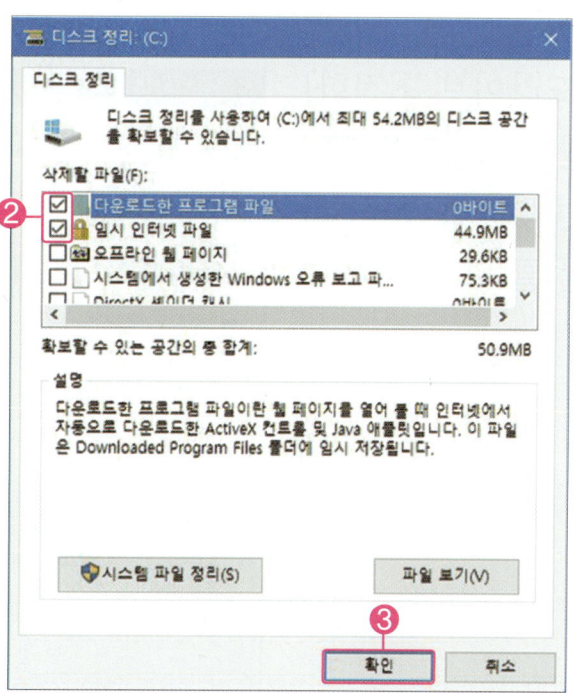

03 [디스크 정리] 창에서 [파일 삭제] 버튼을 클릭하면 드라이브가 정리됩니다.

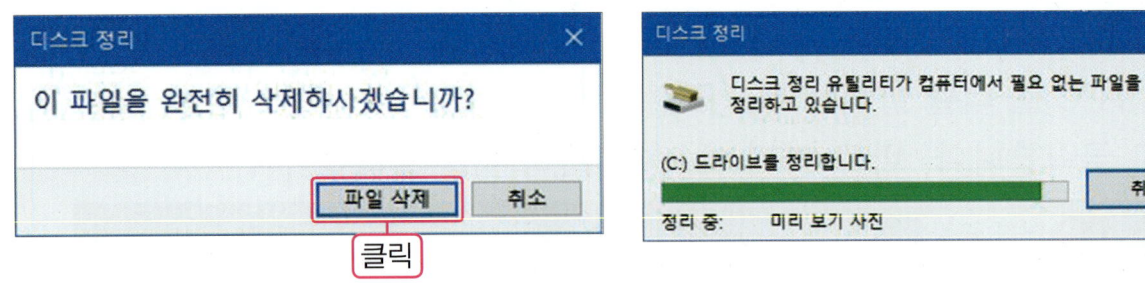

05 드라이브 최적화 및 조각 모음

01 [로컬 디스크 속성] 창에서 [도구] 탭을 클릭합니다. 이어서 [최적화]를 클릭합니다.

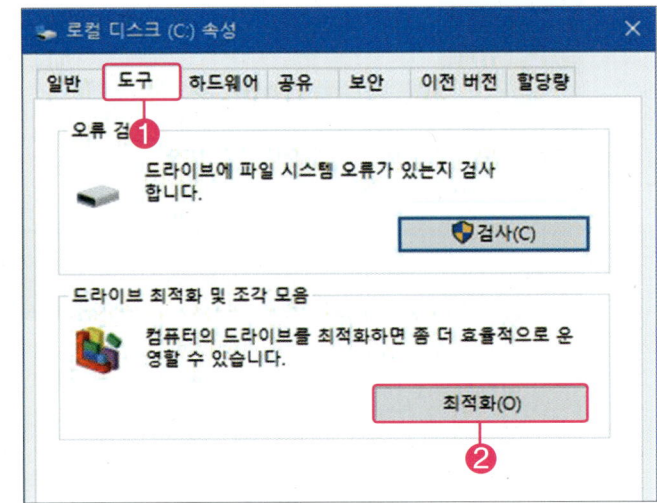

02 [드라이브 최적화] 창에서 드라이브를 선택한 후 [최적화]를 클릭합니다.

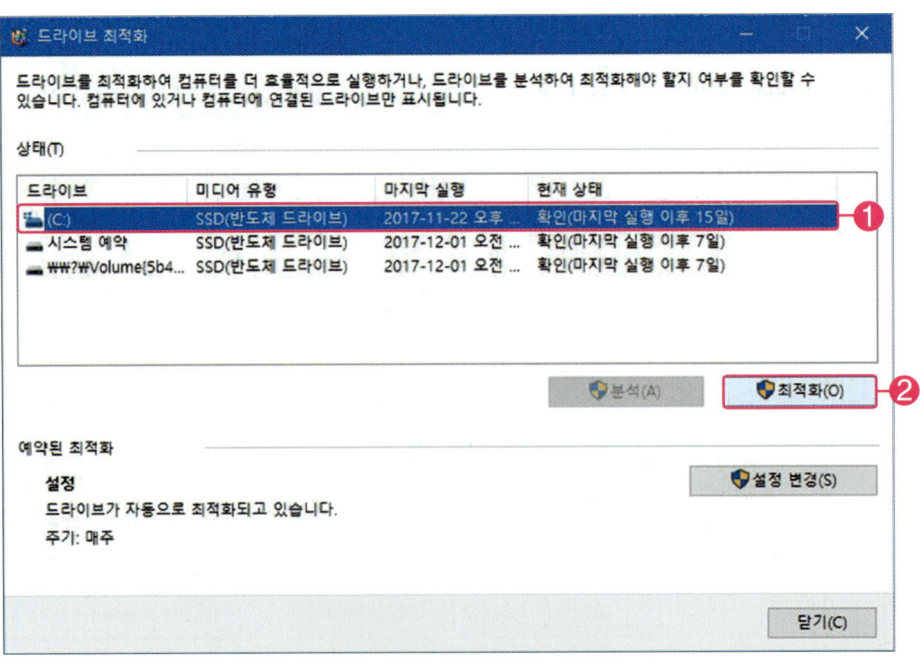

03 최적화가 진행됩니다. [현재 상태]에서 확인할 수 있습니다.

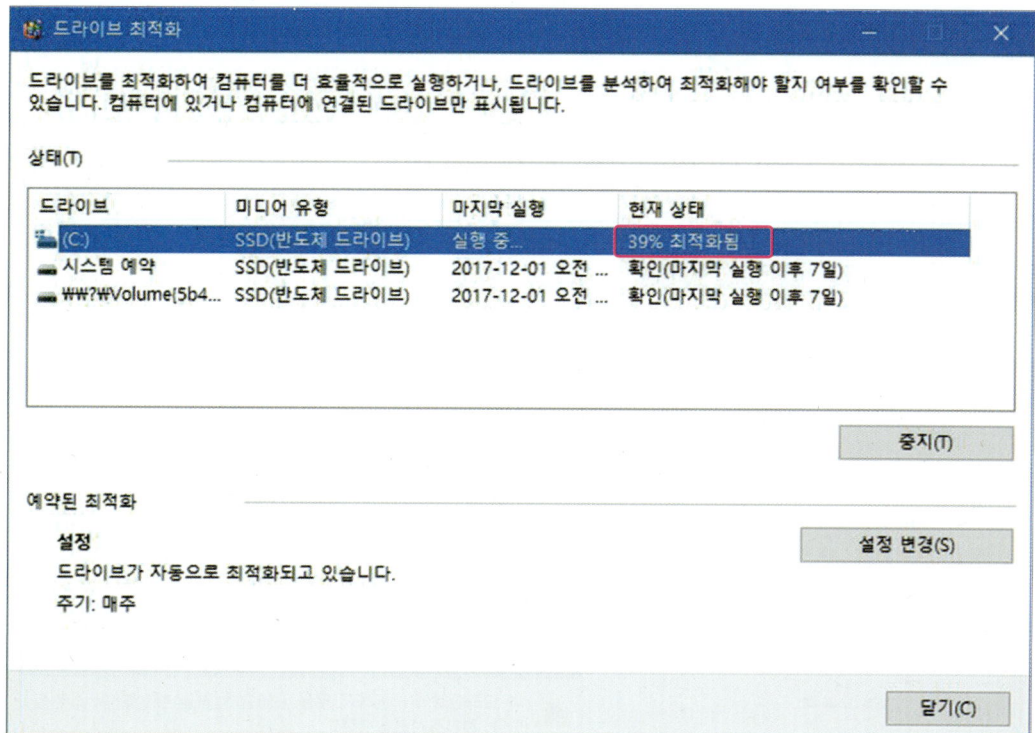

04 최적화가 완료되면 [닫기] 버튼을 클릭합니다.

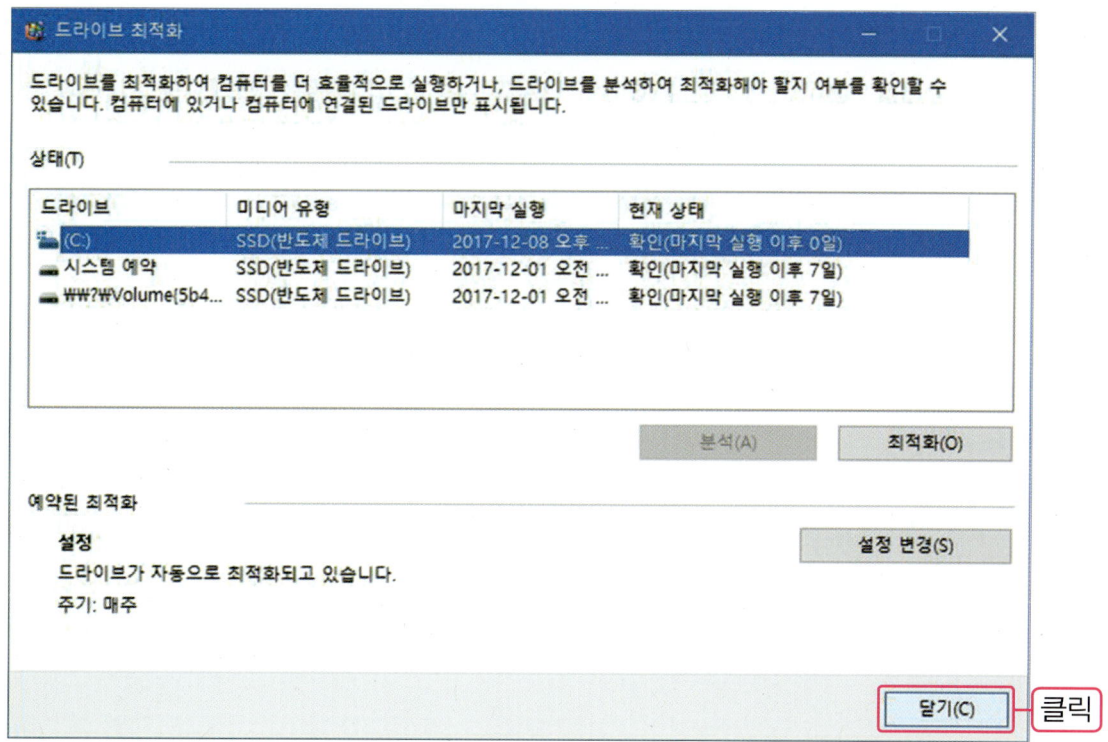

❶ [시스템 보호 대상 로컬 디스크] 창에서 [삭제]를 클릭하여 모든 복원 지점을 삭제해 봅니다.

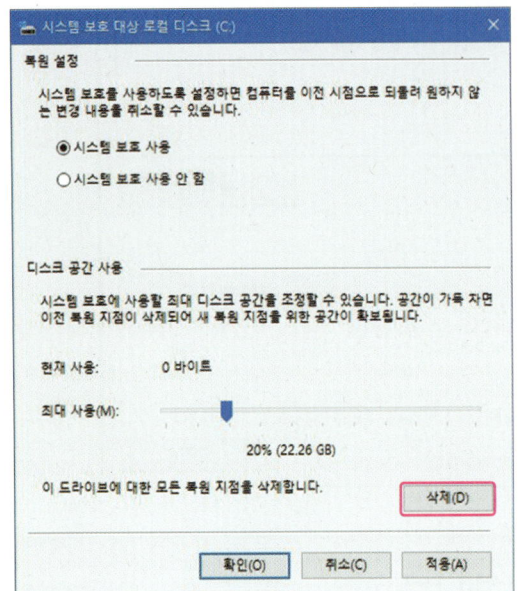
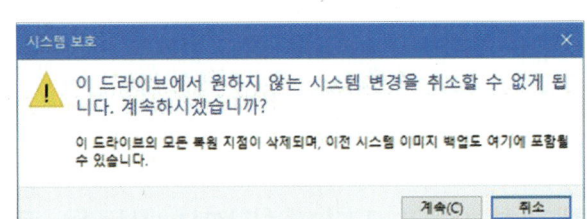

❷ [설정]의 [Windows 업데이트]에서 [설치된 업데이트 내역 보기]를 클릭하여 설치된 업데이트를 확인해 봅니다.

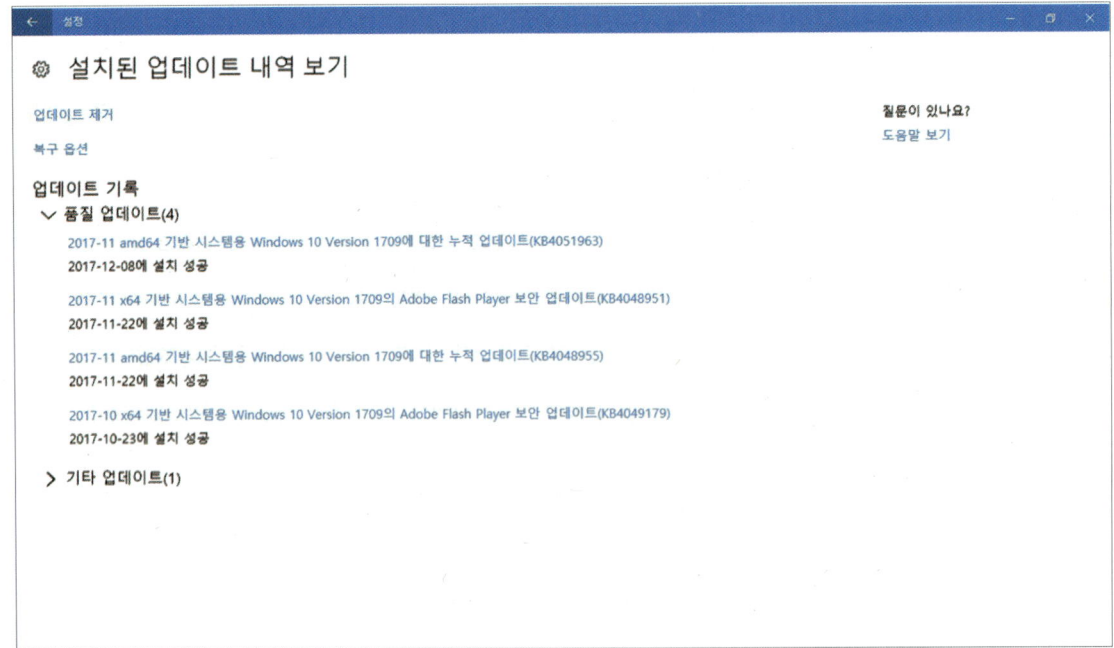

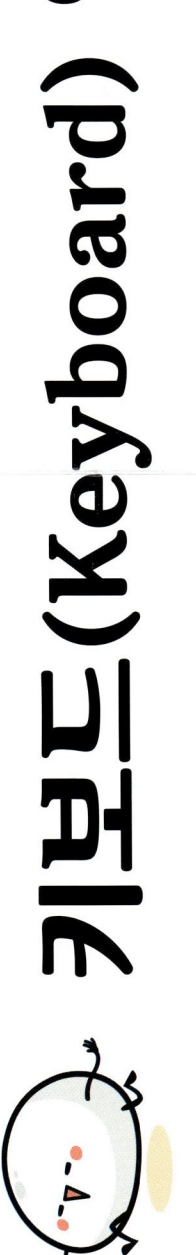

키보드(Keyboard) 익히기

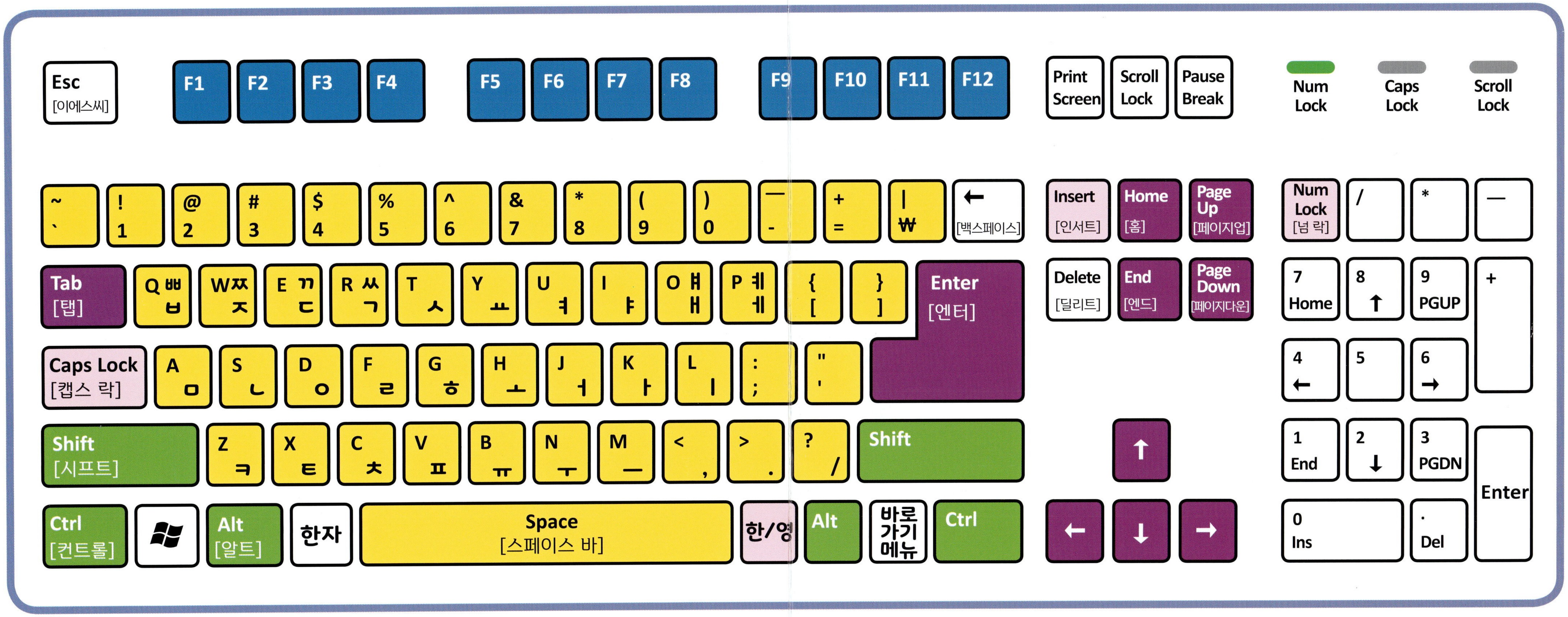

- 기능 키 : 각 키 별로 특수한 기능이 정해져 있습니다.
- 조합 키 : 다른 키와 조합하여 사용할 때 특별한 기능을 실행할 수 있습니다.
- 이동 키(방향 키) : 커서의 위치를 이동할 때 사용합니다.
- 토글 키 : 하나의 키에 2가지의 기능을 가지고 있습니다. 키를 누를 때마다 기능이 전환됩니다. 문자에는 아무런 기능도 하지 못합니다.
- 숫자/문자 키 : 숫자나 문자를 입력할 때 사용합니다.